# 처음 배우는
# NHN Cloud

# 처음 배우는 NHN Cloud

실습으로 배우는 NHN Cloud, 도입부터 활용까지

**초판 1쇄 발행** 2023년 4월 3일

**지은이** 김도균 / **펴낸이** 김태헌
**펴낸곳** 한빛미디어(주) / **주소** 서울시 서대문구 연희로2길 62 한빛미디어(주) IT출판2부
**전화** 02-325-5544 / **팩스** 02-336-7124
**등록** 1999년 6월 24일 제25100-2017-000058호 / **ISBN** 979-11-6921-090-4  93000

**총괄** 송경석 / **책임편집** 홍성신 / **기획** 홍현정 / **편집** 김수민
**디자인** 표지 윤혜원 내지 박정화 / **전산편집** 다인
**영업** 김형진, 장경환, 조유미 / **마케팅** 박상용, 한종진, 이행은, 고광일, 성화정 / **제작** 박성우, 김정우

이 책에 대한 의견이나 오탈자 및 잘못된 내용에 대한 수정 정보는 한빛미디어(주)의 홈페이지나 아래 이메일로
알려주십시오. 잘못된 책은 구입하신 서점에서 교환해드립니다. 책값은 뒤표지에 표시되어 있습니다.
한빛미디어 홈페이지 www.hanbit.co.kr / 이메일 ask@hanbit.co.kr

지금 하지 않으면 할 수 없는 일이 있습니다.
책으로 펴내고 싶은 아이디어나 원고를 메일(writer@hanbit.co.kr)로 보내주세요.
한빛미디어(주)는 여러분의 소중한 경험과 지식을 기다리고 있습니다.

실습으로 배우는 NHN Cloud,
도입부터 활용까지

# 처음 배우는
# NHN Cloud

김도균 지음

〉-〉 Cloud

한빛미디어
Hanbit Media, Inc.

사업 팀장으로 시작해 대표직에 이르기까지 수많은 시행착오와 아쉬운 순간, 확신의 순간을 경험했습니다. 쉽지 않은 시간의 연속이었지만 돌이켜 보면 NHN Cloud는 꾸준히 우상향 그래프를 그리고 있었습니다.

2014년 게임 특화 플랫폼으로 첫 서비스를 시작해 NHN의 핵심 사업 본부로 성장했고, 2022년 4월 'NHN Cloud'라는 사명의 독립 법인으로 공식 출범하면서 AI 기반 클라우드 서비스를 통해 글로벌 테크 기업으로 성장하겠다는 야심 찬 포부를 밝혔습니다.

2023년 4월 독립 법인 출범 1주년을 앞두고 NHN Cloud를 널리 알리는 데 앞장설 이 책을 준비하며 추천사를 쓰는 지금, 감회가 새롭습니다. 그간 우리는 많은 것을 도모했고 이뤘습니다. 클라우드 전문 기업으로 공공, 금융, IT/게임 등 다양한 영역의 고객사를 확보했고 그 과정에서 NHN Cloud의 기본 인프라 서비스는 더욱 견고해지고 안정화되었습니다. 오픈인프라 재단<sup>OpenInfra Foundation</sup>, 리눅스 재단<sup>Linux Foundation</sup>, CNCF<sup>Cloud Native Computing Foundation</sup> 등 글로벌 기술 재단과의 파트너십을 통해 오픈스택 클라우드 기술 역량을 인정받고 있으며 다양한 보안 컴플라이언스 인증을 확보하여 산업별 보안 니즈에 대응하고 있습니다. 또한 클라우드 생태계 발전을 위해 지방 권역을 중심으로 민관협력형 클라우드 데이터 센터 구축 사업을 진행하고 있습니다.

이제는 NHN Cloud를 적극적으로 대중에게 알려야 할 때입니다. B2B를 넘어서 B2C로 클라우드 서비스의 저변을 확대해야 합니다. 국내 최고를 넘어 글로벌 TOP 3 클라우드인 AWS, Azure, GCP와 경쟁하려면 기술적인 역량 강화와 더불어 대중이 쉽게 접하고 익힐 수 있는 서비스를 제시해야 합니다. 그런 점에서 NHN Cloud의 첫 기술 서적 출간은 매우 뜻깊은 행보입니다. 이 책이 NHN Cloud를 넘어 국내 클라우드 시장의 저변을 넓히는 출발점이 되길 기대합니다.

**김동훈** NHN Cloud 대표

NHN이 클라우드도 하나요?

클라우드 시장에서 IT 거대 공룡들의 횡보는 눈부십니다. 아마존, 마이크로소프트, 구글의 3강 체제가 자리를 잡았고, 그 뒤를 이어 알리바바, 텐센트, 오라클 등도 클라우드 시장에 새롭게 진입했습니다. 가늠하기 어려운 수준의 인프라 투자와 막강한 소프트웨어 개발 역량을 집결한 클라우드 서비스는 수많은 저항과 본질적인 한계에도 IT 분야의 메인 스트림으로 자리 잡은 지 오래입니다. 클라우드는 이제 '선택'이나 '대세'라는 단어로 설명하기엔 부족하고 말 그대로 '기본'이 되었습니다.

클라우드 사용자도 빠르게 증가하고 있습니다. 클라우드로의 전환 행렬은 십수 년간 진행 중이고 클라우드 네이티브 개발 또한 폭발적으로 증가하는 추세입니다.

이처럼 글로벌 기업들이 주도하는 이 시장에서 국내 주요 IT 기업들도 클라우드 시장에 진출하고 있습니다. NHN Cloud도 그중 하나입니다. NHN Cloud는 2014년부터 햇수로 10년째 클라우드 서비스를 운영 중이며, 지난 몇 년간 빠르게 시장을 확대해 나가며 글로벌 기업과의 기술 격차를 점차 좁히고 있습니다.

그렇다면 AWS, Azure, GCP보다 NHN Cloud가 더 좋을까요? 글로벌 클라우드와 전체적으로 비교했을 때 NHN Cloud가 더 좋다고 답변하기는 조금 어렵습니다. 그럼에도 NHN Cloud를 선택지로 살펴볼 만한 충분한 당위성이 있습니다. NHN Cloud를 선택해야 하는 이유는 무엇일까요?

첫째, NHN Cloud가 제공하는 기본 인프라 서비스는 수년간의 경험을 기반으로 단단해졌고 일부 고급 기능을 제외한 대부분의 기능은 글로벌 클라우드 서비스와 대동소이할 정도로 높은 수준입니다. 클라우드를 사용하는 상당수 기업이 기본 인프라 서비스를 많이 활용하는 것을 고려해 볼 때, NHN Cloud가 제공하는 인프라 서비스를 적극 활용한다면 글로벌 클라우드 서비스를 완전히 대체하는 것도 가능할 것입니다.

클라우드는 다양한 서비스의 종합선물세트에 가깝습니다. 컴퓨트, 네트워크, 스토리지와 같은 기본 인프라 서비스 외에도 다양한 플랫폼 서비스를 제공합니다. 이런 기능을 활용하면 개발을 가속화하고 운영의 부담을 줄여 주며, 더 추상화된 기능을 통해 기본 인프라 서비스가 제공하지 못하는 추가적인 가치를 제공할 수 있습니다. NHN Cloud가 제공하는 고급 기능인 노티피케이션, 인공지능, 게임 플랫폼 등은 글로벌 기업과 기술적으로 견주어도 손색없고 일부 기능은 더 뛰어납니다.

둘째, 보안과 규정 준수 관점에서도 NHN Cloud만의 강점이 있습니다. 글로벌 기업은 서비스 영역을 확장하는 과정에서 글로벌 표준과 산업계 표준을 따르고 있으나, 개별 기업의 특수성을 반영한 특성들은 IT 인프라 전반에 녹아 있습니다. 클라우드 전환이라는 미명하에 기존 규칙과 방식을 전반적으로 수정해야 한다면 주객이 전도된 것입니다. 이런 측면에서 NHN Cloud는 글로벌 클라우드 서비스에 비해 훨씬 유연합니다.

셋째, 비용적인 측면도 무시할 수 없습니다. 클라우드 서비스를 효율적으로 사용하면 글로벌 클라우드 대비 비용 절감 효과를 볼 수 있습니다. 장비에 대한 초기 투자를 줄일 수 있고 적시에 컴퓨팅 리소스를 추가 또는 제거할 수 있기 때문입니다. 그 효과가 극적이지는 않지만, 재무적인 관점에서 CAPEX를 OPEX로 전환할 수 있다는 장점도 있습니다. 이런 측면에서 NHN Cloud는 비용 경쟁력이 있습니다.

마지막으로 글로벌 기업과의 기술 격차를 해소하기 위한 NHN Cloud의 노력입니다. NHN Cloud는 오픈스택이라는 오픈소스 클라우드 플랫폼을 적극 활용합니다. 클라우드 플랫폼에서 오픈스택을 활용한다는 뜻은 MacOS나 윈도우 등의 운영체제를 자체 개발하지 않고 리눅스를 사용하는 것과 비슷합니다. 오픈스택의 발전에 발맞추어 새로운 서비스를 빠르게 제공하고 안정적으로 개선할 수 있기 때문입니다. NHN Cloud는 오픈소스 사용자에 멈추지 않고 오픈인프라 재단에 가입하여 NHN Cloud가 개발한 기술력을 전 세계와 함께 나누고 있습니다. 더불어 클라우드 네이티브의 기술을 주도하는 CNCF 재단 가입 및 NKS<sup>NHN Kubernetes Service</sup>와 같은 클라우드 네이티브 플랫폼의 상호운용성 테스트를 완료하여 Kubernetes Certified 자격을 획득했습니다. 최근 KCSP<sup>Kubernetes Certified Service Provider</sup> 자격도 취득하여 Professional Service

분야에서도 전문성을 인정받고 있습니다.

이 책은 NHN Cloud 입문서이자 국내 클라우드 서비스를 다루는 최초의 책이기도 합니다. NHN Cloud가 제공하는 기본 인프라 서비스에 집중하며 회원 가입 절차부터 오토 스케일, 가용성 구현, 부하 분산까지 상세히 다룹니다. 대중성이 크지 않은 국내 클라우드 특성상 온라인 커뮤니티를 통해 유익한 정보를 얻기에는 어려움이 있기 때문에 이 책이 NHN Cloud를 익히는 데 필수 도서가 될 것입니다.

이 책의 저자는 명실공히 국내 최고 클라우드 전문가로, 클라우드의 본질과 핵심을 누구보다 잘 알고 있습니다. 김도균 저자와 이 책을 함께 기획하고 출간할 수 있어 기쁘기 그지없습니다.

이 책을 통해 독자 여러분이 익힌 내용을 많은 분과 적극적으로 공유하길 바랍니다.

**김명신** NHN Cloud CTO


이 책은 Hello 클라우드 역에서 출발하여 오토 스케일 역을 경유한 후 클라우드 보안 역에 도착하는 여정을 안내합니다. 국내 공공 클라우드 시장 입국에 필요한 '국내 보안 인증' 여권을 획득한 NHN Cloud는 국내 IT 환경에 최적화되어 있습니다. 최근 특정 벤더에 종속되지 않도록 하이브리드 클라우드 또는 멀티 클라우드 전략을 고민하는 기업에게 NHN Cloud는 좋은 선택지가 될 것입니다.

이 책을 집필한 김도균 저자는 클라우드계의 메타 지식인으로, 국방 소프트웨어부터 빅테크 벤더 클라우드 강사 경험으로 쌓은 지식과 지혜를 책에 녹여냈습니다. NHN Cloud라는 기차를 타고 저자를 가이드 삼아 클라우드 서비스를 여행하세요. 곧 당신의 동료에게도 이 여행을 권할 것입니다.

**유호석** 소프트웨어정책연구소 책임연구원/박사

입문자에게 이해가 쉽지 않은 클라우드의 개념을 쉽게 풀어 쓴 설명을 보고 저자의 경험과 노하우를 실감할 수 있었습니다. 특히 36개의 실전 연습은 NHN Cloud의 전반을 이해하고 경험하는 데 매우 도움됩니다. NHN Cloud 사용자에게 분명 좋은 길잡이가 되어 줄 것입니다.

**강태영** NHN Cloud 클라우드기술교육팀 팀장

NHN Cloud를 처음 접하는 사람이 개념을 쉽게 이해할 수 있도록 고심한 흔적이 보입니다. NHN Cloud를 어디서부터 시작해야 할지 막막한 사람도 과정을 하나씩 따라 하다 보면 단계별 성취감을 느낄 수 있습니다.

**김주환** NHN Cloud 인프라운영실 실장

쉬운 설명으로 NHN Cloud를 빠르게 이해할 수 있으며 다양한 콘텐츠와 실전 연습을 제공하기 때문에 순서대로 따라 하면 어느새 클라우드라는 개념이 쉽게 느껴질 겁니다. NHN Cloud가 처음이라면 꼭 이 책부터 보는 것을 추천합니다.

**김요한** 클루닉스 클라우드 서비스 개발팀 팀장

클라우드가 등장한 지 꽤 많은 시간이 흘렀습니다. 이제는 정부에서도 사용할 정도로 안전하고 편리하다는 인식과 함께 인프라 관리의 중요성이 대두되고 있습니다. 한국 고유의 클라우드 서비스인 NHN Cloud가 향후 인프라 구축에 있어서 국내외적으로 꼭 필요한 서비스가 될 것이라고 생각합니다. 이 책은 클라우드 서비스의 전반적인 개념 이해를 돕습니다. 또한 단순한 이론과 설명을 넘어서 입문자도 쉽게 따라 할 수 있는 체계적인 실전 연습을 통해 이론과 실무의 거리를 좁힐 수 있습니다. 또한 클라우드 초보자가 읽어도 클라우드 구조를 쉽게 이해할 수 있

고 용어의 상세한 설명 덕분에 읽는 데 부담이 없습니다. 클라우드에 대한 전반적인 지식이 필요한 분에게 효율적인 학습을 돕는 좋은 기본서가 될 것입니다.

**김학성** 인프라 운영자

클라우드 컴퓨팅은 비즈니스 전략에서 빠질 수 없는 영역이 되어 가고 있습니다. 더 나아가 비즈니스 모델로서 그 가치 역시 나날이 높아지고 있습니다. 이런 클라우드 컴퓨팅을 시작하기에 가장 좋은 환경은 국내 퍼블릭 클라우드가 아닐까 싶습니다. 그리고 이 책은 NHN Cloud가 궁금한 신규 사용자를 위해 A부터 Z까지 모든 것을 담아낸 교과서입니다. 상세하게 기술된 이론과 쉽게 따라 해 볼 수 있는 실습까지 놓치고 싶지 않은 분들에게 적극 추천합니다.

**김혜미** 클라우드 엔지니어

한 권으로 이론과 실습, 기본과 활용까지 아우르는 NHN Cloud 입문서로, NHN Cloud를 처음 배우는 사람에게 최고의 길잡이가 되어 줄 것입니다. 개요, 적용, 실전 연습 순서로 구성되어 있고 간결하고 쉬운 설명으로 이론을 이해하기 쉽습니다. 무엇보다 클라우드 서비스에 경험이 없는 사용자도 실전 연습을 끝까지 따라 하다 보면 자신이 직접 구성한 클라우드 서비스를 만날 수 있습니다.

**박효승** 솔루션 엔지니어

금융업, 증권업, 공공기관 등의 기업이 클라우드 전환을 위해 NHN Cloud와 MOU를 체결했다는 소식을 접한 후, 기존에 사용하던 글로벌 클라우드 서비스인 AWS 외에도 국내 서비스 NHN Cloud를 경험하고 싶었습니다. 그리고 이 책을 통해 NHN Cloud의 핵심 인프라 솔루선을 익히고 상세한 실습을 경험하며 NHN Cloud 서비스의 기본기를 쌓았습니다. 클라우드 컴퓨팅 서비스를 더욱 이해하고 클라우드 활용 경험을 쌓고 싶은 분에게 추천합니다.

**반예원** 이화여자대학교 소프트웨어학부 사이버보안전공 학부생

NHN Cloud로의 모험을 위한 친절한 안내서입니다. 클라우드 서비스를 어떻게 시작해야 하는지, 기존 서비스를 이관하기 위해 어떤 것을 고려해야 하는지 모르는 사람도 차근차근 접근할 수 있습니다. 나의 여정을 어떻게 시작해야 하고 어떤 것에 집중해야 하는지 친절하게 안내하기 때문에 중도에 포기할 수 없는 입문서라고 생각합니다. 특히 장마다 매우 구체적인 목표를 제시하며 내용이 요약되어 있어 저자의 배려를 느낄 수 있습니다. 최근 많은 서비스가 클라우드 환경으로 전환되고 있는 시점에 양질의 입문서를 만나서 기쁩니다.

**송서영** 금융IT SW 개발자

많은 서비스 환경이 온프레미스에서 클라우드로 전환되면서 NHN Cloud가 새로운 선택지로 자리 잡고 있습니다. AWS, GCP, Azure와 같은 해외 클라우드 서비스의 경우 국문 자료가 있지만 정보 습득에 한계가 있고 이슈가 발생했을 때 영문으로 지원받아야 하는 등의 문제가 있습니다. 반면 NHN Cloud는 한국어 채널이 존재합니다. 또한 타 클라우드처럼 다양한 서비스를 제공하여 대체가 가능하고 공공기관, 금융, 게임 등 각 사업 영역에 맞는 인프라 환경을 제공하며 사용한 만큼만 비용을 지불할 수 있습니다. 이 책에서 간단한 클라우드 환경부터 분산 아키텍처를 구상하기 위한 확장성과 가용성이 있는 환경까지 구성하다 보면 실제 NHN Cloud를 어떻게 구축하는 것이 좋은지 자연스럽게 배울 수 있습니다.

**신건식** 시니어 매니저

국내 CSP의 대표 서비스인 NHN Cloud에 대한 기초 지식을 습득할 수 있는 책입니다. 실전 연습을 통해 활용법을 상세히 안내하기 때문에 클라우드 서비스를 처음 접하는 독자는 NHN Cloud 서비스뿐만 아니라 클라우드 컴퓨팅에 대한 기초 지식도 습득할 수 있습니다. 또한 다른 클라우드 서비스 경험이 있는 독자는 국내 클라우드 서비스만의 편리함을 느낄 수 있을 것입니다.

**이상노** 삼정KPMG 클라우드 보안 컨설턴트 시니어 매니저

NHN Cloud를 사용해 보며 거대한 시스템을 관리하고 구축하기 위해 클라우드가 꼭 필요하다는 생각이 명확해졌습니다. 그만큼 이 책은 NHN Cloud의 사용법을 안내할 뿐만 아니라 클라우드를 처음 접하는 사람에게 새로운 지평을 열어줄 수 있습니다. 앞으로는 모든 분야에 걸쳐 클라우드 시스템으로 애플리케이션을 배포하고 관리하는 일이 필요합니다. 이 책을 통해 NHN Cloud의 시스템 구성요소 및 기능에 대해 이해한다면 다른 클라우드도 자연스럽게 사용할 수 있을 것입니다. 클라우드 첫걸음을 내딛으려는 분들에게 많은 도움을 줄 수 있는 책입니다.

**최고운** 유라코퍼레이션 소프트웨어 엔지니어

## 지은이 소개

지은이 **김도균** kimdokyun@outlook.com

2012년 8월, 15년간의 조직 생활을 끝내고 자유를 선택한 독립 IT 기술자다. 2003년 『Beginning Direct3D Game Programming(2판)』(정보문화사, 2005) 번역을 시작으로 『처음 배우는 애저』(한빛미디어, 2020) 외 총 40여 권의 책을 세상에 내놓았으며 현재까지 번역과 저술을 계속하고 있다.

최근엔 글로벌 클라우드 컴퓨팅 서비스 시장에 도전장을 던진 클라우드, NHN Cloud의 대담한 여정에 흥미를 느껴 관련 자료를 수집하고, 직접 사용한 경험을 바탕으로 누구나 쉽고 빠르게 익힐 수 있는 최초의 국내 토종 클라우드 입문서 『처음 배우는 NHN Cloud』를 집필했다.

## 지은이의 말

NHN Cloud는 기존 클라우드 서비스 TOAST의 새로운 이름으로, NHN이 독립 법인으로 출범시키면서 토종 클라우드 컴퓨팅 서비스의 새로운 도약을 알렸습니다.

NHN Cloud가 글로벌에서도 통하려면 먼저 국내 사용자의 저변이 넓어져야 하는데 기술 문서만으로는 한계가 있고, 실제로 NHN Cloud를 사용하는 사람들의 커뮤니티와 기술 블로그도 많지 않았습니다. 그래서 NHN Cloud를 널리 알리려면 무엇보다 처음 사용하는 이들에게 길잡이가 되어 줄 책이 필요하다고 생각했습니다.

이 책은 NHN Cloud로 클라우드 컴퓨팅을 처음 접하는 사용자는 물론 기존에 다른 클라우드 컴퓨팅 서비스를 이용해 왔던 사용자도 개념을 쉽게 이해하고 응용할 수 있도록 구성했습니다. 시나리오를 설계하고 단계별로 짜임새 있는 실습을 진행하기 때문에 개인은 클라우드 컴퓨팅 기초를 탄탄히 쌓을 수 있고 NHN Cloud를 도입하려는 기업에게도 매우 유용한 책이 될 것입니다.

이 책은 글로벌 클라우드 컴퓨팅 시장에서 존재감을 드러내기 위해 고군분투하는 NHN Cloud 엔지니어 분들의 도움과 격려 덕분에 세상에 나올 수 있었습니다. NHN Cloud의 가능성과 미래를 만들기 위한 담대한 여정을 열정적으로 설명하며 책을 쓸 동기를 부여해 주고 다양한 지원을 아끼지 않은 김명신 CTO님께 감사드립니다. 아울러 이 책을 집필하는 동안 세심하게 챙겨 주시고 여러 요청을 앞장서서 해결해 주신 우윤정 실장님과 하수진 책임님, 강태영 팀장님께도 감사를 전합니다.

이 책이 무사히 그리고 멋지게 세상에 나올 수 있었던 것은 기획과 편집, 인쇄에 이르기까지 한빛미디어 홍성신 팀장님의 멋진 리더십과 김수민, 홍현정 선임님의 실행력이 빛났기 때문입니다. 이 책의 완성도를 한층 높여 준 베타리더 분들의 피드백도 빼놓을 수 없습니다. 긴 시간 변함없는 사랑으로 늘 지지해 주고 함께해 온 아내와 자신의 길을 흔들림 없이 뚜벅뚜벅 걸어가는 아들, 스트레스 많은 고등학교 시절을 보내면서도 아빠를 항상 자랑스럽게 여기는 딸이 있어 이 일을 도전하고 또 해낼 수 있었습니다.

2023년 3월
토종 클라우드의 저력이 국내를 넘어 글로벌에서 발휘되길 바라는 열망을 담아

**김도균** 클라우드 기술 트레이너

## 대상 독자

이 책은 NHN Cloud 서비스를 이해하고 다루는 데 필요한 이론과 실무 경험을 쌓으려는 개발자, 인프라 엔지니어, 기술 영업 사원, IT 분야 진출을 희망하는 학생을 대상으로 합니다.

NHN Cloud를 기업에 도입하기 위해 검토하거나 온프레미스 인프라를 NHN Cloud로 마이그레이션하려는 분, 클라우드 엔지니어로 취업을 희망하는 분은 이 책을 통해 퍼블릭 클라우드 활용 경험을 쌓을 수 있습니다.

## 사전 지식

NHN Cloud를 처음 다루는 사람의 눈높이에 맞춰 집필했으므로 NHN Cloud에 관련된 특별한 사전 지식은 필요하지 않습니다. 하지만 클라우드 컴퓨팅 기술의 기반이 되는 전통적인 운영체제와 네트워킹, 스토리지, 가상화 기술과 관련 기술 용어에 대한 이해가 필요합니다.

## 이 책의 구성

NHN Cloud를 처음 배우는 사람이 어디서부터 시작하고 어떤 순서로 배워야 하는지, 어렵게 여기는 부분이 무엇인지를 고려했습니다. 주요 서비스의 개요를 간결하게 설명하고 실제 적용에 꼭 필요한 설정을 시나리오 기반의 실전 연습으로 연결했습니다.

이 책은 처음 NHN Cloud를 사용하는 학습자의 학습 경로를 고려해 4부 11장으로 구성했습니다.

### 1부 처음 만나는 NHN Cloud

1부는 3장으로 구성되어 있으며 NHN Cloud 서비스 소개와 NHN Cloud 학습에 필요한 기본기를 다룹니다.

- **1장 NHN Cloud 시작하기**

  NHN Cloud 서비스의 특징과 리전, 리전별 제공 서비스, 리소스 제공 정책 등의 개요를 간략하게 다룹니다.
  NHN Cloud 실습을 위해 회원 가입을 진행하고 기본 크레딧을 확인합니다.

- **2장 Hello NHN Cloud 프로젝트 만들기**

  간단한 Hello NHN Cloud 프로젝트를 만들면서 기본 콘솔과 IAM 콘솔을 살펴보며 NHN 콘솔 구조를 이해
  합니다. NHN Cloud의 조직과 프로젝트, 리소스 개념을 살펴보고 이들 간의 관계를 이해합니다.

- **3장 사용자 및 액세스 관리**

  NHN Cloud와 리소스에 대한 인증 및 액세스 관리를 위해 ID 관리 서비스를 소개합니다. NHN Cloud 회
  원과 IAM 멤버라는 2가지 사용자 타입의 특징과 목적에 대해 살펴보고 이들 사용자 타입에 부여하는 역할
  기반 액세스를 통해 리소스 액세스 제어 방법을 익힙니다.

## 2부 NHN Cloud의 기본 인프라 서비스

NHN Cloud 기본 인프라 서비스 중에서 IaaS 서비스의 핵심인 VPC와 인스턴스, 스토리지를
자세히 살펴보고 실습을 통해 기본기를 익히고 응용합니다.

- **4장 NHN Cloud의 가상 네트워크, VPC**

  NHN Cloud 가상 네트워크인 VPC의 IP 주소 유형과 주소 범위, 할당 방식 등의 기본 정보를 비롯해 가상
  네트워크와 서브넷의 설계 지침을 설명하고 새로운 VPC와 서브넷을 만드는 데 필요한 내용을 살펴봅니다.
  서브넷의 네트워크 트래픽 전송을 위한 필수 요소인 라우팅 테이블의 용도와 동작을 이해하고 관리 방법을
  익힙니다.

- **5장 NHN Cloud의 가상 머신, 인스턴스**

  인프라 구성의 3가지 핵심 요소인 서버, 스토리지, 네트워크를 클라우드에서 구현할 때 서버에 해당하는 인스
  턴스를 만들고 구성하는 방법을 다룹니다. NHN Cloud 콘솔에서 인스턴스를 만들 때 필요한 구성요소를 이
  해하고 윈도우 및 리눅스 서버를 배포하고 접속합니다.

- **6장 NHN Cloud의 스토리지 서비스**

  NHN Cloud의 스토리지 서비스에서 다룰 수 있는 데이터 유형과 시나리오를 먼저 이해한 다음, 가상 디스
  크를 위한 블록 스토리지와 Blob 데이터 저장과 액세스를 위한 오브젝트 스토리지의 사용법을 익힙니다.

## 3부 가용성과 탄력성을 갖춘 인프라 구축

사용자 요청으로 높은 변동성을 가진 환경이나 인프라의 다양한 장애 시나리오에서 서비스를 안정적으로 제공하기 위해 고려해야 할 NHN Cloud의 서비스를 살펴보고 적용합니다.

- **7장 인스턴스 크기 조정과 가용성 구현**

  인스턴스를 사용하는 서비스의 안정성과 성능을 높이고, 비용 최적화에 유용한 기능과 서비스를 소개합니다. 먼저 인스턴스의 크기를 키우거나 줄일 수 있는 크기 조정 기능을 다루고 인스턴스의 다운타임이 발생할 경우 서비스의 연속성을 보장하기 위해 단일 실패 지점을 극복하는 기반인 가용성 영역을 알아보고 구현합니다.

- **8장 부하 분산 서비스 구현**

  애플리케이션이나 서비스의 고가용성과 트래픽 분산을 제공하기 위해 NHN Cloud가 제공하는 대표적인 부하 분산 장치 서비스를 다룹니다. 부하 분산 장치 배포에 필요한 설정 구성요소와 운영 관리요소를 자세히 살펴보고 구현합니다.

- **9장 인스턴스 탄력성 구현**

  다양한 이벤트에 따라 서비스의 안정성과 고가용성을 제공할 수 있도록 인스턴스의 규모를 관리할 수 있는 NHN Cloud의 오토 스케일 서비스를 설명합니다. 인스턴스 템플릿 생성, 인스턴스의 배포와 부하 분산 장치의 연계 구성, 사용자 지정 스크립트 적용 방법을 학습합니다.

## 4부 네트워크 연결과 보안

9장까지 구현한 실전 연습 시나리오의 서비스에 관한 사용자의 안정적인 액세스를 보장하고 네트워크 연결성을 보완해 관리 효율성을 높입니다. 또한 보안을 향상하는 데 필요한 서비스와 설정을 다룹니다.

- **10장 VPC 연결**

  NHN Cloud의 가상 네트워크인 VPC 연결 솔루션을 다룹니다. NHN Cloud에서 온프레미스 네트워크 연결과 데이터 센터 확장을 위해 제공하는 전통적인 VPN 서비스뿐만 아니라 NHN Cloud 백본을 통해 2개의 격리된 VPC를 직접 연결하는 3가지 VPC 피어링 서비스를 소개하고 구현하는 방법을 살펴봅니다.

- **11장 기본 인프라 서비스 보호**

  NHN Cloud 위에 구현한 서비스 인프라를 더욱 견고하게 만들어 주는 3가지 기본 솔루션을 다룹니다. 인터넷 트래픽과 내부 트래픽의 송수신 제어를 구현하는 보안 그룹과 가상 네트워크의 보호를 위해 네트워크로 유입되는 패킷을 제어하는 네트워크 ACL, 로드 밸런서로 유입되는 트래픽을 제어하는 IP 접근 제어를 알아보고 적용합니다.

## 일러두기

이 책을 순서대로 따라 하면 실무에 바로 적용할 수 있도록 튼튼한 기초를 쌓는 데에 주안점을 두었습니다. 학습할 때 염두에 두어야 할 기준과 주의해야 할 사항을 미리 밝혀 둡니다.

- NHN Cloud 입문자가 쉽게 익힐 수 있도록 NHN Cloud 서비스를 소개하고 실습할 때 대부분 웹 콘솔을 사용합니다.
- [실전 연습]은 단계별 작업을 세분화해서 캡처 화면을 보며 따라 할 수 있게 구성했습니다. 다른 단계에도 동일한 내용이 반복되는 경우 화면은 생략하고 설명만 합니다.
- NHN Cloud에 처음 가입하고 무료로 받은 크레딧을 사용할 때 사용된 크레딧을 자주 확인해야 합니다. 무료 크레딧을 초과하면 등록한 신용카드로 추가 요금이 결제되므로 제공된 크레딧 내에서 [실전 연습]을 끝낼 수 있도록 학습 계획을 세우기를 바랍니다.
- 4장 이후 [실전 연습]은 영화 〈매트릭스〉의 세계관이 반영된 시나리오로 인프라를 구현하고 확장 및 강화하기 때문에 모든 [실전 연습]이 서로 연결됩니다.
- NHN Cloud 리소스의 종류에 따라 NHN Cloud의 모든 조직과 프로젝트에서 고유한 이름을 써야 하는 경우가 있는데, [실전 연습]에서 제시한 이름을 그대로 따르지 말고 끝에 자신의 영문 이름 이니셜을 붙여 고유한 이름을 사용하기 바랍니다.

## 실습에 필요한 환경

이 책의 모든 [실전 연습]을 따라 하기 위해서는 몇 가지 준비가 필요합니다. 다음 준비 사항을 확인하기 바랍니다.

**운영체제**

- Windows 10/11(Home, Pro 등)

**웹 브라우저**

- 구글 크롬 브라우저
  https://www.google.com/intl/ko/chrome

**NHN Cloud 유효 계정**

- https://www.nhncloud.com/kr에서 NHN Cloud 회원 가입 후 결제 수단을 등록하면 20만 원 상당의
  무료 크레딧을 제공합니다.

**NOTE_** 자세한 내용은 '1.4.2 결제 수단 등록 및 무료 크레딧 신청'에서 설명합니다.

## 예제 사용

이 책에서 사용한 스크립트와 샘플 파일은 저자의 깃허브 책 리포지토리에서 다운로드할 수 있습니다. 추가 정보와 각주로 제시한 링크 정보도 깃허브에서 제공합니다.

**깃허브 주소**

- https://github.com/steelflea/EasyToLearn-NHN-Cloud

## 정오표와 피드백

원고를 쓰고 편집과 교정을 거치며 여러 번 확인했지만, 오탈자를 찾았거나 내용 개선을 위한 제언을 하고 싶다면 출판사 책 정보 페이지에 등록할 수 있으며 저자의 메일로도 제보할 수 있습니다. 독자 여러분의 소중한 피드백은 모두 정리하여 다음 쇄에 반영하겠습니다.

**저자 메일 주소**

- kimdokyun@outlook.com

# CONTENTS

PART **처음 만나는 NHN Cloud**

CHAPTER **1 NHN Cloud 시작하기**

# CONTENTS

PART **II** **NHN Cloud의 기본 인프라 서비스**

CHAPTER **4 NHN Cloud의 가상 네트워크, VPC**

CHAPTER **5 NHN Cloud의 가상 머신, 인스턴스**

# CONTENTS

## CHAPTER 6 NHN Cloud의 스토리지 서비스

# CONTENTS

PART **IV** 네트워크 연결과 보안

CHAPTER **10** VPC 연결

# CHAPTER 11 기본 인프라 서비스 보호

# 처음 만나는 NHN Cloud

1부는 NHN Cloud 소개를 시작으로 회원 가입 이후 기본 콘솔 사용법을 살펴봅니다. 이어서 리소스 관리 구조, 사용자 및 액세스 관리의 개념을 익히고 실습을 통해 이해합니다.

# PART I

# 처음 만나는 NHN Cloud

# NHN Cloud 시작하기

**이 장의 내용**

- NHN Cloud 서비스 개요
- NHN Cloud 회원 가입
- NHN Cloud 비용 관리

2020년 3월 코로나19가 전 세계를 패닉으로 몰아넣은 상황에서 국가와 기업은 이에 신속하게 대응했고 개인은 방역 지침을 철저히 따랐습니다. IT 시스템이 제공하는 정보를 빠르게 수용하는 것이 안전과 비즈니스를 모두 지속할 방법임을 깨닫기까지 오랜 시간이 걸리지 않았습니다.

전염병과의 전쟁은 앞으로도 계속되겠지만 우리는 기술의 진보가 안전망을 더 촘촘하게 만드는 데 큰 역할을 할 수 있음을 경험했습니다. 코로나19에 신속하게 대응할 수 있었던 배경은 클라우드 컴퓨팅이 제공하는 컴퓨팅 인프라 구현의 즉시성과 서비스 개발과 배포, 운영이 유기적으로 통합된 연속성 덕분이었습니다.

최근 기존의 비즈니스 프로세스와 문화, 고객 경험을 혁신하기 위해 디지털 전환에 속도를 내고 있는 기업들도 이러한 변화의 토대가 클라우드 컴퓨팅임을 알게 되었습니다. 클라우드 컴퓨팅 서비스를 제공하는 역량과 이를 활용하는 역량이 국가와 기업의 미래 경쟁력이 되고 있습니다. 국내 퍼블릭 클라우드 서비스 개발 속도와 지속적인 대규모 투자 현황을 볼 때 NHN Cloud는 머지않아 글로벌 시장에서 충분히 존재감을 드러낼 것입니다.

1장은 글로벌 퍼블릭 클라우드 시장에 도전하는 토종 NHN Cloud 서비스를 살펴보며 NHN Cloud를 시작하는 데 필요한 첫 단추를 끼우는 시간입니다.

# 1.1 NHN Cloud 서비스 개요

코로나19가 앞당긴 뉴 노멀 시대의 기업 대부분은 서비스 인프라로써 클라우드를 기본으로 검토합니다. 이런 디지털 대전환 시대의 한가운데서 NHN Cloud는 QR 코드를 통한 출입 관리, 역학 조사, 원격 근무 지원, EBS 원격 교육 등의 시스템과 건강 상태 자가 진단, 소상공인 지원 서비스를 신속하게 제공하고, 증가하는 컴퓨팅 리소스 요구에 대응하면서 국내 클라우드 컴퓨팅 기술을 새롭게 인식시켰습니다.

NHN Cloud는 2014년 'TOAST Cloud'라는 이름으로 서비스를 시작했고 2017년 CSAP 인증 획득, 2019년 금융보안원 CSP 안정성 평가를 통과하면서 일본과 북미 글로벌 리전까지 오픈했습니다. 2021년 'NHN Cloud'로 이름을 변경하고 2022년 4월 동일한 사명으로 NHN으로부터 분사해 국내외 클라우드 사업에 집중하고 있습니다.

## 1.1.1 오픈스택 기술 기반 클라우드

오픈스택<sup>OpenStack</sup>은 퍼블릭 클라우드 환경 구축을 위한 무료 오픈 표준 클라우드 컴퓨팅 플랫폼입니다. 2010년 랙스페이스<sup>Rackspace</sup> 호스팅과 NASA의 합동 프로젝트로 시작해 발전을 거듭하면서 현재는 전 세계 500개 이상의 기업이 프로젝트에 가입했고 이를 오픈인프라<sup>OpenInfra</sup> 재단이 관리하고 있습니다.

그림 1-1 오픈스택 https://www.openstack.org

오픈스택은 퍼블릭 및 프라이빗 클라우드에서 가상 머신 및 기타 리소스를 IaaS로 배포할 수 있게 합니다. 또한 데이터 센터 전체에서 서버 및 스토리지, 네트워킹 등 다양한 하드웨어 공급 자 풀을 제어하기 위한 소프트웨어 플랫폼을 제공합니다.

NHN Cloud는 오픈스택 기술을 기반으로 구축한 클라우드 플랫폼입니다. 오픈스택의 글로벌 개발자 생태계와 발을 맞춤으로써 지속적인 개발과 개선, 통합의 과정이 신속하고 안전하게 이 뤄지기 때문에 유연한 클라우드 인프라로 경쟁력을 확보했습니다. NHN Cloud는 국내 퍼블 릭 클라우드 공급자로서는 최초로 오픈인프라 재단에 가입했습니다.

## 1.1.2 비즈니스 다양성을 고려한 클라우드

나라별 규제나 보안, 표준을 준수해야 하는 경우 일반적인 퍼블릭 클라우드를 활용하기 어려울 수 있습니다. 대표적으로 반도체, 바이오, 금융, 국방 등은 높은 수준의 보안이 필수이고 각종 규정을 준수해야 하는 산업군입니다. NHN Cloud는 이러한 산업군을 고려하여 격리된 영역 을 구성해 다양한 비즈니스 환경에 맞춤형 클라우드 컴퓨팅 서비스를 제공합니다.

표 1-1 맞춤형 NHN Cloud 서비스

| 서비스 | 특화 영역 | 설명 |
| --- | --- | --- |
| NHN Cloud 공공기관 | 공공 특화 클라우드 | 공공기관이 필요로 하는 보안성과 안정성을 보장 하고, 효율적인 운영과 관리를 위한 다양한 상품을 제공하며, 컨설팅과 마이그레이션 등 차별화된 서 비스를 제공합니다. |
| NHN Cloud Secure | 금융 · 핀테크 특화 클라우드 | 금융보안원의 '금융분야 클라우드컴퓨팅서비스 이 용 가이드'를 준수하는 금융 및 핀테크에 특화된 클 라우드 서비스를 제공합니다. |
| NHN Cloud – Manufacturing | 스마트 제조를 위한 클라우드 인프라 | 스마트 제조에 필수 요소인 클라우드 인프라 제공 을 통해 다양한 디지털 기술 및 솔루션을 안정적으 로 제공하는 서비스입니다. |
| NHN Cloud Commerce | 커머스를 위한 특화 클라우드 | 고객에게 집중하고 지속적인 이커머스 비즈니스의 성장을 돕기 위한 IT 서비스, 커머스 플랫폼, 특화 서비스를 제공합니다. 특히 이커머스 트렌드에 맞 춰 기능 확장, 디자인 구현, 마케팅 지원 등의 맞춤 형 비즈니스도 지원합니다. |
| NHN Cloud for Game Service | 게임 특화 클라우드 | 한게임 20년 운영 경험과 노하우, 전문 인력을 통 해 게임 개발 및 출시, 운영, 보안에 특화된 서비스 를 제공합니다. |

### 1.1.3 고객의 인프라를 고려한 클라우드

NHN Cloud는 클라우드 환경을 도입하려는 고객에게 새로운 변화를 요구하지 않습니다. 기존에 익숙한 환경을 그대로 클라우드로 옮겨올 수 있도록 여러 경우의 수를 고려했습니다.

NHN Cloud는 퍼블릭 클라우드 서비스만 제공하는 게 아닙니다. 코로케이션이 가능한 클라우드, 하이브리드 클라우드, 프라이빗 클라우드 그리고 완전히 격리된 엣지 클라우드까지 다양한 클라우드 컴퓨팅 유형을 제공합니다.

표 1-2 NHN Cloud가 제공하는 클라우드 컴퓨팅 유형

| 클라우드 컴퓨팅 유형 | 설명 |
| --- | --- |
| 코로케이션 가능 클라우드 | 특화된 하드웨어나 소프트웨어 자산이 필요한 경우에는 NHN Cloud 데이터 센터 내에 필요한 장비나 소프트웨어 자산을 구축하고, 퍼블릭 클라우드 서비스를 직접 연계하여 사용합니다. |
| 하이브리드 클라우드 | IT 자산을 이미 보유하고 있는 기업이 퍼블릭 클라우드와 함께 자사의 IT 자산을 함께 사용하려는 경우입니다. NHN Cloud는 온프레미스 혹은 프라이빗 클라우드를 함께 사용하는 하이브리드 클라우드 구축이 가능합니다. |
| 프라이빗 클라우드 | 퍼블릭 클라우드를 사용하고 싶지만 여러 제약 조건으로 사용하지 못할 수 있습니다. 기업 내 주요 데이터 혹은 자산의 외부 유출을 염려하거나 컴플라이언스 이슈가 있는 경우입니다. 이 경우 NHN Cloud를 자사 데이터 센터 내에 구축할 수 있습니다. |
| 엣지 클라우드(향후 지원 예정) | 소규모의 클라우드를 자체적으로 구축하여 퍼블릭 클라우드와는 별개로 사용하는 경우입니다. 연결성이 보장되지 않은 항공, 선박 혹은 극도로 보안이 요구되는 공장, 국가 주요 산업 등 완벽하게 격리된 환경을 필요로 하는 경우에 사용합니다. |

## 1.1.4 글로벌 표준을 준수한 클라우드

NHN Cloud는 토종 클라우드로 시작해 국내의 다양하고 까다로운 규제와 규정, 보안, 표준을 준수하는 동시에 클라우드 컴퓨팅만의 장점을 기업과 정부, 개인에게 제공하여 신뢰할 수 있는 클라우드 컴퓨팅 공급자가 되었습니다.

오랜 소프트웨어 서비스 개발 경험과 대규모 인프라 구축 및 운영 노하우가 축적된 NHN Cloud는 국내를 넘어 글로벌 클라우드 공급자로 인정받기 위해 다양한 국제 표준 인증을 획득했습니다.

**표 1-3** NHN Cloud가 획득한 표준 인증

| 국내/국제 표준 인증 | 설명 |
| --- | --- |
| CSA STAR | ISO 27001 인증 기반, 클라우드 관리 매트릭스와 결합한 클라우드 보안 인증 |
| ISO/IEC 27001 | 정보보호 관리체계(ISMS)에 대한 요구사항을 규정한 국제 표준이자 인증 |
| ISO/IEC 29100 | 개인정보 프레임워크에 대한 국제 표준 검증 |
| ISO/IEC 27017/8 | 클라우드 서비스 정보보호/개인정보 관리체계에 대한 국제 표준 검증 |
| PIMS | 국내 최고 수준의 개인정보보호 관리체계 인증 |
| ISMS | 지속적 정보보호 관리체계의 유지에 대한 검증 |
| 클라우드 서비스 보안 인증 | 공공기관에 안전한 클라우드 서비스 제공을 위한 정보보호 수준 평가 인증 |
| ISO 27799 | 헬스케어 분야 특화 정보보호 관리체계의 국제 표준 인증 |

# 1.2 NHN 글로벌 클라우드 인프라

NHN Cloud 인프라를 이해하는 4가지 키워드는 리전과 가용성 영역, 데이터 센터, 리소스입니다. 이 4가지 키워드가 서로 어떤 관계인지 [그림 1-2]에 나타냈습니다.

**그림 1-2** 리전과 데이터 센터, 가용성 영역, 리소스

## 1.2.1 NHN Cloud 리전

리전$^{region}$은 독립적이고 지리적으로 격리된 서버의 물리적 위치입니다. NHN Cloud는 안정적인 글로벌 서비스 제공을 위해 현재 4개의 리전을 운영 중입니다. 판교 리전을 시작으로 평촌에 두 번째 리전을 구축했고, 2019년 일본 도쿄와 미국 LA에도 각각 리전을 구축했습니다.

2025년까지 모든 IT 시스템을 클라우드로 옮기는 정부 계획에 따라 김해에 스마트 제조/스마트 시티의 핵심 데이터 센터, 광주에 세계적 규모의 국가 AI 데이터 센터, 순천에 공공 분야 디지털 전환 데이터 센터를 구축해 일상에서 쉽게 만나고 편리하게 이용할 수 있는 서비스 인프라 환경을 지원할 계획입니다.

**그림 1-3** NHN Cloud 리전의 현재와 미래

NHN Cloud의 서비스는 리전 서비스와 글로벌 서비스로 나눕니다. 리전 서비스는 리전별로 제공하는 서비스이며 같은 서비스라도 리전에 따라 비용이 달라집니다. 리전 서비스는 각 리전의 인프라 환경과 나라별 법적/제도적 제한에 따라 달라질 수 있습니다. 반면 글로벌 서비스는 모든 리전에서 동일한 기능과 정책, 안정성, 사용성을 제공합니다.

글로벌/리전별 제공 서비스의 자세한 내용은 NHN Cloud 사용자 가이드에서 확인할 수 있습니다.

- https://docs.nhncloud.com/ko/nhncloud/ko/region-guide

## 1.2.2 가용성 영역과 데이터 센터

### 가용성 영역

NHN Cloud에서 가용성 영역$^{availability\ zone}$(AZ)은 독립된 전원과 네트워크, 유틸리티(상하수도 등) 서비스를 갖춘 데이터 센터로 구성됩니다.

가용성 영역은 하드웨어 문제로 발생하는 장애를 대비해 데이터 센터 내 인프라를 여러 개의 가용성 영역으로 나누었습니다. 가용성 영역별로 스토리지와 네트워크, 전원을 모두 별도로 구성했습니다. 따라서 하나의 가용성 영역에서 발생한 장애가 다른 가용성 영역에 영향을 주지 않으므로 서비스의 가용성을 높일 수 있습니다. 가용성 영역은 7.2절에서 더 자세히 살펴봅니다.

현재 NHN Cloud의 가용성 영역은 데이터 센터 내의 물리 서버와 컴퓨팅 랙을 고려한 가용성이지만, 리전의 확장과 데이터 센터의 추가 구축에 따라 향후 데이터 센터 단위의 가용성 영역으로 바뀔 수 있습니다.

### 데이터 센터

NHN Cloud는 데이터 센터에 'NHN Cloud 센터(NCC)'라는 명칭을 붙였습니다. 사용자가 신뢰하는 인터넷 회선 사업자를 자유롭게 선택할 수 있는 망중립성을 보장하면서 장비 냉방에 최소 전력을 사용하도록 혁신적인 공조 방식을 적용했고, 높은 신뢰성과 운영 효율성을 제공하는 도심형 데이터 센터로 구축해 편리한 접근성마저 갖췄습니다.

## 1.2.3 서비스와 리소스

서비스와 리소스는 퍼블릭 클라우드에서 자연스럽게 혼용되어 사용됩니다. 그렇지만 이 두 가지 용어는 구분해서 이해해야 합니다. 서비스는 클라우드 공급자 관점이고 리소스는 클라우드 사용자 관점의 용어입니다. 즉 서비스는 클라우드 공급자가 제공하는 추상화한 제품 카탈로그에 해당하지만, 리소스는 실제 서비스를 구매한 사용자가 받는 구체화한 제품입니다.

NHN Cloud 사용자 가이드 사이트를 참고했을 때 이 2가지 용어의 용례는 이렇습니다.

- 서비스: NHN Cloud 상품 라인업에서 제공하는 인스턴스, VPC, 블록 스토리지 등의 상품명
- 리소스: 사용자가 선택한 상품으로 만든 실체

### 기본 인프라 서비스

NHN Cloud는 사용하기 전에 서비스를 먼저 활성화해야 합니다. NHN Cloud는 대부분의 IaaS 요소와 데이터베이스 서비스, 일부 PaaS 요소를 기본 인프라 서비스라는 범주로 관리합니다. 예를 들어 'Network Interface'와 같은 서비스를 처음 액세스하면 [그림 1-4]처럼 해당 서비스를 먼저 활성화하도록 요청받습니다.

그림 1-4 서비스 활성화

현재 NHN Cloud의 기본 인프라 서비스에 포함되는 서비스 항목은 다음과 같습니다.

표 1-4 NHN Cloud 기본 인프라 서비스

| 서비스 범주 | 기본 인프라 서비스 |
|---|---|
| Compute | Instance, Key Pair, Instance Template, GPU Instance, Image, Image Builder, Auto Scale, System Monitoring |
| Network | VPC, Subnet, Network Interface, Floating IP, Network ACL, Security Groups, Load Balancer, NAT Instance, Internet Gateway, Peering Gateway, Colocation Gateway, Nat Gateway, VPN Gateway, Service Gateway |
| Storage | Block Storage, Snapshot, NAS/NAS (offline), Data Transporter |
| Database | MS-SQL Instance, MySQL Instance, PostgreSQL Instance, CUBRID Instance, MariaDB Instance, Tibero Instance, Redis Instance |
| Application Service | JEUS Instance, WebtoB Instance |
| Container | NHN Kubernetes Service(NKS) |
| Data & Analytics | Kafka Instance |

## 리소스 제공 정책

NHN Cloud는 안정적으로 서비스를 제공하고 의도치 않은 리소스로 과도한 지출이 발생하는 일을 방지하기 위해 서비스에서 만들어지는 리소스의 기본 제공 정책을 정해 놓았습니다. 예를 들어 CPU는 프로젝트당 최대 100개의 가상 코어를 제공하며, 가상 네트워크<sup>virtual private cloud</sup>(VPC)는 프로젝트당 3개까지 만들 수 있습니다.

이러한 리소스 제공 정책은 NHN Cloud의 발전과 함께 바뀔 수 있으므로 정확한 내용은 사용자 가이드 사이트인 다음 URL에서 확인하기 바랍니다.

- https://docs.nhncloud.com/ko/nhncloud/ko/resource-policy

**NOTE_** 기본 리소스 제공 정책에 따라 NHN Cloud 고객 센터에 요청해 사용량을 증설할 수 있습니다. 요청이 처리되기까지 2~5일 정도 걸리기 때문에 실제 필요한 시점보다 미리 신청해야 합니다.

## 1.3 NHN Cloud 사용자 가이드

이 책이 NHN Cloud를 처음 배우는 입문자에게 쉽고 친절한 가이드를 제공하지만, 전체 서비스에 관한 자료를 찾는다면 NHN Cloud 공식 사용자 가이드를 참고해야 합니다. URL은 다음과 같습니다.

- https://docs.nhncloud.com

**그림 1-5** NHN Cloud 사용자 가이드 사이트

NHN Cloud 사이트는 [그림 1-5]처럼 크게 3가지 영역으로 구성됩니다.

❶ 서비스 구성: 서비스 범주별 서비스 항목과 서비스 세부 기술 가이드 메뉴(그림 1-6 참고)

❷ 기술 가이드 페이지: 서비스별 세부 기술 가이드 메뉴

❸ 페이지 섹션 바로가기: 세부 기술 가이드 페이지의 특정 섹션으로 건너뛸 수 있는 바로가기 목차

그림 1-6 서비스의 세부 기술 가이드 메뉴

[그림 1-6]에서 확인할 수 있듯이 서비스의 세부 기술 가이드 메뉴 구성은 서비스별로 다릅니다. NHN Cloud 사용자 가이드는 계속해서 업데이트되므로 서비스를 사용할 때 수시로 확인하기 바랍니다.

# 1.4 NHN Cloud 계정 준비

NHN Cloud를 사용하여 상용 서비스를 개발하거나 이 책의 실습을 직접 하기 위해서는 NHN Cloud 계정이 필요합니다. NHN Cloud 계정은 NHN Cloud 회원과 IAM 멤버라는 2가지 유형이 있습니다. 여기서는 NHN Cloud를 처음 사용할 때 꼭 필요한 클라우드 회원 가입을 소개합니다. IAM 멤버에 관해서는 3장에서 자세히 다룹니다.

## 1.4.1 NHN Cloud 회원 가입

NHN Cloud를 학습할 때 가장 쉽게 무료 크레딧을 얻는 방법은 클라우드 회원으로 가입하는 것입니다. 무료 크레딧을 사용하면 이 책에서 제시한 대부분의 실습을 진행할 수 있습니다. 이제 회원 가입을 진행하겠습니다.

### 1단계 – NHN Cloud 포털 방문

다음 URL을 브라우저에 입력해 NHN Cloud 포털에 접속한 후 [회원가입]을 클릭합니다.

- https://www.nhncloud.com

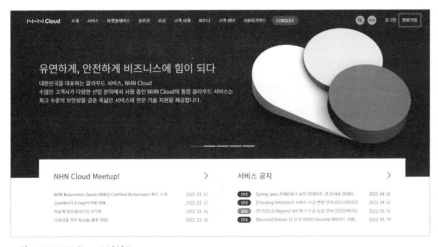

**그림 1-7** NHN Cloud 사이트

## 2단계 – 회원 가입 국가 정보 선택

NHN Cloud 회원 가입 시 입력하는 회원 정보와 결제 수단에 따라 '대한민국'과 '일본' 중에서
선택합니다. 여기서는 '대한민국'을 선택합니다.

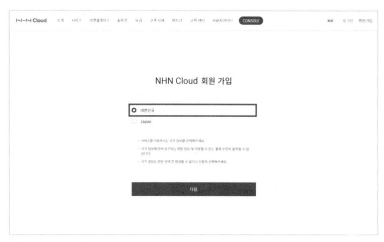

**그림 1-8** 서비스 국가 선택

## 3단계 – 회원 유형 선택

NHN Cloud 회원은 개인과 사업자로 구분합니다. 기업을 대표해서 가입한다면 '사업자' 실습
을 위한 가입은 '개인'을 선택합니다.

**그림 1-9** NHN Cloud 회원 유형 선택

## 4단계 – 개인 회원 가입 이용 약관 동의

필수 이용 약관에 동의합니다. '선택' 항목에 동의하지 않더라도 회원 가입은 가능하지만, NHN Cloud의 개발 정보나 교육 및 행사 정보, 다양한 광고 등을 놓치고 싶지 않다면 '광고성 정보~ 활용(선택)' 항목도 선택합니다. 책에서는 전체 약관에 동의합니다.

**그림 1-10** 이용 약관 동의

## 5단계 – 회원 정보 입력

회원 정보 입력 폼에서 ＊ 표시는 모두 필수 정보입니다.

- 이메일: 유효한 이메일을 입력하고 메일 수신함에서 'NHN Cloud 이메일을 인증해 주세요.'라는 제목의 메일을 찾아 [인증] 버튼을 클릭합니다.
- 비밀번호: 영문, 숫자, 특수 문자를 포함해 8~15자 사이를 입력합니다.
- 이름: 한글 또는 영문 이름을 입력합니다.
- 휴대폰 번호: 소유한 휴대폰 번호를 입력하고 [인증 번호 받기]를 클릭해 인증을 완료합니다.
- 주소: 현재 거주하는 곳 또는 직장 주소를 입력합니다. 비워 놓아도 됩니다.
- 전화: 유선 전화가 없다면 비워 놓아도 됩니다.

모든 정보를 입력했다면 [가입 완료] 버튼을 클릭합니다.

**그림 1-11** 회원 정보 입력

## 6단계 – 회원 가입 완료

회원 가입이 정상적으로 완료되면 다시 NHN Cloud 포털 홈 화면으로 전환됩니다. 이때 가입한 계정으로 로그인한 상태가 됩니다.

**그림 1-12** 회원 가입 완료

## 1.4.2 결제 수단 등록 및 무료 크레딧 신청

NHN Cloud 회원 계정이 준비되었다면 결제 수단을 등록해 무료 크레딧을 요청할 수 있습니다. 이 무료 크레딧은 대한민국 가입자에게만 제공됩니다.

> **NOTE_** 무료 크레딧이 모두 소진되면 등록한 결제 수단으로 비용이 결제됩니다. 따라서 실습을 진행하면서 크레딧 사용 현황을 자주 확인하기 바랍니다.

이제 결제 수단을 등록하고 무료 크레딧을 요청해 보겠습니다. 이후 설명은 '1.4.1 NHN Cloud 회원 가입'을 진행했다고 가정합니다.

### 1단계 - 마이 페이지의 결제 수단 페이지 접속

NHN Cloud 포털 오른쪽 상단 메일 계정에 마우스를 올려 **마이 페이지** 메뉴를 표시하고 [결제 수단] 메뉴를 클릭합니다.

그림 **1-13** 마이 페이지의 [결제 수단] 메뉴

### 2단계 - 결제 수단 페이지에서 결제 수단 추가

**결제 수단** 페이지의 [결제 수단 추가] 버튼을 클릭합니다.

그림 1-14 결제 수단 페이지

## 3단계 - 자동 결제 수단 등록

**자동결제수단 등록하기** 창의 **결제 수단 선택** 섹션에서 원하는 수단을 선택합니다. **주의사항**과 **확인하세요** 부분을 읽은 후 체크 상자를 선택하고 [등록] 버튼을 클릭합니다.

그림 1-15 자동 결제 수단 등록

**NOTE_** 개인 또는 법인이 사용할 수 있는 결제 수단에 관한 내용은 다음 링크를 참고하세요.
- https://docs.nhncloud.com/ko/nhncloud/ko/user-guide/#_7

## 4단계 – 자동결제 약관 동의

**약관 및 이용동의** 항목 옆에 있는 [보기] 링크를 클릭해 내용을 읽고 계속 진행할 경우 [전체동의]
에 체크한 후 [다음] 버튼을 클릭합니다.

그림 1-16 약관 및 이용동의

## 5단계 – 휴대폰 본인 확인

이용 중인 통신사를 선택하고 [전체 동의]에 체크한 후
[PASS로 인증하기] 또는 [문자(SMS)로 인증하기] 버튼
을 클릭해 인증을 완료합니다.

그림 1-17 본인 확인

## 6단계 - 결제 수단 정보 입력

결제에 사용할 신용카드 정보를 입력하고 [다음] 버튼을 클릭합니다.

그림 1-18 신용카드 정보 입력

## 7단계 - 결제 수단 등록 완료 확인

결제 정보가 정상적으로 등록되면 **결제 수단** 페이지에서 정보를 확인하고 관리할 수 있습니다. 등록된 카드 정보 아래 [가입 축하 크레딧 신청] 링크를 클릭합니다.

그림 1-19 결제 수단 등록 완료

**NOTE_** 등록한 결제 수단은 마이 페이지의 **결제 수단** 메뉴에서 언제든지 변경할 수 있습니다. 다만 등록한 결제 수단을 삭제하길 원할 경우 현재는 '회원 탈퇴'를 통해 가능합니다. 회원 탈퇴 이후 기존에 가입했던 동일한 메일 계정으로 재가입도 가능하니 참고하기 바랍니다.

## 8단계 – 가입 축하 크레딧 신청

**EVENT** 페이지에서 안내 사항을 읽고 [크레딧 받기] 버튼을 클릭합니다.

그림 1-20 무료 크레딧 신청 페이지


## 9단계 – 크레딧 확인

1단계에서 방문했던 **마이 페이지**의 **크레딧** 메뉴를 선택하면 무료 크레딧과 유료 크레딧 정보를 확인할 수 있습니다. **무료 크레딧** 탭에서 가입 축하 크레딧으로 20만 원이 적립된 것을 확인합니다. 남은 크레딧과 사용한 크레딧, 유효 기간도 확인할 수 있습니다.

> **NOTE_** 무료 크레딧은 신청 후 익월 1일에 적립됩니다. NHN Cloud는 월 단위로 과금되므로 무료 크레딧 신청 후 바로 리소스를 만들더라도 과금 시점에 적립되는 무료 크레딧이 먼저 소진되고(무료 크레딧으로 사용 가능한 서비스에 한함) 부족한 금액은 등록한 카드로 자동 결제됩니다.

그림 1-21 크레딧 확인

# CHAPTER 2

# Hello NHN Cloud 프로젝트 만들기

---

**이 장의 내용**

- 생애 첫 NHN Cloud 프로젝트 만들기
- NHN Cloud 웹 콘솔 구조와 각 요소의 기능
- 조직과 프로젝트, 리소스

---

2장은 NHN Cloud에서 필요한 리소스를 만들 때 사용하는 웹 콘솔을 이해하고 기본 사용법을 익힙니다. 프로그래밍 언어를 처음 배울 때 항상 작성하는 'Hello World!' 출력 콘솔 프로그램처럼 'Hello NHN Cloud' 프로젝트를 만들며 NHN Cloud 웹 콘솔 사용법을 익힙니다.

> **NOTE_** 프로그래밍 언어를 배울 때 제일 처음 작성하는 'Hello World!' 출력 코드는 브라이언 커니핸의 매뉴얼에서 유래했습니다. 당시 브라이언은 병아리가 껍데기를 깨고 나오며 'Hello World!'라고 말하는 애니메이션에서 아이디어를 얻었다고 합니다.

## 2.1 생애 첫 NHN Cloud 프로젝트

'Hello World!' 프로젝트처럼 NHN Cloud를 배울 때도 일단 클라우드에서 리소스를 만들면서 전체 작업 과정을 빠르게 경험하는 것이 좋습니다. 처음 NHN Cloud를 다루는 과정을 'Hello NHN Cloud'라고 이름 붙였습니다. 지금부터 생애 첫 NHN Cloud 리소스를 만들어 보겠습니다.

## 2.1.1 Hello NHN Cloud 프로젝트 만들기

NHN Cloud에서 리소스를 배포할 때 제일 먼저 만들어야 하는 리소스는 조직과 프로젝트입니다. 조직은 프로젝트의 상위 단위로 하나 이상의 프로젝트를 포함할 수 있습니다. 프로젝트는 리소스를 관리하는 단위이며 프로젝트의 수명은 곧 리소스의 수명입니다. 이제 Hello NHN Cloud 프로젝트를 만들겠습니다.

### | 실전 연습 01 | 조직 및 프로젝트 만들기

**01** 1장에서 가입한 NHN Cloud 계정으로 NHN Cloud 사이트에 로그인합니다.

**02** NHN Cloud 사이트 메인 메뉴 상단 우측 **CONSOLE** 메뉴를 클릭하거나 브라우저 주소 줄에 다음 URL을 입력해 기본 콘솔을 실행합니다.

• https://console.nhncloud.com

**그림 2-1** NHN Cloud 사이트 메인 메뉴

**03** NHN Cloud 콘솔 사이트 상단의 **조직을 생성해 주세요.**를 클릭합니다. 조직에 대한 자세한 내용은 2.2.1절에서 설명합니다.

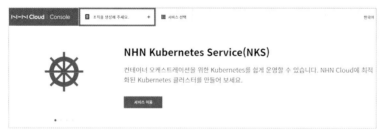

**그림 2-2** NHN Cloud 콘솔

**04** **조직 생성** 팝업 창에서 조직 이름에 'HelloNHNCloud-org'를 입력하고 [확인] 버튼을 클릭합니다.

그림 2-3 조직 생성

**05** 이제 콘솔 사이트는 생성한 조직을 반영한 인터페이스로 바뀝니다. NHN Cloud 콘솔 상단의 **새 프로젝트 생성**을 클릭합니다.

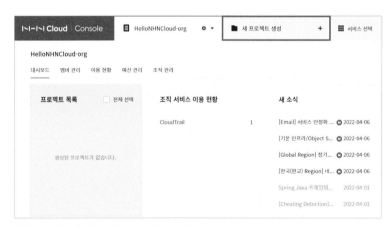

그림 2-4 생성된 HelloNHNCloud-org 조직

**06 프로젝트 생성** 팝업 창에 필요한 정보를 입력하고 [확인] 버튼을 클릭합니다.

❶ 프로젝트 이름: HelloNHNCloud-proj

❷ 프로젝트 설명: 생애 첫 NHN Cloud 프로젝트

그림 2-5 프로젝트 생성

**07** 웹 콘솔은 생성한 프로젝트를 반영한 인터페이스로 바뀝니다.

그림 2-6 생성된 HelloNHNCloud-proj 프로젝트

## 2.1.2 NHN Cloud 리소스 만들기

프로젝트를 만들었으니 이제 리소스를 만들어 보겠습니다. 여기서는 공용 Public IP 주소를 나타내는 'Floating IP'를 만들면서 그 과정을 확인하겠습니다.

## | 실전 연습 02 | 리소스 만들기

**01** 지금부터는 항상 NHN Cloud 기본 웹 콘솔에 로그인한 상태라고 가정합니다. 웹 콘솔 상단의 **서비스 선택** 메뉴나 왼편 **HelloNHNCloud-proj** 아래에 [서비스 추가] 버튼을 클릭합니다(그림 2-6 참고).

**02 서비스 선택** 화면에서 Network 범주 아래의 [Floating IP]를 선택합니다.

그림 2-7 플로팅 IP 서비스 선택

**03** 기본 인프라 서비스를 처음 사용한다면 **서비스 활성화** 팝업에서 [확인] 버튼을 클릭합니다.

그림 2-8 기본 인프라 서비스 활성화

**04** 웹 콘솔의 왼편 프로젝트 아래에 활성화된 기본 인프라 서비스를 확인할 수 있습니다. **Network** 카테고리 아래의 **Floating IP** 메뉴를 선택하고 [+ 플로팅 IP 생성] 버튼을 클릭합니다.

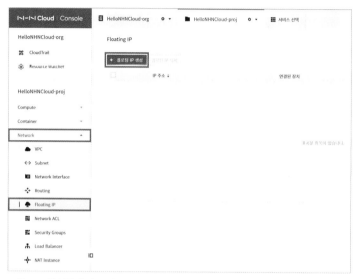

그림 2-9 활성화된 기본 인프라 서비스와 Floating IP 서비스

**05** **플로팅 IP 생성** 팝업 창에서 기본값으로 설정한 후 [생성] 버튼을 클릭합니다.

**플로팅 IP 생성**

IP 풀　　Public Network　▼

- 플로팅 IP를 생성하면 인스턴스에 연결하지 않더라도 과금됩니다.
- 사용하지 않는 플로팅 IP는 삭제하시는 것이 좋습니다.

취소　　생성

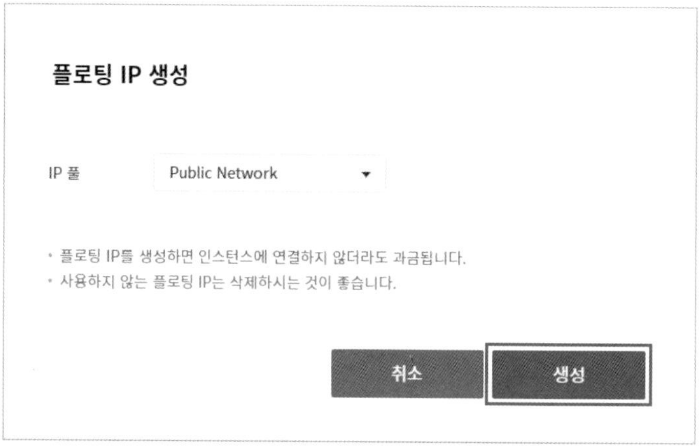

그림 2-10 플로팅 IP 생성

**06** 플로팅 IP 생성에 성공하면 **성공** 팝업 창이 표시됩니다. 플로팅 IP를 확인하고 [확인] 버튼을 클릭합니다.

그림 2-11 플로팅 IP 생성 성공

**07** 기본 웹 콘솔의 **Floating IP** 서비스에서 방금 생성한 플로팅 IP 목록을 확인할 수 있습니다.

그림 2-12 생성된 플로팅 IP 목록 확인

## 2.2 조직과 프로젝트, 리소스

조직과 프로젝트는 NHN Cloud의 2가지 전역 리소스입니다. 반면에 인스턴스나 VPC와 같은 리소스는 리전 리소스입니다. [그림 2-13]은 조직과 프로젝트를 중심으로 리전과 리소스의 관계를 나타냈습니다. 리전을 중심으로 보면, 한 리전 내에 여러 프로젝트의 리소스가 존재합니다.

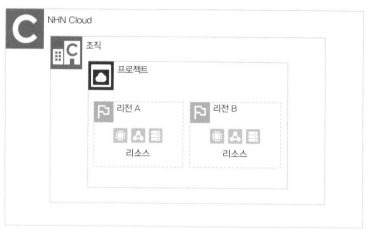

그림 2-13 조직과 프로젝트, 리소스의 관계

NOTE_ 결제 수단을 등록한 NHN Cloud 회원을 기준으로 조직은 최대 3개, 프로젝트는 조직당 5개(최대 15개)를 만들 수 있습니다.

### 2.2.1 조직

하나의 조직은 보통 하나의 기업을 반영하지만 필요시 하나의 기업이 여러 조직을 구성할 수도 있습니다. 조직의 하위 리소스는 프로젝트이며 여러 프로젝트를 그룹으로 관리할 수 있습니다. 따라서 조직은 콘솔 액세스를 제어하는 거버넌스 설정을 제공하고 하위 프로젝트에 공통으로 사용할 역할 그룹을 생성할 수 있습니다.

NHN Cloud 서비스를 사용하려면 반드시 조직을 먼저 만들어야 합니다. 조직을 만든 계정은 자동으로 조직의 소유자가 됩니다. 조직에 도메인을 부여할 수도 있는데, 이 도메인은 3장에서 설명할 IAM 콘솔 URL이 됩니다. 도메인은 NHN Cloud 전체에서 고유해야 합니다.

만약 만든 조직을 삭제해야 한다면 다음 3가지 조건을 만족하는지 확인해야 합니다. 이 조건을 모두 만족한다면 프로젝트가 포함되어 있더라도 조직을 삭제할 수 있습니다.

- 콘솔에 로그인한 계정이 조직의 소유자인가?
- 모든 프로젝트에 사용 중인 리소스를 모두 제거했는가?
- 모든 프로젝트에 활성화된 서비스를 모두 비활성화했는가?

**NOTE_** 조직을 삭제한 후에는 되돌릴 수 없으므로 삭제 여부는 신중히 결정해야 합니다.

조직을 만들고 나면 조직 수준에서만 활성화할 수 있는 서비스를 제공합니다.

표 2-1 조직 단위로 활성화할 수 있는 서비스

| 서비스명 | 설명 |
| --- | --- |
| Dooray! | 화상 회의, 메신저, 프로젝트, 메일 캘린더, 드라이브(온라인 파일 저장소) 등 업무에 필요한 서비스를 하나의 플랫폼으로 융합, 제공하는 클라우드 기반 협업 솔루션 |
| ERP | 인사 관리부터 회계 처리까지 회사의 경영 자원을 관리하기 위한 솔루션 |
| Groupware | 회사 내 효율적인 협업과 최적화된 업무 프로세스를 수행하기 위한 게시, 결재 등의 서비스 |
| Contact Center | 1:1 문의, 헬프 센터, 채팅, 전화, SNS 등 원하는 채널의 문의를 티켓화하여 관리하는 통합 상담 솔루션인 Online Contact 서비스와 시간/장소 제약 없이 고객 문의 전화를 모바일/PC 애플리케이션을 통해 상담하는 Mobile Contact 서비스 |
| IDC | 자체 기술력으로 경기도 판교에 설계, 구축한 도심형 인터넷 데이터 센터로써 장기간의 대규모 인프라 운영 경험을 바탕으로 빠르고 안정적인 IT 서비스를 제공할 수 있는 설비를 갖춤 |
| CloudTrail | 사용자의 NHN Cloud 사용 이력을 확인할 수 있는 서비스 |
| Resource Watcher | 그룹과 태그를 이용해 NHN Cloud의 조직 내 서비스에 생성된 모든 리소스를 효율적으로 관리하고, 알림 조건을 설정하여 리소스에서 발생하는 변경 사항에 대한 알림을 받을 수 있는 서비스 |

## 2.2.2 프로젝트

프로젝트는 IT 업계에서 어떤 서비스 시스템(쇼핑몰 웹사이트 등)을 만들 때 일반적으로 널리 사용하는 용어입니다. IT 프로젝트를 가정해 보면 서버와 네트워크, 스토리지 등의 물리적 리소스뿐만 아니라 소프트웨어, 사람(관리자, 개발자 등)의 리소스도 포함됩니다.

NHN Cloud에서 사용하는 '프로젝트'도 목표하는 서비스를 만드는 데 필요한 모든 관련 리소스를 포함하는 단위입니다. 서비스의 라이프 사이클을 고려해 프로젝트를 나눌 수도 있습니다. 예를 들면 하나의 서비스를 운영 프로젝트와 신규 개발 프로젝트로 나눠 액세스와 권한을 다르게 관리할 수 있습니다.

> **NOTE_** 하나의 프로젝트 내에 서로 다른 리전의 리소스를 만들 수 있습니다. 하지만 웹 콘솔에서 선택한 리전의 리소스만 표시됩니다.

프로젝트는 조직의 하위 리소스이므로 조직을 먼저 생성해야 합니다. 프로젝트를 만든 계정은 자동으로 해당 프로젝트의 ADMIN 역할을 가집니다. 프로젝트를 만들고 나면 프로젝트 수준에서만 활성화할 수 있는 서비스를 제공합니다. 실제 클라우드에서 하는 작업 대부분은 이 프로젝트 수준의 서비스를 다루는 일입니다.

표 2-2 프로젝트 단위로 활성화할 수 있는 서비스

| 서비스명 | 설명 |
| --- | --- |
| Dooray! | 오픈스택 기반 온디맨드(on-demand) 인프라 서비스를 제공합니다. 서비스 형태와 필요한 성능에 따라 적합한 사양을 선택하면 몇 분 만에 새로운 서버를 만들 수 있습니다. 원하는 인프라를 쉽게 구성하고 사용량만큼 비용을 지불하는 컴퓨팅 서비스입니다. |
| Container | 컨테이너를 빠르고 쉽게 생성하고 운용할 수 있습니다. 도커 컨테이너 이미지를 NCR(NHN Cloud Registry) 비공개 레지스트리에 저장하고, 쿠버네티스 오케스트레이션 엔진을 기반으로 한 NKS(NHN Kubernetes Service) 클러스터나 서버리스 컨테이너 실행 환경인 NCS(NHN Container Service) 등의 서비스를 통해 쉽게 컨테이너를 구동시킬 수 있습니다. |
| Network | 가상 사설 네트워크를 클라우드 환경 내 생성 및 구성할 수 있습니다. 네트워크를 이용한 접근 제어(Security Group, Network ACL), VPN 연결, 인터넷 게이트웨이 등의 서비스 제공과 타 VPC 또는 다른 리전 간 VPC 피어링 구성을 통해 보안성 및 안정성이 높은 네트워킹 서비스를 제공합니다. |
| Storage | 고가용성과 안정성을 가진 스토리지 서비스를 제공합니다. 데이터를 블록 단위로 분할하여 저장하는 Block Storage, 객체 스토리지인 Object Storage, 네트워크로 연결하여 사용하는 NAS 등 목적에 맞는 스토리지 서비스를 이용할 수 있습니다. |
| Database | 사용자가 직접 설치 및 관리할 필요 없도록 완전 관리형 데이터베이스 서비스를 제공합니다. MySQL, MS-SQL, MariaDB 등 관계형 데이터베이스, 빠른 속도를 필요로 하는 인메모리 캐시 기반의 EasyCache 등 목적에 맞는 데이터베이스 서비스를 이용할 수 있습니다. |
| Hybrid & Private Cloud | 하이브리드와 프라이빗 클라우드 구축을 위한 서비스입니다. |

| Game | 다양한 게임 플랫폼 서비스를 통해 게임을 쉽고 빠르게 출시하고 효율적으로 운영할 수 있습니다. 게임 개발/출시/운영에 필요한 모든 노하우가 담긴 게임 플랫폼 서비스를 이용할 수 있습니다. |
|---|---|
| Security | 클라우드 서비스에 필요한 다양한 보안 전문 서비스를 이용할 수 있습니다. |
| Content Delivery | 안정적인 전송 기술로 파일 저장 및 빠른 콘텐츠 배포가 가능한 플랫폼을 제공합니다. |
| Notification | Push, SMS, Email, KakaoTalk Bizmessage 등 다양한 유형의 비즈 메시지 알림 기능을 쉽고 편리하게 이용할 수 있습니다. |
| AI Service | 얼굴 인식, 패션 인식, 음성 인식 및 문자 합성, 음성 합성, 문서 인식 등 최신 기술을 기반으로 한 다양한 AI 서비스를 이용할 수 있습니다. |
| Machine Learning | 머신러닝 애플리케이션 개발을 위한 서비스입니다. |
| Mobile Service | 모바일 애플리케이션 서비스 개발과 테스트를 쉽게 할 수 있도록 돕는 서비스입니다. |
| Data & Analytics | 데이터 분석 및 수집에 필요한 플랫폼을 이용할 수 있습니다. |
| Application Service | 웹/애플리케이션 서비스에 필요한 다양한 도구들을 제공합니다. |
| Search | 다양한 검색 서비스를 통해 업데이트 걱정 없이 항상 최신 데이터를 이용할 수 있습니다. |
| Dev Tool | 편리하고 효율적인 개발 환경을 제공하는 서비스입니다. |
| Management | 최고 기술력을 보유한 전문 엔지니어가 체계적으로 서버를 관리해 고객이 콘텐츠 개발에 더 집중할 수 있도록 지원하는 서비스입니다. |
| Bill | 쉽고 편리하게 세금계산서를 발행할 수 있습니다. |

만약 프로젝트를 삭제해야 한다면 활성화된 서비스를 모두 비활성화해야 삭제할 수 있습니다.

**NOTE_** 서비스를 비활성화할 경우에는 기존에 만들어 놓은 모든 리소스가 제거됩니다.

## 2.3 기본 웹 콘솔의 구조

NHN Cloud의 콘솔은 웹 기반 그래픽 유저 인터페이스(GUI)를 제공하는 통합 콘솔입니다. NHN Cloud의 콘솔은 사용자 계정이 NHN Cloud 회원인지 IAM 멤버인지에 따라 액세스할 수 있는 기본 콘솔과 IAM 콘솔로 나뉩니다. 여기서는 기본 콘솔을 중심으로 설명하고 IAM 콘솔은 3장에서 별도로 설명합니다.

NHN Cloud의 콘솔은 직관적으로 사용하기 쉬운 사용자 중심의 UX와 시각적인 인터페이스를 제공합니다. 리소스를 만들고 관리하며 모니터링하는 작업도 간편합니다.

'2.1 생애 첫 NHN Cloud 프로젝트'를 진행하면서 기본 웹 콘솔을 잠깐 사용해 봤습니다. 이제 NHN Cloud 기본 웹 콘솔의 인터페이스를 더 자세히 살펴보고 각 부분의 이름과 기능을 알아보겠습니다.

### 2.3.1 기본 웹 콘솔 메뉴

NHN Cloud 기본 웹 콘솔의 작업 메뉴는 7개로 나뉩니다. 각 메뉴의 용도는 [표 2-3]과 같습니다.

**그림 2-14** 기본 웹 콘솔 메뉴

**표 2-3** 기본 웹 콘솔 작업 인터페이스

| 작업 메뉴 | 설명 |
| --- | --- |
| ❶ 웹 콘솔 홈 | [Console]을 클릭하면 항상 기본 선택 조직 화면으로 전환됩니다. |
| ❷ 조직 선택 | 조직을 만들거나 기본 조직을 선택할 수 있고 조직을 관리할 수 있습니다. |
| ❸ 프로젝트 선택 | 프로젝트를 만들거나 기본 프로젝트를 선택할 수 있고 프로젝트를 관리할 수 있습니다. |
| ❹ 서비스 선택 | 프로젝트를 만든 후 프로젝트에 사용할 리소스를 만들 수 있습니다. |
| ❺ 리전 전환 | 현재 작업 중인 리전을 변경할 수 있습니다. 한국(판교/평촌), 일본(도쿄), 미국(캘리포니아) 리전 중에서 선택할 수 있습니다. 리전을 변경하면 현재 리전의 리소스만 표시됩니다. |
| ❻ 표시 언어 변경 | 기본 웹 콘솔의 표시 언어를 한국어, 영어, 일본어, 중국어 중에서 선택할 수 있습니다. 해당 언어를 선택하면 웹 콘솔의 표시 언어가 즉시 변경됩니다. |
| ❼ 계정 관리 | 콘솔 회원 정보 및 비용 관리(결제 수단, 크레딧, 결제 관리)를 할 수 있습니다. 조직/프로젝트 역할을 설정하거나 쿼터 관리, API 보안 설정을 수행할 수 있습니다. FAQ나 1:1 문의, 유선 또는 카카오톡 채팅의 안내를 제공하는 고객 센터 연결 메뉴도 제공합니다. 물론 웹 콘솔을 로그아웃할 수도 있습니다. |

### 2.3.2 조직

NHN Cloud 최상위 리소스인 조직 인터페이스는 6가지 메뉴를 제공합니다. 각 메뉴의 기능은 [표 2-4]와 같습니다.

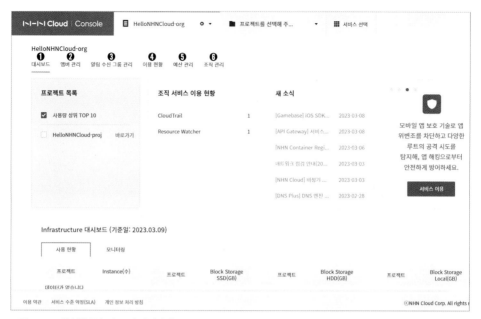

**그림 2-15** 기본 웹 콘솔의 조직 인터페이스

**표 2-4** 조직 인터페이스의 메뉴와 기능

| 명칭 | 기능 |
|------|------|
| ❶ 대시보드 | 현재 조직의 프로젝트 목록과 조직 수준에서 사용 중인 서비스 목록, 현시점의 인프라 사용 현황을 보여 줍니다. |
| ❷ 멤버 관리 | 해당 조직의 관리 멤버가 될 수 있는 NHN Cloud 회원과 IAM 멤버의 관리 기능을 제공합니다. |
| ❸ 알림 수신 그룹 관리 | 조직 내에서 여러 개의 알림 수신 그룹을 생성해 관리할 수 있습니다. 필요한 서비스에서 알림 수신 그룹을 지정해 메일과 SMS를 발송하거나 웹훅 주소를 호출할 수 있습니다. |
| ❹ 이용 현황 | 현재 사용 월의 이용 금액뿐만 아니라 이전 이용 금액 이력을 확인할 수 있습니다. |
| ❺ 예산 관리 | 조직의 전체 프로젝트 또는 개별 프로젝트에 예산을 설정하고 지정한 대상에게 이메일과 SMS로 알림을 보낼 수 있습니다. |
| ❻ 조직 관리 | 3가지 설정 그룹을 제공합니다. '조직 기본 설정'은 도메인과 IAM 콘솔, 프로젝트 관리를 제공합니다. '거버넌스 설정'은 콘솔 액세스를 위한 IP ACL 설정과 로그인 보안 설정을 제공합니다. '프로젝트 공통 역할 그룹 설정'은 프로젝트에 공통으로 사용할 역할 그룹을 설정하고 관리할 수 있습니다. |

멤버 관리 기능과 조직 관리 기능의 거버넌스 설정과 프로젝트 공통 역할 그룹 설정은 3.3.1절에서 다룹니다. 조직 관리 기능의 조직 기본 설정을 더 살펴보겠습니다.

# 조직 기본 설정

**조직 기본 설정** 화면은 6가지 섹션으로 구성됩니다. 이중 정보를 변경하거나 설정하는 섹션은 조직 정보와 도메인 설정, 이용 중인 프로젝트, 조직 삭제입니다.

그림 2-16 조직 기본 설정

### ❶ 조직 정보
- 실전 연습 01에서 조직을 만들 때 조직 이름을 넣었는데, 이 값은 고유한 값이 아닙니다. 고유한 값은 조직이 만들어질 때 NHN Cloud가 자동으로 부여한 조직 ID입니다. 따라서 조직 이름은 필요시 변경할 수 있습니다.

### ❷ 도메인 설정
- NHN Cloud의 기본 웹 콘솔과 Dooray!, ERP 서비스에 접속하는 URL의 접두사를 지정합니다. 여기서 설정한 도메인을 기반으로 IAM 콘솔의 URL도 만들어집니다.

### ❸ IAM 콘솔
- 앞서 도메인 설정에서 접두사를 지정했다면 IAM 콘솔의 URL이 표시됩니다.

**❹ 이용 중인 조직 서비스**

- 현재 활성화된 조직 수준의 서비스가 표시됩니다. 조직을 만들면 기본적으로 CloudTrail 및 Resource Watcher 서비스가 활성화됩니다.

**❺ 이용 중인 프로젝트**

- 현재 조직에 만들어진 모든 프로젝트를 확인하고 해당 프로젝트로 바로 이동할 수도 있습니다. 프로젝트를 삭제할 수도 있지만, 이 경우는 해당 프로젝트에서 활성화된 서비스가 없어야 합니다.

**❻ 조직 삭제**

- 현재 조직을 삭제할 수 있습니다. 단, 2.2절에서 설명한 것처럼 조직 삭제를 위한 조건을 만족한 경우만 가능합니다.

## | 실전 연습 03 | 조직 기본 설정 다루기

**01** 기본 웹 콘솔에서 앞서 만든 **HelloNHNCloud-org** 조직의 **조직 관리** 메뉴를 선택하고 **조직 기본 설정** 탭을 클릭합니다.

**02** **조직 정보** 섹션에서 다음 내용을 설정하고 [조직 이름 수정] 버튼을 클릭합니다.

- 조직 이름(기업 이름): NewHelloNHNCloud-org

**그림 2-17** 조직 정보 수정

**03** **도메인 설정** 섹션에서 **도메인 이름**을 다음 내용으로 설정하고 [도메인 설정] 버튼을 클릭합니다.

- 도메인 이름: NHN Cloud 내에서 중복되지 않는 고유한 이름 사용

**그림 2-18** 도메인 이름 설정

**04** 도메인 설정을 완료하면 **IAM 콘솔** 섹션에서 도메인 이름이 설정된 것을 확인할 수 있습니다. [바로가기] 버튼을 클릭해 IAM 콘솔 화면을 확인합니다.

**그림 2-19** IAM 콘솔 도메인 이름 확인

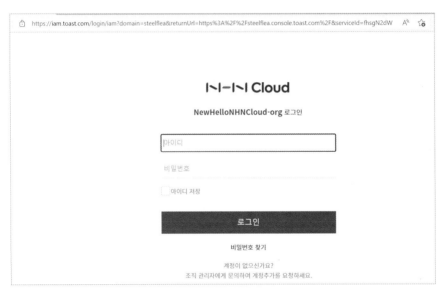

**그림 2-20** NewHelloNHNCloud-org IAM 콘솔 로그인 화면

### 2.3.3 프로젝트

NHN Cloud의 실질적인 작업 영역인 프로젝트의 웹 인터페이스는 [그림 2-21]처럼 활성화된 서비스와 프로젝트 구역으로 나뉘고 프로젝트 구역은 7개의 메뉴를 제공합니다.

**그림 2-21** 기본 웹 콘솔의 프로젝트 인터페이스

활성화된 서비스 구역은 현재 (A)프로젝트의 소속 조직과 (B)사용 중인 조직 서비스, (C)활성화된 프로젝트 서비스를 나타냅니다. 이 구역은 ⊕ 축소 아이콘을 클릭하면 최소화돼 프로젝트 구역을 넓게 쓸 수 있습니다. 각 메뉴 기능은 [표 2-5]와 같습니다.

**표 2-5** 프로젝트 인터페이스의 메뉴와 기능

| 명칭 | 기능 |
|---|---|
| ❶ 대시보드 | 현시점의 인프라 사용 현황을 보여 줍니다. |
| ❷ 멤버 관리 | 해당 프로젝트의 관리 멤버가 될 수 있는 NHN Cloud 회원과 IAM 멤버의 관리 기능을 제공합니다. |
| ❸ 역할 그룹 관리 | 프로젝트에 사용할 역할 그룹을 설정하고 관리할 수 있습니다. 기본 권한을 모아 별도로 구현한 그룹입니다. |
| ❹ 알림 수신 그룹 관리 | 기본 권한이나 역할 그룹을 선택해 이메일이나 SMS를 받을 알림 수신 그룹을 만들고 관리할 수 있습니다. |
| ❺ 이용 현황 | 해당 프로젝트에 대한 현재 사용 월의 이용 금액뿐만 아니라 이전 이용 금액의 이력을 확인할 수 있습니다. |
| ❻ 프로젝트 관리 | 프로젝트 기본 정보와 API 보안 설정, 활성화된 서비스를 확인하고 관리할 수 있습니다. 해당 프로젝트를 삭제할 수도 있습니다. |
| ❼ 쿼터 관리 | 프로젝트에 활성화된 서비스의 기본 할당량을 표시하고 조정을 신청할 수 있습니다. |

멤버 관리와 역할 그룹 관리 기능은 3장에서 자세히 살펴봅니다. 이 절에서는 **프로젝트 관리**와 **쿼터 관리** 기능을 더 살펴보겠습니다.

## 프로젝트 관리

**프로젝트 관리** 화면은 **프로젝트 기본 정보**와 **API 보안 설정, 이용 중인 서비스, 프로젝트 삭제** 섹션, 이렇게 4가지 섹션으로 구성됩니다.

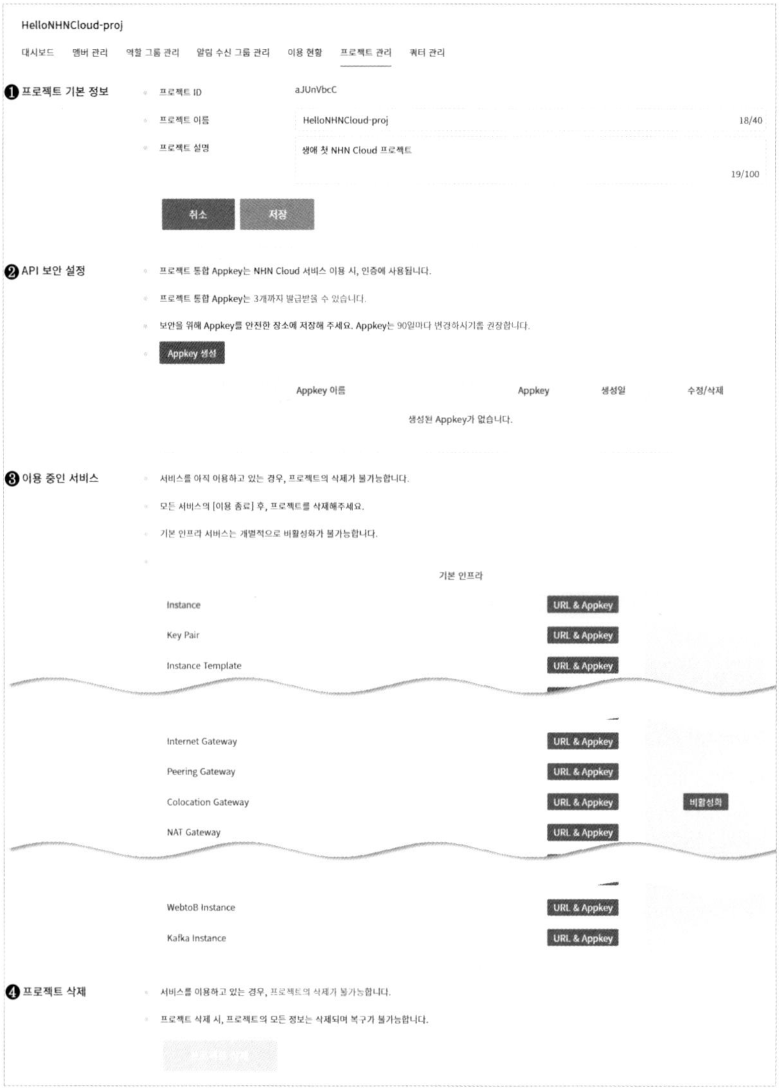

그림 2-22 프로젝트 관리

### ❶ 프로젝트 기본 정보

- 앞서 실전 연습 01에서 프로젝트를 만들 때 프로젝트 이름을 넣었는데 이 값은 고유한 값이 아닙니다. 프로젝트가 만들어질 때 NHN Cloud가 자동으로 부여한 프로젝트 ID가 고유한 값입니다. 따라서 프로젝트 이름은 필요시 변경할 수 있습니다.

### ❷ API 보안 설정

- NHN Cloud 서비스 사용 시 인증에 필요한 Appkey를 프로젝트당 3개까지 발급할 수 있습니다.

### ❸ 이용 중인 서비스

- 현재 활성화된 프로젝트 수준의 서비스가 표시됩니다. 사용 중인 서비스를 비활성화할 수 있습니다.

### ❹ 프로젝트 삭제

- **이용 중인 서비스** 섹션의 모든 서비스를 비활성화해야 [프로젝트 삭제] 버튼이 활성화됩니다. 삭제한 프로젝트는 복구할 수 없으므로 주의해야 합니다.

## 쿼터 관리

각 서비스의 ADMIN 역할을 가진 사용자만 프로젝트 쿼터 목록을 볼 수 있습니다. [쿼터 조정 신청] 버튼과 [사용량 문의 및 신청] 버튼으로 쿼터를 관리할 수 있습니다. 버튼이 비활성화된 리소스는 쿼터 조정이 불가능합니다.

**HelloNHNCloud-proj**

대시보드　멤버 관리　역할 그룹 관리　알림 수신 그룹 관리　이용 현황　프로젝트 관리　쿼터 관리

- 서비스 ADMIN 역할을 가진 사용자에게만 해당 서비스 프로젝트 쿼터 목록이 표시됩니다.
- 쿼터 조정이 불가능한 리소스는 '쿼터 조정 신청' 버튼이 비활성화됩니다.

서비스 : 전체　리전 : 전체　구분 :　리소스 :　🔍 조회　↻ 초기화

| 서비스 | 리전 | 구분 | 리소스 | 제공 기준 | 쿼터 | 사용량 | 쿼터 조정 신청 ⓘ |
|---|---|---|---|---|---|---|---|
| 기본 인프라 서비스 | 한국(판교) 리전 | - | CPU | 프로젝트당 | 300 vCore | 0 vCore | 쿼터 조정 신청 |
| 기본 인프라 서비스 | 한국(판교) 리전 | - | 메모리 | 프로젝트당 | 524,288 MB | 0 MB | 쿼터 조정 신청 |
| 기본 인프라 서비스 | 한국(판교) 리전 | - | 클러스터 | 프로젝트당 | 3 개 | 0 개 | 쿼터 조정 신청 |
| 기본 인프라 서비스 | 한국(판교) 리전 | - | 워커 노드 그룹 | 클러스터당 | 3 개 | - | 사용량 문의 및 신청 |
| 기본 인프라 서비스 | 한국(판교) 리전 | - | 워커 노드 수 | 워커 노드 그룹당 | 10 개 | - | 사용량 문의 및 신청 |
| 기본 인프라 서비스 | 한국(판교) 리전 | - | VPC | 프로젝트당 | 3 개 | 1 개 | 쿼터 조정 신청 |
| 기본 인프라 서비스 | 한국(판교) 리전 | - | 서브넷 | VPC 당 | 10 개 | - | 사용량 문의 및 신청 |
| 기본 인프라 서비스 | 한국(판교) 리전 | - | 라우팅 테이블 | VPC 당 | 10 개 | - | 사용량 문의 및 신청 |
| 기본 인프라 서비스 | 한국(판교) 리전 | - | 라우트 | 라우팅 테이블당 | 10 개 | - | 사용량 문의 및 신청 |

**그림 2-23** 쿼터 관리

## | 실전 연습 04 |  프로젝트 및 쿼터 관리 기능 다루기

**01** 기본 웹 콘솔에서 앞서 만든 **HelloNHNCloud-proj** 프로젝트의 **프로젝트 관리** 메뉴를 선택합니다.

**02 프로젝트 기본 정보** 섹션에서 다음 내용을 설정하고 [저장] 버튼을 클릭합니다.

❶ 프로젝트 이름: NewHelloNHNCloud-proj

❷ 프로젝트 설명: 생애 두 번째 NHN Cloud 프로젝트

그림 2-24 프로젝트 기본 정보 변경

**03 API 보안 설정** 섹션에서 [Appkey 생성] 버튼을 클릭합니다. **Appkey 생성** 팝업 창에서 다음 내용을 설정하고 [확인] 버튼을 클릭합니다.

• Appkey 이름: newhellonhncloud

그림 2-25 Appkey 생성

**04 API 보안 설정** 섹션에서 생성된 Appkey를 확인합니다. [Appkey 이름 수정] 버튼과 [삭제] 버튼으로 생성된 키를 관리할 수 있습니다.

**그림 2-26** 생성된 Appkey 확인

**05** 서비스 활성화 절차를 보이기 위해 여기서는 DNS Plus를 예로 진행하겠습니다. 기본 웹
콘솔의 **서비스 선택** 메뉴를 선택하고 **Network** 서비스 그룹의 **DNS Plus** 서비스를 클릭합
니다. 그리고 **서비스 활성화** 팝업에서 [확인]을 클릭합니다.

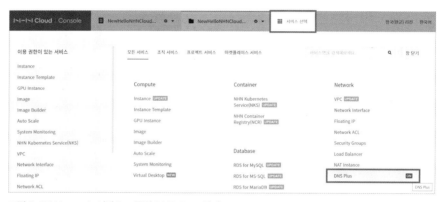

**그림 2-27** Network 서비스 그룹의 DNS Plus 서비스

**그림 2-28** 서비스 활성화

**06** 다시 **프로젝트 관리** 메뉴로 돌아와서 **이용 중인 서비스** 섹션에서 방금 활성화한 DNS Plus 서비스를 확인합니다.

그림 2-29 활성화된 DNS Plus 서비스 확인 및 기본 인프라 비활성화

**07** **이용 중인 서비스** 섹션에서 **기본 인프라** 서비스 그룹의 [비활성화] 버튼을 클릭합니다. **기본 인프라 서비스 비활성화** 팝업 창의 내용을 모두 확인하고 체크 상자를 모두 선택합니다. 비활성화가 진행되면 기존에 만들어 놓은 리소스(이 경우 Floating IP)도 같이 제거됩니다.

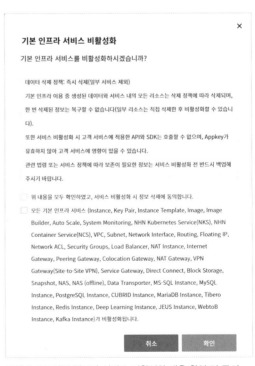

그림 2-30 기본 인프라 서비스 비활성화 내용 확인 및 동의

**08** **이용 중인 서비스** 섹션에서 **기본 인프라** 서비스 그룹을 비활성화한 후 남은 DNS Plus 서비스
를 확인합니다.

**그림 2-31** 기본 인프라 서비스 그룹의 비활성화 결과 확인


**09** **NewHelloNHNCloud-proj** 프로젝트의 **쿼터 관리** 메뉴를 선택합니다. 프로젝트에서 활성
화된 서비스만 쿼터 조정이 가능합니다. 여기서는 DNS Plus 서비스만 표시됩니다. 첫 번
째 리소스인 '레코드 세트'의 [쿼터 조정 신청] 버튼을 클릭합니다.

**그림 2-32** 쿼터 조정 가능한 서비스 목록


**10** **고객 센터** 페이지로 리디렉션 되어 **1:1 문의** 코너를 표시합니다. **유형** 항목에서 **서비스/기타**를
선택하고 쿼터 조정이 필요한 서비스 그룹을 선택한 뒤, 나머지 필요한 항목을 작성합니
다. '＊' 표시가 있는 항목은 필수로 작성해야 합니다.

그림 2-33 쿼터 조정 신청 양식

## | 실전 연습 05 | 프로젝트 및 조직 삭제하기

**01 NewHelloNHNCloud-proj** 프로젝트의 **프로젝트 관리** 메뉴를 선택합니다.

**02 이용 중인 서비스** 섹션에서 남은 활성화된 서비스(여기서는 DNS Plus)의 [비활성화] 버튼을
클릭합니다(그림 2-31 참고). **DNS Plus 서비스 비활성화** 팝업 창의 체크 상자를 선택한 후
[확인] 버튼을 클릭합니다.

**그림 2-34** DNS Plus 서비스 비활성화

**03** 이용 중인 모든 서비스를 비활성화했다면 **이용 중인 서비스** 섹션은 사라지고 **프로젝트 삭제** 섹션의 [프로젝트 삭제] 버튼이 활성화됩니다. [프로젝트 삭제] 버튼을 클릭해 프로젝트를 제거합니다.

**그림 2-35** 프로젝트 삭제

**04** **NewHelloNHNCloud-org** 조직의 **조직 관리** 메뉴를 선택합니다.

**05** 앞서 프로젝트를 삭제했으므로 **조직 기본 설정** 탭 하단의 [조직 삭제] 버튼을 클릭해 NewHelloNHNCloud-org를 삭제합니다.

그림 2-36 조직 삭제

**06** 프로젝트에 이어서 조직까지 삭제하면 NHN Cloud 기본 웹 콘솔은 초기 상태가 됩니다.

그림 2-37 기본 웹 콘솔 초기 상태

# CHAPTER 3

# 사용자 및 액세스 관리

**이 장의 내용**

- 사용자 관리 및 역할

- 그룹 관리 및 역할 할당

2장에서 Hello NHN Cloud 프로젝트 실습을 통해 기본 웹 콘솔 사용법을 익혔습니다. 또한 조직과 프로젝트, 리소스의 개념과 관계를 이해했습니다.

기업은 일반적으로 개발이나 운영팀의 일원으로 클라우드를 사용합니다. 팀에서 클라우드를 사용하는 상황에서는 팀 멤버의 역할에 따라 NHN Cloud를 액세스할 수 있는 범위와 권한을 분리해야 합니다.

3장은 NHN Cloud의 조직과 프로젝트, 리소스에 대한 인증 및 액세스 관리를 위해 NHN Cloud 회원과 IAM 멤버라는 2가지 사용자 타입과 그룹 관리를 살펴봅니다. 그리고 이들 사용자 타입과 그룹에 부여하는 역할 기반 액세스를 통해 리소스 액세스 제어 방법을 익힙니다.

## 3.1 사용자 관리 및 역할

인증과 권한 부여의 대상이 되는 개체를 보안 주체라고 합니다. NHN Cloud에서 사용되는 대표적인 보안 주체는 사용자와 그룹입니다. NHN Cloud는 조직과 프로젝트에서 별도의 멤버 관리 기능을 통해 인증과 권한 부여를 관리합니다.

## 3.1.1 사용자

NHN Cloud에서 모든 서비스와 리소스를 액세스하려면 사용자 계정이 있어야 합니다. 사용자를 만들면 권한 관리를 통해 세분화된 액세스 제어가 가능합니다.

NHN Cloud는 'NHN Cloud 회원'과 'IAM 멤버' 사용자를 제공합니다. 조직과 프로젝트의 체계적인 관리를 위해 2가지 사용자 유형을 이해하고 체계적인 사용자 관리 전략을 세워야 합니다.

NHN Cloud 회원은 NHN Cloud 포털에서 가입한 사용자 계정을 말합니다. 1.4.1절에서 구체적인 가입 방법을 소개했습니다. NHN Cloud 회원은 조직과 프로젝트에서 멤버로 등록할 수 있으며 조직 멤버와 프로젝트 멤버는 따로 관리합니다.

IAM 멤버의 생성과 수정, 삭제의 수명 주기 관리는 조직에서 담당하고 프로젝트는 조직에서 만든 IAM 멤버를 멤버로 등록해 프로젝트와 서비스에 세부적인 권한을 부여합니다.

표 3-1 NHN Cloud 회원과 IAM 멤버 비교

| 구분 | NHN Cloud 회원 | IAM 멤버 |
|---|---|---|
| 정의 | NHN Cloud 이용 약관에 동의하고 회원 가입을 수행한 사용자 | NHN Cloud 회원 가입 없이 조직 단위에서 관리하는 사용자 |
| 목적 | 조직 관리(결제 수단 등록 필수) | 프로젝트 및 서비스 관리 |
| 유효 범위 | NHN Cloud 전체에서 유효함 | 해당 조직 내에서만 유효함 |
| 수명 | 조직 수명과 무관 | 조직 삭제 시 함께 제거 |
| 로그인 | NHN Cloud 회원 ID(Email 형식)/비밀번호 | 조직 소유자가 등록한 ID(Email 형식 아님)와 사용자가 변경한 비밀번호 |
| 액세스 | https://console.nhncloud.com | https://〈조직도메인〉.console.nhncloud.com |

## 3.1.2 역할과 권한

일반적으로 기업의 IT 시스템은 조직의 구성원이 부여된 역할에 따라 조직의 리소스를 액세스하도록 통제합니다. 이런 기능을 IT 거버넌스에서 역할 기반 액세스 제어$^{role\ based\ access\ control}$(RBAC)라고 합니다.

> **NOTE**_ IT 거버넌스는 IT 시스템의 관리와 통제, 위험 관리를 효과적으로 수행하기 위한 체계입니다.

클라우드를 사용하기로 결정한 기업은 조직의 구성원에게 역할을 부여하고 그 역할에 맞게 클라우드 리소스를 액세스하도록 통제하고 모니터링하기를 원합니다. 따라서 대부분의 퍼블릭 클라우드 서비스는 사용자와 그룹을 대상으로 역할과 권한을 관리하는 기능을 제공합니다.

역할$^{role}$은 사용자가 다른 이름으로 불리는 것, 예를 들어 소유자$^{owner}$나 관리자$^{admin}$를 말합니다. 권한$^{permission}$은 그 다른 이름이 할 수 있는 만들기$^{create}$나 수정$^{update}$ 등이 가능한 작업 범위입니다.

NHN Cloud는 최상위 리소스인 조직과 프로젝트를 관리하는 역할을 정의해 놓았습니다. 물론 역할별로 권한도 구분했습니다.[1]

## 조직 관리 역할과 권한

조직의 멤버 관리에서 NHN Cloud 회원과 IAM 멤버가 갖는 역할에는 차이가 있습니다. NHN Cloud 회원은 OWNER와 ADMIN, MEMBER, BILLING VIEWER, LOG_VIEWER 역할을 부여할 수 있습니다. 반면 IAM 멤버는 MEMBER 역할만 부여할 수 있습니다.[2]

[그림 3-1]처럼 **NHN Cloud 회원 등록** 팝업 창의 **조직 관리 역할**에서 OWNER 역할을 선택할 수 없는데, OWNER는 조직을 만든 사용자에게만 자동으로 부여되는 역할이기 때문입니다.

그림 3-1 조직 관리에서 NHN Cloud 회원에게 할당 가능한 역할

---

**1** NHN Cloud 사용자 가이드의 콘솔 사용 가이드 페이지의 멤버 관리 섹션을 참고하세요.
https://docs.nhncloud.com/ko/nhncloud/ko/console-guide
**2** Online Contact나 Dooray!와 같은 조직 단위 서비스를 활성화한 경우는 역할이 다를 수 있습니다.

**그림 3-2** 조직 관리에서 IAM 멤버에게 할당 가능한 역할

[표 3-2]에 NHN Cloud 회원과 IAM 멤버에 할당할 수 있는 역할에 따른 권한을 정리했습니다. 팀에서 조직 관리체계를 잡을 때 이 표를 참고해서 필요한 최소한의 권한을 갖는 역할을 할당해야 합니다.

**표 3-2** 조직에서 할당 가능한 역할과 권한

| 구분 | 역할 | OWNER | ADMIN | MEMBER | Billing Viewer | Log Viewer |
|---|---|---|---|---|---|---|
| 작업 | 권한 | | | IAM 멤버 | | |
| | | | NHN Cloud 회원 | | | |
| 조직 관리 | 생성 | ○ | | | | |
| | 수정 | ○ | ○ | | | |
| | 삭제 | ○ | | | | |
| 멤버 관리 | 등록 | ○ | ○ | | | |
| | 삭제 | ○ | ○ | | | |
| 서비스 관리 | 활성화 | ○ | ○ | | | |
| | 비활성화 | ○ | ○ | | | |
| 결제 관리 | 청구서 조회 | ○ | | | | |
| | 이용 현황 | ○ | ○ | | ○ | |
| 프로젝트 관리 | 생성 | ○ | ○ | ○ | | |
| | 삭제 | ○ | ○ | | | |
| 사용자 Action 로그 관리 | 조회 | ○ | ○ | | | ○ |

## 프로젝트 관리 역할과 권한

프로젝트의 멤버 관리에서 NHN Cloud 회원과 IAM 멤버가 가질 수 있는 프로젝트 관리 역할은 동일합니다. [그림 3-3]처럼 프로젝트 관리에 할당 가능한 역할은 8가지입니다.

**ADMIN**
프로젝트 기본 정보, 멤버, 역할, 서비스 등 프로젝트 전체에 대한 Create(생성)/Read(읽기)/Update(갱신)/Delete(삭제)

**MARKETPLACE_ADMIN**
마켓플레이스 서비스 Create(생성)/Read(읽기)/Update(갱신)/Delete(삭제)

**MARKETPLACE_VIEWER**
마켓플레이스 서비스 Read(읽기)

**MEMBER**
프로젝트 내 모든 서비스 Create(생성)/Read(읽기)/Update(갱신)/Delete(삭제)

**PROJECT MANAGEMENT ADMIN**
프로젝트 기본 정보 Update(갱신), 프로젝트 통합 Appkey Create(생성)/Read(읽기)/Update(갱신)/Delete(삭제) , 프로젝트 권한 그룹 Create(생성)/Read(읽기)/Update(갱신)/Delete(삭제), 프로젝트 서비스 활성화(Enable)/비활성화(Disable), 프로젝트 Delete(삭제)

**PROJECT MANAGEMENT VIEWER**
프로젝트 기본 정보 Read(읽기), 프로젝트 통합 Appkey Read(읽기), 프로젝트 역할 그룹 Read(읽기)

**PROJECT MEMBER ADMIN**
프로젝트 멤버 Create(생성)/Read(읽기)/Update(갱신)/Delete(삭제)

**PROJECT MEMBER VIEWER**
프로젝트 멤버 Read(읽기)

그림 3-3 프로젝트 관리에 할당 가능한 역할

프로젝트 관리 역할에 따른 권한은 [표 3-3]과 같습니다. 팀에서 프로젝트 관리체계를 잡을 때 이 표를 참고해 멤버에게 작업에 필요한 최소한의 권한을 갖는 역할만 할당하면 됩니다.

표 3-3 프로젝트에서 할당 가능한 역할과 권한

| 구분 | 역할 | ADMIN | MARKETPLACE_ ADMIN | MARKETPLACE_ VIEWER | MEMBER | BILLING VIEWER | PROJECT MANAGEMENT ADMIN | PROJECT MANAGEMENT VIEWER | PORJECT MEMBER ADMIN | PORJECT MEMBER VIEWER |
|---|---|---|---|---|---|---|---|---|---|---|
| 작업 | 권한 | | | | | | | | | |
| 기본 정보 관리 | 조회 | O | | | | | O | O | | |
| | 수정 | O | | | | | O | | | |
| 마켓플레이스 관리 | 생성 | O | O | | | | | | | |
| | 조회 | O | O | O | | | | | | |
| | 수정 | O | O | | | | | | | |
| | 삭제 | O | O | | | | | | | |

| 분류 | 작업 | | | | | | | | |
|---|---|---|---|---|---|---|---|---|---|
| 프로젝트 통합 Appkey 관리 | 생성 | O | | | | O | | | |
| | 조회 | O | | | | O | O | | |
| | 수정 | O | | | | O | | | |
| | 삭제 | O | | | | O | | | |
| 서비스 관리 | 생성 | O | | O | | | | | |
| | 조회 | O | | O | | | | | |
| | 수정 | O | | O | | | | | |
| | 삭제 | O | | O | | | | | |
| | 활성화 | O | | | | O | | | |
| | 비활성화 | O | | | | O | | | |
| 역할 그룹 관리 | 생성 | O | | | | | | O | |
| | 조회 | O | | | | | | O | O |
| | 수정 | O | | | | | | O | |
| | 삭제 | O | | | | | | O | |
| 멤버 관리 | 등록 | O | | | | | | O | |
| | 조회 | O | | | | | | O | O |
| | 수정 | O | | | | | | O | |
| | 삭제 | O | | | | | | O | |
| 이용 현황 관리 | 조회 | O | | | O | | | | |
| 프로젝트 관리 | 삭제 | O | | | | O | | | |

## 서비스 역할과 권한

NHN Cloud의 서비스 대부분은 프로젝트 내에서 이용합니다. 따라서 프로젝트 멤버에게 특정 서비스를 다루는 역할과 권한을 부여할 수 있습니다. 서비스마다 할당할 수 있는 역할의 전체 이름은 다소 차이가 있지만, 다음 5가지 유형 중 하나입니다.

- ADMIN: 해당 서비스 관리를 위한 전체 권한(CRUD)을 갖습니다.
- MEMBER: 기본 인프라 서비스(infrastructure)에만 할당 가능한 역할로, 서비스 생성, 조회, 수정, 삭제 권한을 갖습니다.
- PERMISSION: 해당 서비스를 활성화 또는 비활성화할 수 있는 권한을 갖습니다.
- VIEWER: 해당 서비스 또는 세부 기능 조회 권한만 갖습니다.
- SUPPORT: Gamebase 서비스에만 할당 가능한 역할입니다.

[표 3-4]에서 5가지 유형의 역할이 갖는 권한을 비교했습니다. 모든 서비스에 대한 자세한 권한과 역할은 NHN Cloud 사용자 가이드의 **콘솔 가이드**에서 **프로젝트 멤버** 섹션을 참고하기 바랍니다.

**표 3-4** 서비스에 할당 가능한 역할과 권한 (△는 하위 서비스에 따라 권한 제공 여부 다름)

| 구분 | 생성 | 조회 | 수정 | 삭제 | 활성화 | 비활성화 |
|------|------|------|------|------|--------|----------|
| ADMIN | ○ | ○ | ○ | ○ | ○ | ○ |
| MEMBER | △ | ○ | △ | △ | | |
| PERMISSION | | | | | ○ | ○ |
| VIEWER | | ○ | | | | |
| SUPPORT | | ○ | ○ | | | |

## 3.2 조직과 프로젝트의 멤버 관리

NHN Cloud는 조직과 프로젝트에서 멤버 관리라는 기능을 통해 조직과 프로젝트 수준에서 관리 범위를 정하고 필요한 역할을 부여합니다.

기업마다 클라우드 기반 서비스 개발과 운영 조직의 구조와 지침이 다르지만, NHN Cloud를 다룰 때 [표 3-5]와 같이 사용자 유형과 관리 범위 매트릭스를 만들어 필요한 인력을 배치하면 정확한 역할과 권한을 할당하는 데 도움이 됩니다.

**표 3-5** 사용자 유형과 관리 범위 매트릭스의 예

| 구분 | NHN Cloud 회원 | IAM 멤버 |
|------|----------------|----------|
| 조직 | 프로젝트 진행 부서장 | 타 부서(QA, 보안, 네트워크 등) |
| | 프로젝트 PM(프로젝트 생성) | 이해 관계 계열사 |
| | 기업 총무/재무 담당자 | 협력사 |
| | | 프리랜서 |
| 프로젝트 | 프로젝트 리더 | QA, 보안, 네트워크 엔지니어 |
| | 프로젝트 진행 부서 팀원 | 계열사 연계 시스템 개발자 |
| | | 협력사 PM, 개발자, 엔지니어 |
| | | 프리랜서 개발자 |

### 3.2.1 조직의 멤버 관리

조직을 처음 만든 후 멤버 관리 기능을 액세스하면 NHN Cloud 회원과 IAM 멤버를 관리할
수 있고, 조직을 만든 사용자가 OWNER 역할로 자동으로 등록된 것을 확인할 수 있습니다.

**그림 3-4** 조직의 멤버 관리

멤버 관리에서 NHN Cloud 회원은 NHN Cloud 포털에서 가입한 회원을 등록한 경우 표시
됩니다. [+ NHN Cloud 회원 등록] 버튼을 누르면 나타나는 **NHN Cloud 회원 등록** 팝업 창에
서 NHN Cloud에 가입한 메일 주소를 입력합니다. 가입이 안 된 메일 주소를 입력했다면 회
원 가입 안내 메일이 발송됩니다.

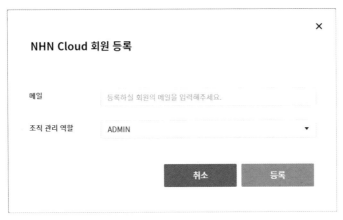

**그림 3-5** NHN Cloud 회원 등록

IAM 멤버는 조직 수준에서 만드는 사용자입니다. 따라서 조직을 삭제하면 같이 제거됩니다.
[그림 3-6]의 **IAM 멤버** 탭이 선택된 화면에서 [+ IAM 멤버 등록] 버튼을 눌러 **IAM 멤버 등록**
팝업 창에 정보를 입력해 IAM 멤버를 만듭니다. IAM 멤버의 ID는 해당 조직 내에서 고유해
야 합니다.

그림 3-6 IAM 멤버 등록

## 조직 멤버 일괄 등록

다수의 조직 멤버를 일괄 등록할 수도 있습니다. NHN Cloud 회원을 일괄 등록하기 위해서는 먼저 **NHN Cloud 회원** 탭의 [조직 멤버 일괄 등록 템플릿 다운로드] 버튼을 클릭합니다(그림 3-4 참고). 그 다음 다운로드 받은 [그림 3-7]의 템플릿 엑셀 파일에 전체 회원의 메일 주소와 조직 관리 역할을 등록합니다.

그림 3-7 NHN Cloud 회원을 조직 멤버로 일괄 등록하는 엑셀 템플릿

[조직 멤버 일괄 등록] 버튼을 클릭한 후 **조직 멤버 일괄 등록** 팝업 창에서 작성한 일괄 등록 템플릿을 선택해 등록을 진행합니다. 작성한 파일에 오류가 있는 경우는 **엑셀 오류 데이터 검출** 섹션에 표시됩니다.

**그림 3-8** 조직 멤버 일괄 등록

IAM 멤버 일괄 등록 과정은 앞서 NHN Cloud 회원 일괄 등록 과정과 동일합니다. 다만, 등록 정보가 조금 다르기 때문에 **IAM 멤버** 탭의 [조직 멤버 일괄 등록 템플릿 다운로드] 버튼을 클릭해(그림 3-6 참고) 다운로드 받은 [그림 3-9]의 엑셀 파일에 멤버의 ID와 이름, 메일 주소를 입력해 템플릿을 완성합니다.

**그림 3-9** IAM 멤버를 조직 멤버로 일괄 등록하는 엑셀 템플릿

## 등록된 조직 멤버 관리

NHN Cloud 회원으로 등록된 사용자의 경우 관리 기능으로 **역할 설정**과 **삭제**를 제공합니다.

그림 3-10 NHN Cloud 회원의 역할 설정

- 역할 설정: **역할 설정** 팝업 창에서 기존 역할을 변경할 수 있습니다.
- 삭제: 사용자를 삭제할 수 있지만 잘못 삭제한 경우 다시 복구할 수는 없으니 주의해야 합니다.
- IAM 멤버로 등록된 사용자의 경우 역할 설정과 정보 수정, 비밀번호설정 메일링, 이용 정지, 삭제 기능을 제공합니다.

그림 3-11 IAM 멤버의 역할 설정

- 역할 설정: **조직 단위 서비스 역할 설정** 팝업 창에 나열된 서비스에 대해 MEMBER 역할을 부여할지 선택할수 있습니다.
- 정보 수정: 멤버 가입 정보를 모두 변경할 수 있습니다.
- 비밀번호설정 메일링: 해당 멤버의 메일 주소로 비밀번호 재설정 메일을 보냅니다.
- 이용 정지: 일시적으로 IAM 멤버를 콘솔에 액세스하지 못하게 할 때 사용합니다.

## | 실전 연습 06 | 조직 멤버 관리하기

영화 〈매트릭스: 리저렉션〉의 등장인물을 조직의 멤버로 등록하는 시나리오를 구현하겠습니다. [표 3-6]은 영화 매트릭스를 오마주한 실습 시나리오에 필요한 리소스입니다.

**NOTE**_ 영화 〈매트릭스: 리저렉션〉을 보지 않은 분은 이 책을 공부하기 전에 영화를 먼저 시청하는 여유를 가지면 좋겠습니다. 영화의 줄거리만 훑어봐도 좋습니다.

**표 3-6** 영화 〈매트릭스〉 시나리오에 기반한 실습 리소스

| 조직 | 프로젝트 | 생성한 NHN Cloud 회원 | 생성한 IAM 멤버 |
|------|----------|----------------------|----------------|
| Matrix | Resurrections | 1. 아키텍트(창조자)<br>2. 벅스(해커)<br>3. 니오베(이오 운영자) | 1. 모피어스(리더)<br>2. 네오(구원자)<br>3. 트리니티(전사) |

NHN Cloud 회원 등록은 [표 3-7], IAM 멤버 등록은 [표 3-8]과 같은 샘플 정보를 만들어 등록합니다.

**NOTE**_ [표 3-7]과 [표 3-8]의 메일 주소는 예시이므로 그대로 사용하면 안 됩니다. 자신이 소유한 메일 주소를 사용하거나 무료 메일 계정을 몇 개 만들어 사용하길 바랍니다.

**표 3-7** NHN Cloud 회원 등록 정보 예시

| NO | 이름 | 메일 | 역할 | NHN Cloud 회원 가입 여부 |
|----|------|------|------|------------------------|
| 1 | architect | steelflea@outlook.com | ADMIN | 가입 |
| 2 | bugs | steelflea@godev.kr | MEMBER | 미가입 |

**표 3-8** IAM 멤버 등록 정보 예시

| NO | ID | 이름 | 메일 | 휴대폰 번호 |
|----|-----|------|------|-------------|
| 1 | morpheus | 모피어스 | steelflea@godev.kr | 01012345678 |
| 2 | neo | 네오 | neo@godev.kr | 01023456789 |
| 3 | trinity | 트리니티 | trinity@godev.kr | 01034567890 |

**01** 실전 연습 01을 참고해 다음 내용으로 새로운 조직과 프로젝트를 만듭니다.

**[조직]**

- 조직 이름: matrix-org

**[프로젝트]**

- 프로젝트 이름: resurrections-proj
- 프로젝트 설명: 매트릭스 4번째 프로젝트

**그림 3-12** 만들어진 조직과 프로젝트

**02 matrix-org**의 **조직 관리–조직 기본 설정**에서 **도메인 설정** 섹션을 다음 내용으로 설정합니다.

- 도메인 이름: matrix[SUFFIX]

**NOTE_** [SUFFIX]는 NHN Cloud 전체에서 고유한 이름을 가져야 하는 경우에 나타냈습니다. 이 부분에 자신의 영문 이름 이니셜을 사용하면 대부분 고유성을 보장할 수 있습니다.

**그림 3-13** 도메인 설정

**03 멤버 관리** 메뉴의 **NHN Cloud 회원** 탭에서 [+ NHN Cloud 회원 등록] 버튼을 클릭합니다.

**04 NHN Cloud 회원 등록** 팝업에서 [표 3-7]에 정리한 첫 번째 NHN Cloud 회원 정보를 입력하고 [등록] 버튼을 클릭합니다.

**그림 3-14** NHN Cloud 회원으로 가입한 사용자 등록

**05** NHN Cloud 회원으로 가입하지 않은 [표 3-7]의 두 번째 사용자를 동일한 방식으로 등록합니다. 이 경우는 회원 가입 초대 메일을 보냈다는 알림 창을 표시합니다.

**그림 3-15** NHN Cloud 회원으로 가입하지 않은 사용자 등록 시 알림 창

**06** NHN Cloud 회원으로 등록했지만, 아직 가입을 완료하지 않은 상태에 해당 사용자는 [그림 3-16]처럼 **관리** 칼럼에 [역할 설정] 버튼이 표시되지 않습니다.

**그림 3-16** NHN Cloud 회원 가입 여부에 따른 등록 회원의 관리 기능 차이

**07** NHN Cloud 회원 가입 초대 메일을 받은 사용자는 메일 본문의 [NHN Cloud 회원 가입] 버튼을 클릭해 NHN Cloud 포털에서 회원 가입을 진행합니다. 회원 가입 방법은 1.4.1절을 참고하세요.

**그림 3-17** NHN Cloud 회원 가입 초대 메일

**08** NHN Cloud 회원으로 가입이 완료되면 회원 등록 상태는 그림과 같이 바뀝니다.

그림 3-18 NHN Cloud 회원 가입 완료 후 등록 회원의 상태

**09 멤버 관리** 메뉴의 **IAM 멤버** 탭에서 [+ IAM 멤버 등록] 버튼을 클릭합니다. **IAM 멤버 등록** 팝업에서 [표 3-8]의 첫 번째 IAM 멤버 정보를 입력하고 [등록] 버튼을 클릭합니다.

그림 3-19 조직 멤버로 IAM 멤버 등록

**10** 등록한 IAM 멤버의 메일 주소로 비밀번호 설정 안내 메일이 발송됩니다.

그림 3-20 비밀번호 설정 안내 메일 발송 알림

**11** 등록한 메일의 받은 편지함에서 비밀번호 설정 안내 메일을 찾습니다. 혹시 보이지 않는다면 정크 메일이나 스팸 편지함을 살펴봅니다.

**12** 메일 '[NHN Cloud IAM] matrix-org의 서비스 이용을 위해 비밀번호를 설정해주세요.'에서 [변경하기] 버튼을 클릭해 원하는 비밀번호로 설정합니다.

그림 3-21 비밀번호 설정 안내 메일

그림 3-22 비밀번호 변경

**13 09~12**번을 반복해서 나머지 2명의 IAM 멤버도 등록합니다.

그림 3-23 조직 멤버로 등록된 전체 IAM 멤버

**14 IAM 멤버** 탭의 모피어스 사용자의 [역할 설정] 버튼을 클릭해 [MEMBER] 체크 박스를 선택하고 [등록] 버튼을 클릭합니다.

그림 3-24 모피어스 사용자에게 조직 관리의 MEMBER 역할 할당

**15** 앞서 **02**번에서 도메인을 설정한 이후 **IAM 콘솔** 섹션에서 **도메인 이름** 칼럼에 IAM 콘솔 URL이 표시되었습니다. 이 값을 복사해 새로운 브라우저 세션[3]에 붙여 넣거나 [바로가기] 버튼을 클릭합니다.

---

**3** 현재 실행 중인 웹 브라우저에서 NHN Cloud 웹 콘솔에 로그인하여 작업하다가 다른 탭을 열어 NHN Cloud 웹 콘솔을 다시 접속하면 동일한 로그인 세션이 유지되어 작업이 편리해집니다. 만약 다른 사용자로 로그인해야 하면 다소 불편할 수 있는데 이럴 때는 사용자의 웹 서핑 정보(인터넷 사용 기록, 쿠키 및 사이트 데이터 또는 양식 등)가 저장되지 않는 모드로 웹 브라우저를 사용하는 것이 좋습니다. 구글 크롬은 '시크릿 모드'라는 이름으로, 마이크로소프트 엣지는 '새 시크릿 창'이라는 이름으로 이 기능을 제공합니다.

그림 3-25 IAM 콘솔 로그인

**16** IAM 콘솔에 로그인한 모피어스 사용자는 조직의 대시보드를 확인하거나 새 프로젝트를 생성하고 관리할 수 있는 권한을 할당받은 것을 확인할 수 있습니다.

그림 3-26 조직 관리의 MEMBER 역할을 갖는 사용자로 로그인한 결과

**17** 브라우저 세션을 새로 시작하고 앞서 등록한 NHN Cloud 회원 중 조직 관리 역할에 MEMBER를 할당한 사용자(bugs)로 NHN Cloud 기본 웹 콘솔을 로그인합니다. 앞서 **16**번 결과와 동일한 것을 확인합니다.

## 3.2.2 프로젝트의 멤버 관리

프로젝트를 처음 만든 후 멤버 관리 기능을 액세스하면 NHN Cloud 회원과 IAM 멤버를 관리할 수 있고, 프로젝트를 만든 사용자가 ADMIN 역할로 자동 등록된 것을 확인할 수 있습니다.

**그림 3-27** 프로젝트의 멤버 관리

프로젝트의 NHN Cloud 회원은 조직에서 등록한 NHN Cloud 회원과 별도로 관리됩니다. [+ NHN Cloud 회원 등록] 버튼을 누르면 나타나는 **NHN Cloud 회원 등록** 팝업 창에서 NHN Cloud에 가입한 회원의 메일 주소를 입력합니다. 역할은 다중으로 할당할 수 있습니다.

**그림 3-28** 프로젝트 멤버로 NHN Cloud 회원 등록

NHN Cloud 회원으로 가입하지 않은 사용자를 회원으로 등록하면 임시로 등록되고 회원 초대 메일이 발송됩니다. 이런 일련의 과정은 조직에서 NHN Cloud 회원을 등록하는 과정과 유사합니다.

프로젝트에 IAM 멤버를 등록하려면 조직 멤버 관리에서 미리 IAM 멤버를 만들고 등록해 놓아야 합니다. [그림 3-27]의 **IAM 멤버** 탭을 선택하면 나타나는 화면에서 [+ IAM 멤버 등록] 버튼을 클릭합니다. [그림 3-29]의 **IAM 멤버 등록** 팝업 창이 표시되면 아이디를 입력하고 역할을 선택해 IAM 멤버를 등록합니다.

**그림 3-29** 프로젝트 멤버로 IAM 멤버 등록

## 프로젝트 멤버 일괄 등록

다수의 프로젝트 멤버를 일괄 등록할 수도 있습니다. NHN Cloud 회원을 일괄 등록하기 위해서는 **NHN Cloud 회원** 탭의 [프로젝트 멤버 일괄 등록 템플릿 다운로드] 버튼을 클릭합니다(그림 3-27 참고). [그림 3-30]과 같이 다운로드 받은 템플릿 엑셀 파일에 회원들의 메일 주소와 프로젝트 관리 역할을 등록합니다. [프로젝트 멤버 일괄 등록] 버튼을 클릭한 후 **프로젝트 멤버 일괄 등록** 팝업 창에서 작성한 일괄 등록 템플릿을 선택합니다.

**그림 3-30** NHN Cloud 회원을 조직 멤버로 일괄 등록하는 엑셀 템플릿

프로젝트의 IAM 멤버 일괄 등록 과정은 앞서 NHN Cloud 회원 일괄 등록 과정과 동일합니다. 다만, 등록 정보가 조금 다르기 때문에 **IAM 멤버** 탭의 [프로젝트 멤버 일괄 등록 템플릿 다운로드] 버튼을 클릭해 템플릿 엑셀 파일에 멤버들의 ID를 입력하고 프로젝트 관리 역할을 선택해 템플릿을 완성합니다.

**그림 3-31** IAM 멤버를 프로젝트 멤버로 일괄 등록하는 엑셀 템플릿

## 등록된 프로젝트 멤버 관리

앞서 다룬 조직 멤버는 한 번에 하나의 멤버만 삭제할 수 있는 반면, 프로젝트 멤버로 등록된 NHN Cloud 회원과 IAM 멤버는 모두 다중 선택하여 삭제가 가능합니다.

**그림 3-32** 프로젝트 멤버 다중 선택 및 삭제

NHN Cloud 회원으로 등록된 사용자의 경우 **프로젝트 관리 역할** 컬럼의 [설정] 버튼으로 역할 추가/역할 삭제가 가능합니다.

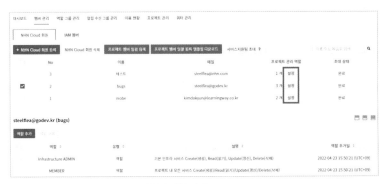

**그림 3-33** 등록된 NHN Cloud 회원의 역할 관리

IAM 멤버로 등록된 사용자의 경우 **역할** 컬럼의 [설정] 버튼으로 역할 관리(역할 추가/역할 삭제)가 가능합니다.

**그림 3-34** 등록된 IAM 멤버의 역할 관리

## | 실전 연습 07 | 프로젝트 멤버 관리하기

NHN Cloud 회원 등록은 [표 3-9], IAM 멤버 등록은 [표 3-10]과 같은 샘플 정보를 만들어 등록합니다.

> **NOTE_**[표 3-9]의 메일 주소는 예시입니다. 여러분의 메일 주소를 사용하세요.

**표 3-9** NHN Cloud 회원 등록 정보 예시

| 이름 | 메일 | 프로젝트 역할 | NHN Cloud 회원 가입 여부 |
|---|---|---|---|
| bugs | steelflea@godev.kr | ADMIN | 가입 |
| niobe | kimdokyun@learningway.co.kr | BILLING VIEWER | 미가입 |

**표 3-10** IAM 멤버 등록 정보

| NO | ID | 상위 역할 | 하위 역할 |
|---|---|---|---|
| 1 | morpheus | ProjectRole | ADMIN |
| 2 | neo | ProjectRole | PROJECT MANAGEMENT VIEWER |
| 3 | trinity | BillingRole | BILLING_VIEWER |

**01 resurrections-proj** 프로젝트에서 **멤버 관리** 메뉴의 **NHN Cloud 회원** 탭을 선택하고 [+ NHN Cloud 회원 등록] 버튼을 클릭합니다.

**02 NHN Cloud 회원 등록** 팝업에서 [표 3-9]의 첫 번째 샘플 NHN Cloud 회원 정보와 역할을 설정하고 [등록] 버튼을 클릭합니다.

그림 3-35 NHN Cloud 회원으로 가입한 사용자 등록

**03** NHN Cloud 회원으로 가입하지 않은 [표 3-9]의 두 번째 사용자를 동일한 방식으로 등록합니다. 회원 가입 초대 메일을 보냈다는 **알림** 팝업이 표시됩니다. 회원 가입이 완료될 때까지 **초대 상태** 컬럼이 '진행 중'으로 표시됩니다.

그림 3-36 NHN Cloud 회원 미가입 사용자 등록

**04** 실전 연습 06에서 했던 것처럼 초대 메일을 확인하고 회원 가입을 진행합니다.

**05** NHN Cloud 회원으로 가입이 완료되면 초대 상태는 '완료'로 바뀝니다.

**그림 3-37** NHN Cloud 회원 가입 후 초대 상태

**06** **멤버 관리** 메뉴의 **IAM 멤버** 탭에서 [+ IAM 멤버 등록] 버튼을 클릭합니다. **IAM 멤버 등록** 팝
　　업에서 [표 3-10]의 내용대로 각 IAM 멤버 정보를 입력하고 [등록] 버튼을 클릭합니다. 총
　　3명의 IAM 멤버를 모두 등록합니다.

**그림 3-38** IAM 멤버를 프로젝트 멤버로 등록

**07** IAM 멤버를 모두 등록하면 IAM 멤버 목록은 그림과 같습니다.

**그림 3-39** 프로젝트 멤버로 등록된 IAM 멤버 목록

**08** 새로운 브라우저 세션을 시작하고 실전 연습 06에서 확인했던 IAM 콘솔 도메인 이름으로 접근한 다음 'trinity' 사용자로 로그인합니다.

![NHN Cloud matrix-org 로그인 화면. trinity 아이디 입력란과 비밀번호 입력란, 아이디 저장 체크박스, 로그인 버튼, 비밀번호 찾기, 계정이 없으신가요? 조직 관리자에게 문의하여 계정추가를 요청하세요.]

**그림 3-40** trinity ID로 IAM 콘솔에 로그인하기

**09** 프로젝트의 IAM 멤버로 등록된 사용자인 트리니티는 **BILLING_VIEWER** 역할을 부여했기 때문에 프로젝트의 **이용 현황** 메뉴만 사용할 수 있습니다. 이용 현황 데이터는 PDF와 Excel 파일로도 저장할 수 있습니다.

**그림 3-41** BILLING_VIEWER 역할을 할당받고 로그인한 결과

## 3.3 그룹 관리 및 역할

NHN Cloud의 서비스와 리소스를 다루는 역할과 권한을 지정할 때, 사용자 단위로 관리하면 리소스와 사용자가 증가함에 따라 관리 부하가 늘고 예상치 못한 사각지대도 생깁니다. 기업의 경우 조직 개편과 같은 이벤트에 따라 사용자 권한을 재구성해야 하는 일이 빈번하기 때문에 사용자 단위로 역할과 권한을 할당하는 일은 바람직하지 않습니다. NHN Cloud는 이런 문제를 해결하기 위해 프로젝트 공통 역할 그룹과 프로젝트별 역할 그룹 관리 기능을 제공합니다.

역할 그룹을 통해 서비스와 리소스에 필요한 권한을 가진 역할을 할당하고 사용자에게는 그룹 멤버십을 통해 권한을 부여하거나 제거하는 방식이 바람직합니다. NHN Cloud는 2가지 유형의 역할 그룹과 1개의 비 역할 그룹을 제공합니다. 현재 비 역할 그룹은 '알림 수신 그룹'입니다. 각 그룹을 관리할 수 있는 최소 역할을 [표 3-11]에 정리했습니다.

**표 3-11** NHN Cloud의 그룹과 관리 역할

| 그룹 | 범위 | 최소 관리 역할 |
| --- | --- | --- |
| 프로젝트 공통 역할 그룹 | 조직 | ADMIN 이상 |
| (프로젝트별) 역할 그룹 | 프로젝트 | ADMIN, PROJECT MANAGEMENT ADMIN |
| 알림 수신 그룹 | 프로젝트 | |

### 3.3.1 프로젝트 공통 역할 그룹

프로젝트 공통 역할 그룹은 한 조직에 포함된 모든 프로젝트에서 공통으로 사용할 역할 그룹을 만들고 관리합니다. 이 그룹은 **조직 관리** 메뉴의 **프로젝트 공통 역할 그룹 설정** 탭에서 만들거나 삭제할 수 있습니다.

**그림 3-42** 프로젝트 공통 역할 그룹 설정 탭

[+ 역할 그룹 추가] 버튼을 클릭하고 **역할 그룹 추가** 팝업 창에서 공통 역할을 설정합니다.

**그림 3-43** 역할 그룹 추가 팝업 창

❶ 역할 그룹 이름(필수): 역할 그룹의 유형, 조직, 프로젝트, 클라우드 서비스 유형, 순번 등의 정보를 잘 나타내는 적절한 약어를 조합합니다. 기업 내의 명명 관례 등을 참고해 일관성 있게 지정합니다.

❷ 설명(선택): 공통 역할 그룹을 만든 시기와 만든 사람, 그룹의 용도 등의 설명을 최대 100자까지 입력할 수 있습니다.

❸ 역할(필수): 역할 그룹에서 할당할 수 있는 역할은 프로젝트 관리 및 서비스에서 제공하는 역할입니다. 모든 프로젝트에 공통으로 부여할 권한을 미리 계획하고 적절한 역할을 지정합니다.

프로젝트 공통 역할 그룹을 만들고 나면 해당 조직에 속한 모든 프로젝트의 **역할 그룹 관리** 메뉴에 자동으로 등록된 공통 역할 그룹을 확인할 수 있습니다. [그림 3-44] **유형** 컬럼의 '공통 정의 그룹'이라는 값을 통해 공통 역할 그룹임을 알 수 있습니다.

**그림 3-44** 프로젝트에서 공통 역할 그룹 확인

## 프로젝트 공통 역할 그룹 수정 및 삭제

만들어진 공통 역할 그룹의 이름과 설명, 역할은 모두 수정할 수 있습니다. 수정하려는 공통 역할 그룹을 선택하면 하단에 세부 정보를 표시합니다.

그림 3-45 공통 역할 그룹 관리

역할 그룹 이름과 설명의 수정은 [역할 그룹 이름 변경] 및 [역할 그룹 설명 변경] 링크를 클릭한 다음 [그림 3-46]과 같은 인터페이스에서 수정합니다.

그림 3-46 공통 역할 그룹 이름과 설명 수정

공통 역할 그룹의 기존 역할을 제거하려면 [역할 삭제] 버튼, 새로운 역할을 추가하려면 [역할 추가] 버튼을 사용합니다.

사용 목적이 없어진 공통 역할 그룹은 삭제할 수 있습니다. 삭제하기 전에는 모든 프로젝트에서 해당 공통 역할 그룹을 사용하는 건 아닌지 확인해야 합니다. 삭제하려는 공통 역할 그룹을 하나 이상 선택해 [역할 그룹 삭제] 버튼을 클릭합니다.

> **NOTE_** 공통 역할 그룹은 조직 관리 메뉴에서만 수정/삭제할 수 있습니다. 프로젝트의 역할 그룹 관리 메뉴에서 표시된 공통 역할 그룹을 수정/삭제할 수는 없습니다.

## 프로젝트에서 공통 역할 그룹 사용하기

**조직 관리**에서 만든 공통 역할 그룹이 프로젝트의 **역할 그룹 관리** 메뉴에 표시되면 여기서 그룹의 멤버십을 추가할 수 있습니다. 멤버십에 추가할 수 있는 사용자는 NHN Cloud 회원과 IAM 멤버입니다.

**그림 3-47** 프로젝트에서 공통 역할 그룹 멤버십 관리하기

NHN Cloud 회원에 역할 그룹의 멤버십을 부여하는 [그림 3-48]의 **NHN Cloud 회원 등록** 팝업 창은 추가할 수 있는 프로젝트 멤버가 구분됩니다.

**그림 3-48** 공통 역할 그룹에 NHN Cloud 회원 등록하기

- 역할 그룹에 추가: 프로젝트에 등록한 NHN Cloud 회원 중에서 선택합니다.
- 프로젝트 회원 등록 및 역할 그룹에 추가: NHN Cloud 회원 가입을 하지 않은 사용자를 그룹 멤버로 포함하는 경우 사용합니다. 해당 사용자에게 NHN Cloud 회원 가입 초대 메일이 전송되고, 회원 가입이 끝나면 프로젝트의 멤버로 추가되면서 역할 그룹 멤버십이 완성됩니다.

[그림 3-49]처럼 IAM 멤버에 역할 그룹의 멤버십을 부여하는 **IAM 멤버 등록** 팝업 창에서 추가할 수 있는 프로젝트 멤버를 구분합니다.

그림 3-49 공통 역할 그룹에 IAM 멤버 등록하기

- 역할 그룹에 추가: 프로젝트에 등록한 IAM 멤버 중에서 선택합니다.
- 프로젝트 회원 등록 및 역할 그룹에 추가: 조직의 IAM 멤버로는 등록했지만, 프로젝트의 IAM 멤버로 등록되지 않은 사용자를 그룹 멤버로 포함하는 경우에 사용합니다. 프로젝트 IAM 멤버로 추가되면서 역할 그룹 멤버십이 완성됩니다.

## | 실전 연습 08 | 프로젝트 공통 역할 그룹 다루기

01 **matrix-org**에서 **조직 관리** 메뉴의 **프로젝트 공통 역할 그룹 설정** 탭을 선택하고 [+ 역할 그룹 추가] 버튼을 클릭합니다.

그림 3-50 프로젝트 공통 역할 그룹 설정

02 **역할 그룹 추가** 팝업 창에 다음 내용을 설정하고 [추가] 버튼을 클릭합니다.

❶ 역할 그룹 이름: MATRIX_COMM_ROLE_01

❷ 설명: MATRIX 조직의 모든 프로젝트에 공통으로 사용하는 인프라 서비스 역할 할당

❸ 역할: 기본 인프라 서비스 – Infrastructure MEMBER
　　　　DNS Plus – DNS Plus VIEWER

그림 3-51 공통 역할 그룹 추가하기

**03** 새롭게 추가된 공통 역할 그룹을 선택해 역할 그룹 이름과 설명, 할당된 역할을 확인합니다.

그림 3-52 생성한 공통 역할 그룹 확인

**04** [그림 3-52]의 [역할 그룹 이름 변경]과 [역할 그룹 설명 변경] 버튼을 클릭해 다음 내용으로 변경한 후 저장합니다.

그림 3-53 이름 및 설명 변경

- 역할 그룹 이름: MATRIX_IaaS_COMM_ROLE_01
- 역할 그룹 설명: 2022.04.22, MATRIX 조직의 모든 프로젝트에 공통으로 사용하는 인프라 서비스 역할 할당

**05** 기존에 할당한 역할 중 'DNS Plus VIEWER'를 선택하고 [역할 삭제] 버튼을 클릭합니다.

그림 3-54 공통 역할 그룹에 할당한 역할 삭제

**06 resurrections-proj** 프로젝트의 **역할 그룹 관리** 메뉴를 선택해 앞서 만든 공통 역할 그룹을 확인합니다.

그림 3-55 프로젝트에 추가된 공통 역할 그룹 확인

**07 MATRIX_IaaS_COMM_ROLE_01** 역할 그룹을 선택하고 하단의 세부 내용 섹션에서 **NHN Cloud 회원** 탭을 선택한 다음 [NHN Cloud 회원 등록] 버튼을 클릭합니다.

그림 3-56 공통 역할 그룹의 NHN Cloud 회원 목록

**08 NHN Cloud 회원 등록** 팝업 창에서 다음 내용을 설정하고 [등록] 버튼을 클릭합니다.

- 프로젝트 멤버 구분: 역할 그룹에 추가
- 프로젝트 멤버 선택: 그룹에 등록할 NHN Cloud 회원을 임의로 선택

**그림 3-57** 공통 역할 그룹에 NHN Cloud 회원 등록하기

**NOTE_ 역할의 권한은 누적됩니다**

한 사용자를 역할 그룹의 멤버로 등록하면 프로젝트의 멤버로 등록할 때 부여한 역할의 권한과 역할 그룹에 할당한 역할의 권한이 모두 적용됩니다. 따라서 역할 그룹에 역할을 할당할 때는 의도치 않은 영향이 나타나지는 않는지 확인해야 합니다.

**09** **MATRIX_IaaS_COMM_ROLE_01** 역할 그룹의 세부 내용 섹션에서 **IAM 멤버** 탭을 선택한 다음 [IAM 멤버 등록] 버튼을 클릭합니다.

**그림 3-58** 공통 역할 그룹의 IAM 멤버 목록

**10** **IAM 멤버 등록** 팝업 창에서 다음 내용을 설정하고 [등록] 버튼을 클릭합니다.

- 프로젝트 멤버 구분: 역할 그룹에 추가
- 프로젝트 멤버: 네오와 트리니티 선택

그림 3-59 공통 역할 그룹에 IAM 멤버 등록하기

**11** 공통 역할 그룹에 추가한 **NHN Cloud 회원**과 **IAM 멤버** 목록을 확인하고, 그룹의 멤버를 선택하면 [회원 삭제] 버튼이 활성화되는 부분도 확인합니다.

그림 3-60 공통 역할 그룹 멤버 등록 결과

## 3.3.2 프로젝트 역할 그룹

특정 프로젝트에 한정적인 역할 그룹을 만들 수도 있습니다. 이 그룹은 프로젝트의 **역할 그룹 관리** 메뉴에서 만들거나 삭제할 수 있습니다.

**그림 3-61** 프로젝트 역할 그룹 관리 메뉴

[+ 역할 그룹 추가] 버튼을 클릭하면 실행되는 **역할 그룹 추가** 팝업 창과 설정 항목은 [그림 3-43]과 동일하기 때문에 지세한 내용은 생략합니다.

프로젝트 역할 그룹을 만들고 나면 [그림 3-62] **유형** 컬럼의 '프로젝트 정의 그룹'이라는 값을 통해 프로젝트 역할 그룹임을 알 수 있습니다.

**그림 3-62** 프로젝트에서 만든 역할 그룹 확인

프로젝트의 **역할 그룹 관리** 메뉴에 표시된 역할 그룹은 역할 그룹 이름과 설명, 역할을 모두 수정할 수 있습니다. 이름과 설명을 수정하는 방법은 3.3.1절 설명과 동일합니다. 역할을 추가하거나 삭제하는 방법은 동일하지만, 앞서 '프로젝트 공통 역할 그룹'은 조직 수준이고 '프로젝트 역할 그룹'은 해당 프로젝트 수준입니다.

**그림 3-63** 프로젝트 역할 그룹 관리

NHN Cloud 회원과 IAM 멤버를 프로젝트 역할 그룹 멤버십에 추가하는 방법 역시 '프로젝트 공통 역할 그룹'과 동일하므로 3.3.1절에서 설명한 내용을 참고하기 바랍니다.

## | 실전 연습 09 | 프로젝트 역할 그룹 관리하기

**01** **resurrections-proj** 프로젝트의 **역할 그룹 관리** 메뉴를 선택하고 [+ 역할 그룹 추가] 버튼을 클릭합니다.

그림 3-64 프로젝트의 역할 그룹 관리

**02** **역할 그룹 추가** 팝업 창에 다음 내용을 설정하고 [추가] 버튼을 클릭합니다.

❶ 역할 그룹 이름: RESURRECTIONS_IaaS_ROLE_01

❷ 설명: 2022.04.23. 부활 프로젝트의 핵심 인프라 서비스를 관리하는 역할 할당

❸ 역할: 기본 인프라 서비스 – Infrastructure ADMIN, DNS Plus – DNS Plus ADMIN, Object Storage – Object Storage ADMIN

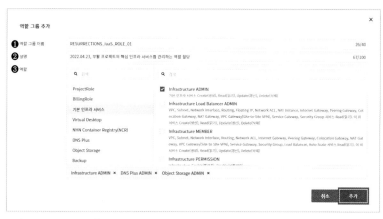

그림 3-65 역할 그룹 추가하기

**03** 새롭게 추가한 'RESURRECTIONS_IaaS_ROLE_01' 역할 그룹을 선택해 역할 그룹 이름과 설명, 할당된 역할을 확인합니다.

그림 3-66 생성한 역할 그룹 확인

**04** 기존에 할당한 역할에 더해 새로운 역할을 추가합니다. 추가한 역할 그룹의 하단 세부 내용 섹션(그림 3-66 참고)에서 **역할** 탭을 선택한 후 [역할 추가] 버튼을 클릭합니다.

그림 3-67 역할 그룹의 역할 목록

**05 역할 관리** 팝업 창에서 다음 내용으로 설정하고 [완료] 버튼을 클릭합니다.

- 서비스: Backup
- 역할: Backup ADMIN

그림 3-68 새로운 역할 추가

**06** 실전 연습 07에서 프로젝트에 ADMIN으로 등록했던 사용자(이 책의 경우 bugs라는 이름)의 ProjectRole을 MEMBER로 변경합니다.

그림 3-69 NHN Cloud 회원의 ProjectRole 변경

> **NOTE_** 역할 그룹에서 ProjectRole의 ADMIN을 할당한 후 프로젝트 ADMIN 역할을 할당받은 프로젝트 멤버에게 그룹 멤버십을 추가하면 역할이 충돌합니다.

**07** RESURRECTIONS_IaaS_ROLE_01 역할 그룹 하단의 세부 내용 섹션에서 **NHN Cloud 회원** 탭을 선택한 다음 [NHN Cloud 회원 등록] 버튼을 클릭합니다.

**08 NHN Cloud 회원 등록** 팝업 창에서 다음 내용을 설정하고 [등록] 버튼을 클릭합니다.

- 프로젝트 멤버 구분: 역할 그룹에 추가
- 프로젝트 멤버 선택: 그룹에 등록할 NHN Cloud 회원을 임의로 선택

**그림 3-70** 프로젝트 역할 그룹에 NHN Cloud 회원 등록하기

**09 IAM 멤버** 탭을 선택한 다음 [IAM 멤버 등록] 버튼을 클릭합니다.

**10 IAM 멤버 등록** 팝업 창에서 다음 내용을 설정하고 [등록] 버튼을 클릭합니다.

- 프로젝트 멤버 구분: 역할 그룹에 추가
- 프로젝트 멤버: 네오 선택

**그림 3-71** 프로젝트 역할 그룹에 IAM 멤버 등록하기

**11** 프로젝트 역할 그룹에 추가한 NHN Cloud 회원과 IAM 멤버 목록을 확인하고 그룹의 멤버를 선택하면 [회원 삭제] 버튼이 활성화되는 부분도 확인합니다.

**그림 3-72** 프로젝트 역할 그룹 멤버 등록 결과

PART II

NHN Cloud의
기본 인프라 서비스

2부는 NHN Cloud IaaS의 3가지 기본 인프라 서비스인 가상 컴퓨터, 네트워크, 스토리지를 살펴봅니다. 이 3가지 기본 인프라 서비스는 클라우드 컴퓨팅 이전에도 IT 인프라 구축의 핵심 요소였습니다. 기업이 IT 인프라(온프레미스)를 NHN Cloud로 옮길 때는 제일 먼저 기존 서버, 네트워크, 스토리지가 수행했던 기능을 염두에 두고 인프라를 구축합니다. NHN Cloud를 통해 조직의 인프라 요구사항을 충족할 수 있도록 NHN Cloud가 지원하는 기본적인 리소스를 살펴봅니다.

# PART II

## NHN Cloud의
## 기본 인프라 서비스

# NHN Cloud의 가상 네트워크, VPC

> **이 장의 내용**
>
> • NHN Cloud VPC 개요
>
> • 가상 네트워크의 IP 주소 공간 구현
>
> • 서브넷의 개념과 구현

온프레미스의 인프라를 NHN Cloud로 마이그레이션하더라도 네트워킹 기능은 여전히 필요합니다. 네트워크와 서브넷, 게이트웨이, DNS, 부하 분산, VPN 등의 네트워킹 구성요소는 온프레미스와 클라우드에 모두 필요한 리소스입니다.

4장은 NHN Cloud에서 가상 네트워크를 구현하는 데 필요한 VPC의 기본 기능을 설명하고 부하 분산이나 네트워크 연결, 네트워크 보호와 관련된 서비스는 3, 4부에서 따로 다룹니다.

## 4.1 NHN Cloud VPC 개요

NHN Cloud VPC<sup>virtual private cloud</sup>는 논리적으로 격리된 가상 네트워크를 구성하기 위한 NHN Cloud의 네트워킹 계층입니다. 이 VPC를 사용하면 가상 네트워크와 서브넷, 라우팅 테이블, 게이트웨이를 구성해 NHN Cloud의 Compute 리소스를 시작할 수 있습니다.

NHN Cloud VPC는 온프레미스 데이터 센터의 네트워크나 Hyper-V, VMware vSphere 등에서 구현하는 네트워크와 아주 유사하지만, NHN Cloud의 확장 가능한 인프라에 가용성과 격리(다른 VPC와 격리, 인터넷과 연결을 제공하지 않는 프라이빗 네트워크) 등의 이점을 더했습니다.

NHN Cloud에서 VPC는 3가지 목적을 위해 사용합니다.

1. NHN Cloud 내의 리소스 간 안전한 통신: NHN Cloud VPC 내에서 인스턴스(가상 머신) 간의 안전한 통신과 다른 VPC의 리소스 간의 안전한 통신을 가능하게 합니다.

2. 온프레미스 인프라 리소스와 안전한 통신: 온프레미스 네트워크나 데이터 센터 네트워크를 NHN Cloud로 확장할 수 있습니다. 온프레미스 네트워크와의 보안 연결을 위해 VPN을 구축하거나 NHN Cloud 데이터 센터와 전용선을 연결하면 인프라 확장과 더 빠르고 안전한 통신이 가능합니다.

3. 인터넷 인/아웃바운드 통신: VPC의 모든 리소스는 인터넷 게이트웨이를 통해 인터넷으로 나가는 통신(아웃바운드)을 허용할 수 있으며 플로팅 IP를 할당해 인터넷에서 NHN Cloud VPC의 인스턴스로 통신을 허용할 수 있습니다.

## NHN Cloud VPC가 제공하는 기능

콘솔에서 **Network** 범주 아래의 **VPC** 서비스를 선택하면 [그림 4-1]과 같은 VPC 관리 웹 인터페이스를 만날 수 있습니다.

**그림 4-1** VPC 관리 웹 인터페이스

여기서는 VPC를 생성, 변경, 삭제할 수 있는 3가지 관리 기능을 제공합니다. 프로젝트를 만들면 기본적으로 Default Network VPC가 하나 생성됩니다. 이 VPC를 여러분의 프로젝트에 맞게 변경하거나 제거하고 새로 만드는 것을 권장합니다.

VPC를 새로 만들면 이후 인프라 구현과 확장에 따라 다양한 네트워크 관련 서비스를 사용할 수 있습니다. 자주 사용하는 네트워크 서비스 몇 가지를 간략히 소개합니다.

1. Network Interface(네트워크 인터페이스)

   가상 네트워크 인터페이스 카드(vNIC)를 나타냅니다. 이 요소는 VPC 주소 범위의 프라이빗 IP 주소, 공용(플로팅) IP 주소, 보안 그룹, 연결된 장치와 같은 속성을 관리합니다. 네트워크 인터페이스를 별도로 미리 만들어 사용할 수도 있고, 가상 머신(인스턴스)을 만들 때 자동으로 생성할 수도 있습니다.

2. Subnet(서브넷)

   VPC의 가상 네트워크 IP 주소 범위 내에서 목적에 따라 적절한 범위로 나눕니다. 서브넷을 생성, 변경, 삭제할 수 있고 라우팅 테이블을 연결하거나 연결 해제할 수 있습니다. 기본적으로 Default Network VPC에 대한 Default Network 서브넷이 하나 생성됩니다. 이 서브넷을 적절하게 변경하거나 제거하고 새로 만드는 것을 권장합니다.

### 3. Routing(라우팅)

라우팅은 네트워크 트래픽을 전달할 위치를 나타내는 규칙입니다. 라우팅 규칙의 집합인 라우팅 테이블을 생성, 변경, 삭제할 수 있고 인터넷 게이트웨이를 연결하거나 해제할 수 있습니다. 특정 라우팅 테이블을 기본 라우팅 테이블로 지정할 수도 있습니다. 기본적으로 Default Network 서브넷에 연결된 라우팅 테이블이 하나 생성됩니다.

### 4. Internet Gateway(인터넷 게이트웨이)

인터넷 게이트웨이는 VPC의 리소스와 인터넷 간의 통신에 필요합니다. 단순히 게이트웨이라고도 부릅니다. 게이트웨이는 라우팅 테이블에 연결해야 합니다. 그리고 인터넷 게이트웨이를 생성하거나 삭제할 수 있습니다. 기본적으로 Default Network 서브넷의 라우팅 테이블에 연결된 인터넷 게이트웨이가 하나 생성됩니다.

### 5. Peering Gateway(피어링 게이트웨이)

서로 다른 VPC 2개를 NHN Cloud의 백본 인프라를 사용해 내부적으로 연결합니다. 연결하는 VPC의 위치에 따라 동일한 리전의 동일 프로젝트를 대상으로 하는 '피어링', 동일 프로젝트의 서로 다른 리전을 대상으로 하는 '리전 피어링', 서로 다른 프로젝트를 대상으로 하는 '프로젝트 피어링'을 생성, 변경, 삭제하는 기능을 제공합니다.

### 6. NAT Gateway(NAT 게이트웨이)

서브넷의 고정 프라이빗 IP를 가진 인스턴스가 인터넷에 아웃바운드로 액세스할 수 있게 합니다. NAT 게이트웨이를 생성, 변경, 삭제할 수 있습니다.

### 7. Service Gateway(서비스 게이트웨이)

NHN Cloud의 특정 서비스(IaaS API Identity, Object Storage, CloudTrail, NHN Container Registry(NCR), Server Security Check)를 인터넷 경유 없이 VPC에서 직접 연결할 수 있게 합니다. 서비스 게이트웨이를 생성, 변경, 삭제할 수 있습니다.

NHN Cloud VPC가 제공하는 이런 다양한 서비스는 3부와 4부에서 자세히 다룹니다. VPC를 만들고 설정할 때 꼭 필요한 3가지 핵심 작업은 가상 네트워크와 서브넷, 라우팅 테이블 정의입니다.

## 4.2 가상 네트워크 구현

NHN Cloud는 가상 네트워크를 'VPC'라는 이름의 서비스로 구현합니다. 가상 네트워크를 구현할 때 IP 주소 범위는 현재 IPv4만 사용할 수 있습니다. 퍼블릭 IPv4 주소는 활용 범위가 제한적이기 때문에 향후 IPv6 주소 체계를 사용하여 모바일과 IoT 등을 원활하게 지원할 예정입니다.

## 4.2.1 가상 네트워크의 주소 범위

NHN Cloud는 인터넷 인바운드 통신과 가상 네트워크 통신을 위해 퍼블릭 및 프라이빗 IPv4 주소를 지원합니다. 보통 '공인 IP'라고 부르는 퍼블릭 IP는 인터넷 범위에서 고유해야 하고 '사설 IP'라고 부르는 프라이빗 IP는 해당 VPC 내에서 고유해야 합니다. 프라이빗 IPv4 주소는 인터넷 연결을 지원하지 않는 독립 네트워크를 위한 주소 체계로, 국제 인터넷 표준화 기구[IETF]가 'RFC 1918' 문서에서 정의한 표준입니다.

NHN Cloud VPC에 연결된 리소스(주로 가상 머신)에 IPv4(퍼블릭 및 프라이빗) 주소를 할당하는 방식은 '정적'입니다. 즉, 한 번 할당하면 변경되지 않습니다. IP 주소가 변경될 수 있는 할당 방식을 '동적'이라고 합니다. 예를 들면 가상 머신을 재시작할 때 할당된 프라이빗 IPv4 주소가 바뀐다면 동적으로 할당된 것입니다.

NHN Cloud VPC에서 지원하는 IP 주소 유형과 범위, 할당 방식을 [표 4-1]에 정리했습니다.

표 4-1 NHN Cloud VPC의 IP 주소 유형과 범위, 할당 방식

| IPv4 주소 유형 | 퍼블릭 IP | 프라이빗 IP |
|---|---|---|
| 용도 | NHN Cloud 리소스의 인터넷 인바운드 통신 | VPC 내 리소스 간, VPC와 VPC 간, 클라우드 서비스와 VPC 리소스 간 |
| 지원 주소 범위 | NHN Cloud에서 확보한 IP 주소 풀 | 10.0.0.0 ~ 10.255.255.255 (16,777,216개) |
|  |  | 172.16.0.0 ~ 172.31.255.255 (1,047,576개) |
|  |  | 192.168.0.0 ~ 192.169.255.255 (65,536개) |
| 기본 할당 방식 | 정적(주소 자동 할당) | 정적(고정) |

가상 네트워크를 설계할 때 기본적으로 2가지 원칙을 염두에 둬야 합니다.

1. VPC의 주소 범위(CIDR 블록)는 다른 VPC와 겹치지 않아야 합니다.
2. 작은 주소 범위의 VPC 여러 개보다 큰 주소 범위의 VPC를 사용해 관리 노력을 줄여야 합니다.

## 서브넷

NHN Cloud VPC의 주소 범위를 실제로 사용하기 위해서는 하나 이상의 서브넷을 지정해야 합니다. 서브넷은 가상 네트워크를 적합한 세그먼트로 분할할 수 있어 IP 주소 활용의 효율을 높여 줍니다. 당연한 말이지만 서브넷의 주소 범위는 VPC를 생성할 때 지정한 주소 범위의 일부여야 합니다.

일반적으로 서브넷을 나눌 때 얻는 이점을 4가지로 정리할 수 있습니다.

1. 네트워크 성능이 향상됩니다.

   서브넷을 나누면 브로드캐스트 도메인을 줄여 네트워크에 연결된 모든 장치에 브로드캐스트 패킷이 도달하지 않도록 제한합니다. 이를 통해 네트워크 전체의 성능과 네트워크 간 스위칭 장치 성능을 향상할 수 있습니다.

2. 네트워크 정체를 줄입니다.

   서브넷을 사용하면 트래픽을 서브넷 안으로 격리할 수 있습니다. 서브넷을 잘 배치하면 네트워크의 부하를 줄이고 트래픽을 효율적으로 라우팅할 수 있습니다.

3. 네트워크의 보안을 향상합니다.

   네트워크 계획 및 설계 시 네트워크의 크기를 고려할 때 서브넷을 사용하면 네트워크가 비대해지는 것을 막을 수 있습니다. 향후 늘어나는 호스트를 고려해 네트워크의 수를 적절히 계산할 수 있습니다.

4. 관리가 용이합니다.

   서브넷으로 관리할 호스트 수를 논리적으로 제한할 수 있으며 네트워크 문제 발생 시 문제의 네트워크와 장치를 확인하고 빠르게 해결할 수 있습니다.

NHN cloud는 서브넷 주소 범위에서 사전에 정의된 3개의 IP 주소를 예약해 놓았습니다. 예를 들어 서브넷 주소 범위가 192.168.0.0/24인 경우 192.168.0.0, 192.168.0.1, 192.168.0.255는 예약된 주소입니다.

- x.x.x.0: 네트워크 주소
- x.x.x.1: NHN Cloud에서 기본 게이트웨이로 예약
- x.x.x.255: 네트워크 브로드캐스트 주소

앞서 가상 네트워크처럼 서브넷을 설계할 때도 고려할 2가지 기본 원칙이 있습니다.

1. 서브넷 주소 범위가 VPC의 전체 주소 범위를 사용하지 않도록 합니다. VPC의 주소 범위는 향후에 사용할 주소 범위를 고려해야 하고 일부는 네트워크를 설계할 때 예약할 필요가 있습니다.

2. VPC 보호를 위해 서브넷 구현 시 뒤에 배울 보안 그룹 리소스를 사용한 트래픽 제어를 고려합니다.

## 고정 IP와 플로팅 IP

NHN Cloud에서 가상 머신을 만들면 프라이빗 IP가 할당됩니다(5장에서 다룹니다). 이를 고정fixed IP라고 합니다. 고정 IP라는 이름을 사용하는 이유는 IP를 직접 설정하거나 가상 머신에서 해제할 수 없기 때문입니다. 고정 IP를 통해서는 NHN Cloud VPC의 다른 가상 머신 간 통신만 가능합니다. 인터넷 인바운드와 아웃바운드 통신은 불가능합니다.

반면 플로팅floating IP는 별개의 리소스로 생성하며 가상 머신에 할당해 인터넷 인바운드 통신을 가능하게 합니다. IP를 특정 가상 머신에 할당했다가 할당을 해제한 후 다른 가상 머신에 다시 할당하는 등의 유동적인 특징이 있어서 플로팅 IP로 이름이 지어졌습니다.

NHN Cloud에서 플로팅 IP는 정적 주소로 할당됩니다. 이러한 플로팅 IP에 부과되는 비용 요소는 2가지입니다.

1. 플로팅 IP 점유에 대한 고정 비용(가상 머신 연결과 무관)
2. 플로팅 IP를 통한 인터넷 아웃바운드 트래픽 볼륨에 대한 비용

플로팅 IP는 Network의 Floating IP 서비스에서 만들거나 삭제할 수 있습니다. [그림 4-2]에서 플로팅 IP를 생성하는 웹 인터페이스를 나타냈습니다. 현재 플로팅 IP를 제공하는 IP 풀은 'Public Network'만 제공합니다.

그림 4-2 플로팅 IP 생성

**NOTE_** 플로팅 IP는 생성하는 순간부터 과금됩니다. 장치 연결과 상관없습니다.

## 4.2.2 새로운 VPC와 서브넷 생성

NHN Cloud에서 VPC는 프로젝트의 리전당 3개까지만 허용합니다(쿼터 조정 신청 가능). VPC를 생성할 때 설정해야 하는 2가지 항목은 이름과 CIDR^classless inter-domain routing입니다. 즉, 가상 네트워크의 이름과 주소 범위입니다. [그림 4-3]에서 VPC를 생성하는 웹 인터페이스를 나타냈습니다.

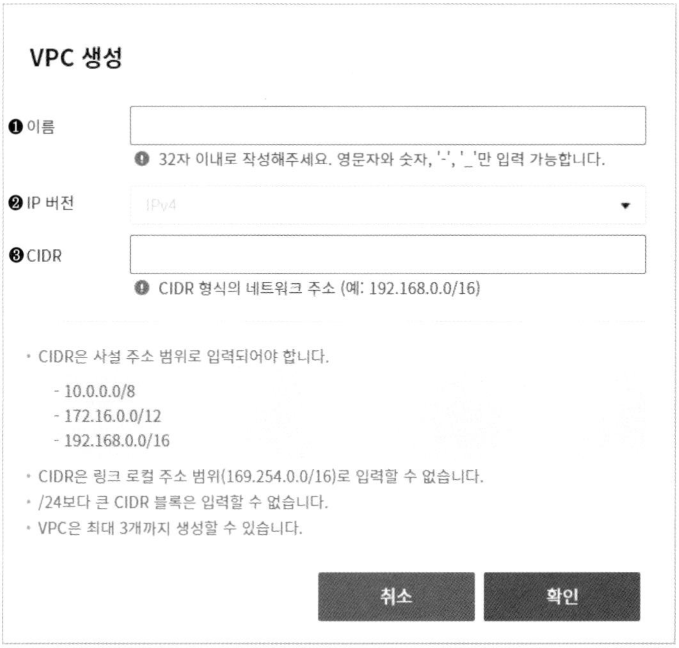

VPC 생성

**❶** 이름

❶ 32자 이내로 작성해주세요. 영문자와 숫자, '-', '_'만 입력 가능합니다.

**❷** IP 버전    IPv4

**❸** CIDR

❶ CIDR 형식의 네트워크 주소 (예: 192.168.0.0/16)

· CIDR은 사설 주소 범위로 입력되어야 합니다.
  - 10.0.0.0/8
  - 172.16.0.0/12
  - 192.168.0.0/16
· CIDR은 링크 로컬 주소 범위(169.254.0.0/16)로 입력할 수 없습니다.
· /24보다 큰 CIDR 블록은 입력할 수 없습니다.
· VPC은 최대 3개까지 생성할 수 있습니다.

취소          확인

**그림 4-3** VPC 생성

**❶** 이름: 이름은 조직 내에서 고유해야 합니다.

**❷** IP 버전: 현재는 IPv4만 가능합니다.

**❸** CIDR: NHN Cloud VPC의 주소 범위 표기는 CIDR 표기 방법을 사용합니다. /24 이하의 값(/20, /16 등만 가능)만 입력할 수 있습니다.

**NOTE_** CIDR은 IPv4 주소를 할당할 때 유연성과 주소 사용의 효율성을 높이기 위해 네트워크 클래스를 사용하지 않는 할당 방식입니다. 예를 들어 10.10.1.0/255.255.255.0과 같은 주소 표기를 10.10.1.0/24와 같이 표현합니다. 즉 /24라는 값으로 네트워크 ID 10.10.1.x(24비트)를 표시하는 것입니다.

• 참고: https://ko.wikipedia.org/wiki/CIDR

## 새로운 서브넷 생성

NHN Cloud에서 서브넷은 VPC당 10개까지만 허용합니다(쿼터 조정 신청 가능). 서브넷을 생성할 때 설정해야 할 3가지 항목은 이름, VPC, CIDR입니다. [그림 4-4]에서 VPC의 서브넷을 생성하는 웹 인터페이스를 나타냈습니다.

**서브넷 생성**

❶ 이름

    ❶ 32자 이내로 작성해주세요. 영문자와 숫자, '-', '_'만 입력 가능합니다.

❷ VPC    Default Network (192.168.0.0/16)

❸ IP 버전    IPv4

❹ CIDR

    ❶ CIDR 형식의 네트워크 주소 (예: 192.168.0.0/16)

• CIDR은 VPC의 CIDR 범위 내에 있어야 합니다.
• /28보다 큰 CIDR 블록은 입력할 수 없습니다.
• 서브넷은 VPC당 최대 10개까지 생성할 수 있습니다.

[취소] [확인]

그림 4-4 서브넷 생성

❶ 이름: 해당 VPC 내에서 고유해야 합니다.
❷ VPC: 해당 서브넷이 포함될 VPC(가상 네트워크)를 선택합니다.
❸ IP 버전: 현재는 IPv4만 가능합니다.
❹ CIDR: 해당 VPC의 주소 범위 내 범위를 CIDR 표기 방법으로 지정합니다.

## 생성된 VPC의 기본 정보

생성한 VPC를 선택하면 [그림 4-5]의 기본 정보를 확인할 수 있습니다. 직관적으로 알 수 있는 정보도 있지만 몇 가지는 처음 보는 내용일 수 있습니다.

그림 4-5 VPC의 기본 정보

❶ VPC 이름: 생성된 VPC의 실제 고윳값입니다. 하이픈(–)으로 구분된 5개의 임의 문자열 요소로 구성됩니다. 10.2절에서 배울 리전 간 피어링에서 이 값이 사용됩니다. 이 VPC의 ID 중 첫 번째와 두 번째 문자열 요소가 VPC 내에서 생성된 다른 리소스의 고윳값을 만드는 데 사용되기도 합니다(예. 자동으로 생성된 Default Network 서브넷에 연결된 기본 라우팅 테이블의 이름).

❷ 테넌트 ID: VPC가 속한 프로젝트 ID가 매핑된 오픈스택 내부 고유 ID입니다.

❸ 라우팅 테이블: 해당 VPC의 서브넷에 연결된 라우팅 테이블을 나타냅니다.

❹ 서브넷: VPC에 생성된 서브넷 정보와 함께 서브넷과 연결되는 인스턴스, 로드 밸런서, 라우트의 개수를 나타냅니다.

## | 실전 연습 10 | VPC, 서브넷, 플로팅 IP 만들기

영화 〈매트릭스〉 3편까지 인간 거주지였던 시온과 4편에 등장한 새로운 거주지 이오를 나타내는 VPC를 만들고 필요한 서브넷과 플로팅 IP를 만들겠습니다.

**01** NHN Cloud 콘솔에서 **resurrections-proj** 프로젝트를 선택하고 현재 리전을 '평촌'으로 지정합니다.

**02** **서비스 선택** 메뉴에서 **Network** 서비스 범주의 **VPC**를 클릭합니다.

그림 4-6 VPC 서비스 선택

**03** 기본 인프라 서비스를 활성화한다는 내용을 표시한 **서비스 활성화** 팝업에서 [확인] 버튼을 클릭합니다.

그림 4-7 기본 인프라 서비스 활성화

**04** 콘솔 왼편 창에 기본 인프라 서비스가 활성화되고 **Network**의 'VPC'가 선택되며 오른편에 **VPC** 화면이 표시됩니다. 기본적으로 생성된 'Default Network'라는 VPC를 확인할 수 있습니다.

**그림 4-8** Default Network VPC

**05** 'Default Network' VPC를 선택하고 [VPC 변경] 버튼을 클릭합니다(그림 4-8 참고).

**06 VPC 변경** 팝업에서 다음 내용을 설정하고 [확인] 버튼을 클릭합니다.

- 이름: vpc-zion

## VPC 변경

| | |
|---|---|
| ID | 1a03f14a-9269-452b-b959-b44f06baf2f0 |
| 이름 | vpc-zion |
| IP 버전 | IPv4 ▼ |
| CIDR | 192.168.0.0/16 |

- CIDR은 사설 주소 범위로 입력되어야 합니다.
  - 10.0.0.0/8
  - 172.16.0.0/12
  - 192.168.0.0/16
- CIDR은 링크 로컬 주소 범위(169.254.0.0/16)로 입력할 수 없습니다.
- /24보다 큰 CIDR 블록은 입력할 수 없습니다.

취소  확인

**그림 4-9** Default Network VPC 변경

**07** 기본 인프라 서비스의 **Network** 하위 **Subnet** 메뉴를 선택하고 기본으로 생성된 'Default Network' 서브넷을 확인합니다. 'Default Network' 서브넷을 선택하고 [서브넷 변경] 버튼을 클릭합니다.

**그림 4-10** Default Network 서브넷

**08 서브넷 변경** 팝업 창에서 다음 내용을 설정하고 [확인] 버튼을 클릭합니다.

- 이름: snet-mgmt

**그림 4-11** Default Network 서브넷 변경

**09** 이번엔 vpc-zion에 시온의 방어 시스템이 운영되는 새로운 서브넷을 생성하고 [+ 서브넷 생성] 버튼을 클릭합니다(그림 4-10 참고).

**10 서브넷 생성** 팝업 창에서 다음 내용을 설정하고 [확인] 버튼을 클릭합니다.

❶ 이름: snet-defense

❷ VPC: vpc-zion(192.168.0.0/16)

❸ CIDR: 192.168.42.0/24

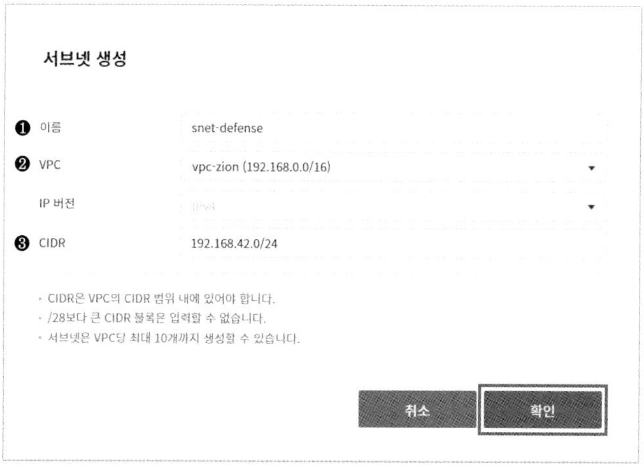

**서브넷 생성**

❶ 이름     snet-defense

❷ VPC     vpc-zion (192.168.0.0/16) ▼

    IP 버전     IPv4 ▼

❸ CIDR     192.168.42.0/24

• CIDR은 VPC의 CIDR 범위 내에 있어야 합니다.
• /28보다 큰 CIDR 블록은 입력할 수 없습니다.
• 서브넷은 VPC당 최대 10개까지 생성할 수 있습니다.

취소     확인

**그림 4-12** 새로운 서브넷 생성

**11** 다시 **VPC** 페이지로 이동해 [+ VPC 생성] 버튼을 클릭합니다. **VPC 생성** 팝업 창에 다음 내용을 설정하고 [확인] 버튼을 클릭해 새로운 VPC를 만듭니다.

❶ 이름: vpc-io

❷ CIDR: 172.16.0.0/16

**VPC 생성**

❶ 이름     vpc-io

    IP 버전     IPv4 ▼

❷ CIDR     172.16.0.0/16

• CIDR은 사설 주소 범위로 입력되어야 합니다.

    - 10.0.0.0/8
    - 172.16.0.0/12
    - 192.168.0.0/16

• CIDR은 링크 로컬 주소 범위(169.254.0.0/16)로 입력할 수 없습니다.
• /24보다 큰 CIDR 블록은 입력할 수 없습니다.
• VPC은 최대 3개까지 생성할 수 있습니다.

취소     확인

**그림 4-13** 새로운 VPC 생성

**12** 이제 전체 VPC는 그림처럼 vpc-io와 vpc-zion 2개가 존재합니다.

**그림 4-14** 전체 VPC 목록

**13** 앞서 **09~10**번의 작업을 참고하여 새로 만든 vpc-io에 [표 4-2] 내용으로 3개의 서브넷
을 생성합니다.

**표 4-2** vpc-io에 생성할 서브넷 정보

| 이름 | CIDR | 용도 |
|---|---|---|
| snet-creatorweb | 172.16.3.0/24 | 가상 동식물 복원 포털 |
| snet-convertapi | 172.16.5.0/24 | DNA 역전사 엔진 |
| snet-dnadb | 172.16.7.0/24 | DNA 데이터베이스 |

**그림 4-15** vpc-io의 전체 서브넷

**14** 이제 vpc-zion의 통제 서버에서 사용할 공용 IP 주소가 필요합니다. 다시 프로젝트의 활
성화된 기본 인프라 서비스에서 **Network**의 **Floating IP** 메뉴를 선택하고 [+ 플로팅 IP
생성] 버튼을 클릭합니다.

그림 4-16 플로팅 IP 서비스

**15** **플로팅 IP 생성** 팝업 창에서 [생성] 버튼을 클릭합니다. 현재 지원하는 IP 풀은 'Public Network'뿐입니다.

그림 4-17 플로팅 IP 생성

**16** 생성된 플로팅 IP가 목록에 표시됩니다. IP 주소와 연결된 장치를 확인할 수 있고 장치와 연결하거나 해제할 수 있습니다.

그림 4-18 생성된 플로팅 IP 정보

## 4.3 라우팅 테이블

라우팅 테이블은 서브넷이나 게이트웨이의 네트워크 트래픽이 전송되는 위치를 나타내는 '라우트'라는 규칙을 모아 놓은 집합입니다. VPC에서 라우팅 테이블은 필수 요소입니다. NHN Cloud는 기본 라우팅 테이블과 사용자 지정 라우팅 테이블을 지원합니다. 라우팅 테이블은 서브넷과 연결돼야 하며 이때 연결은 명시적 연결이거나 암시적 연결일 수 있습니다.

### 4.3.1 기본 라우팅 테이블과 사용자 지정 라우팅 테이블

기본 라우팅 테이블은 VPC를 만들 때 자동으로 생성됩니다. 반면에 사용자 지정 라우팅 테이블은 여러분이 직접 만든 라우팅 테이블입니다. [그림 4-19]의 라우팅 테이블 목록에서 **기본 라우팅 테이블** 열의 값이 '예'이면 기본 라우팅 테이블이고 '아니오'이면 사용자 지정 라우팅 테이블입니다. 라우팅 테이블 목록에서 다른 사용자 지정 라우팅 테이블을 선택해 기본 라우팅 테이블로 변경할 수 있습니다. 단, 기본 라우팅 테이블에 연결된 장치가 플로팅 IP를 사용하는 경우 먼저 플로팅 IP 연결을 해제해야 합니다.

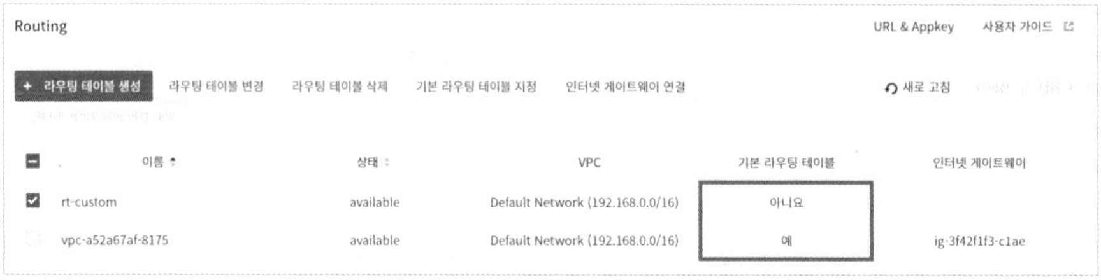

**그림 4-19** 기본 라우팅 테이블과 사용자 지정 라우팅 테이블

> **NOTE**_ NHN Cloud에서 프로젝트를 만들고 처음 '기본 인프라 서비스'를 활성화하면 생성되는 Default Network VPC의 기본 라우팅 테이블은 인터넷 게이트웨이도 연결됩니다. 따라서 로컬 라우트 외에 인터넷 게이트웨이로의 라우트도 자동으로 추가합니다. 하지만 사용자 지정 라우팅 테이블을 추가하는 경우는 로컬 라우트만 포함합니다.

서브넷과 기본 라우팅 테이블이 연결되는 관계를 '암시적 연결', 사용자 지정 라우팅 테이블과 연결되는 관계를 '명시적 연결'이라고 합니다.

암시적 연결은 명시적 연결이 없는 경우에 사용됩니다. [그림 4-20]의 왼쪽 그림처럼 서브넷 **기본 정보** 탭의 **라우팅 테이블** 값이 '기본 연결 라우팅 테이블'이라고 표시된 부분입니다. 반대로 오른쪽 그림처럼 직접 만든 라우팅 테이블을 서브넷에 연결한 경우가 명시적 연결입니다.

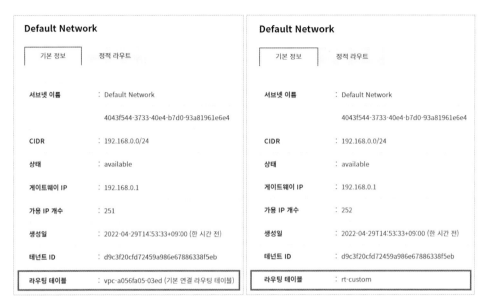

**그림 4-20** 서브넷과 라우팅 테이블의 암시적 연결(좌)과 명시적 연결(우)

기본 라우팅 테이블은 삭제할 수 없으며 자동으로 생성된 기본 로컬 라우트는 제거할 수 없습니다. 인터넷 게이트웨이로의 라우트는 라우팅 테이블에서 인터넷 게이트웨이 연결을 해제하면 자동으로 제거됩니다. 라우트를 추가로 생성하거나 생성한 라우트를 삭제하는 작업은 가능합니다.

**그림 4-21** 기본 라우팅 테이블의 라우트 정보

VPC의 라우팅 테이블을 다룰 때 권장하는 방법은 기본 라우팅 테이블은 초기 상태 그대로 두고 별도의 사용자 지정 라우팅 테이블을 만들어 명시적으로 연결하는 것입니다. 이렇게 하면 트래픽이 라우팅하는 방식을 명시적으로 제어할 수 있습니다.

## 4.3.2 라우팅 테이블 관리와 라우팅 동작

VPC의 **라우팅** 메뉴에서 [+ 라우팅 테이블 생성] 버튼을 클릭하면 실행되는 **라우팅 테이블 생성** 팝업 창에서 사용자 지정 라우팅 테이블을 생성할 수 있습니다.

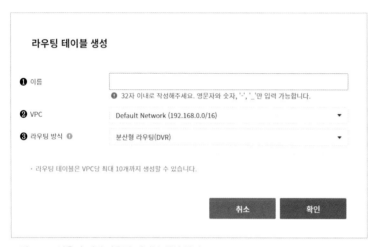

**그림 4-22** 사용자 지정 라우팅 테이블 생성 화면

❶ 이름: 중복된 이름도 허용되지만 가능한 VPC 내에서 구분할 수 있는 이름으로 입력합니다. 라우팅 테이블의 고유성은 라우팅 테이블 ID를 통해 결정됩니다.

❷ VPC: 라우팅 테이블을 연결할 서브넷이 있는 VPC를 선택합니다.

❸ 라우팅 방식: 분산형 라우팅과 중앙 집중형 라우팅이 있습니다. 일반적으로 안정성과 고가용성을 제공하는 분산형 라우팅 방식을 많이 사용합니다.

### 중앙 집중형 라우팅centralized virtual routing(CVR)

중앙에 하나의 라우팅 테이블이 생성되고, 라우팅 테이블에 연결된 서브넷에 포함되는 인스턴스들의 트래픽을 하나의 라우팅 테이블러 집중하는 방식입니다. 게이트웨이나 방화벽 등과 같이 하나의 지점을 통해 트래픽을 제어하는 경우 사용합니다.

### 분산형 라우팅distributed virtual routing(DVR)

라우팅 테이블에 연결된 서브넷에 포함되는 인스턴스가 위치하는 하이퍼바이저마다 라우팅 테이블이 생성되는 방식으로, 트래픽이 라우팅 테이블이 사용되는 위치에 고루 분산되므로 안정성과 고가용성을 제공합니다.

라우팅 테이블에는 라우트를 추가해 트래픽의 라우팅을 명시적으로 제어해야 합니다. 라우트를 생성할 라우팅 테이블을 먼저 선택하고 [그림 4-23]의 **라우트 생성** 팝업 창에서 필요한 라우트 정보를 입력해 생성할 수 있습니다. 라우팅 테이블당 최대 10개까지 라우트를 추가할 수 있습니다.

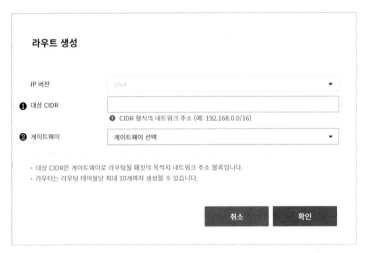

그림 4-23 라우트 생성 화면

❶ 대상 CIDR: 해당 VPC에서 생성된 패킷의 목적지 네트워크 주소 범위를 지정합니다. 이 주소 범위의 패킷은 다음에 지정하는 게이트웨이로 라우팅됩니다. 예를 들어 패킷의 목적지를 0.0.0.0/0(인터넷 트래픽)으로 지정하고, 게이트웨이를 인터넷 게이트웨이로 선택하면 패킷은 인터넷 아웃바운드 통신이 가능해집니다.

❷ 게이트웨이: VPC 내부 통신을 위한 로컬 게이트웨이는 라우팅 테이블 생성 시 만들어집니다. 인터넷 인/아

옷바운드 통신이 필요하다면 그전에 인터넷 게이트웨이를 만들어야 합니다. VPC 간의 연결을 위해 피어링을 사용한 경우(10.2절에서 설명) 피어링 리소스를 게이트웨이로 지정할 수도 있습니다.

대상에 관한 더 구체적인 라우트를 생성하면 불필요한 인터넷 아웃바운드 네트워크 비용을 피할 수 있고 필요한 경우 특정 트래픽을 비공개로 라우팅할 수 있습니다.

## | 실전 연습 11 | 라우팅 테이블 관리하기

**01** 콘솔 왼편 창에 기본 인프라 서비스의 **Network** 하위 **Routing** 메뉴를 선택하고 **Routing** 페이지에서 vpc-zion의 기본 라우팅 테이블을 선택합니다.

그림 4-24 vpc-zion의 기본 라우팅 테이블 선택

**02** [라우팅 테이블 변경] 버튼을 클릭합니다. **라우팅 테이블 변경** 팝업 창에서 다음 내용을 설정하고 [확인] 버튼을 클릭합니다.

- 이름: rt-zion-default

그림 4-25 라우팅 테이블 정보 변경

**03** 이름이 변경된 'rt-zion-default' 라우팅 테이블을 선택하고 [인터넷 게이트웨이 연결 해제] 버튼을 클릭합니다.

그림 4-26 라우팅 테이블 목록에서 변경 결과 확인

**04** **인터넷 게이트웨이 연결 해제** 팝업 창에서 [확인] 버튼을 클릭해 'rt-zion-default'와 연결된 인터넷 게이트웨이를 해제합니다.

그림 4-27 인터넷 게이트웨이 연결 해제

**05** VPC의 **라우팅** 메뉴에서 [+ 라우팅 테이블 생성]을 클릭합니다. **라우팅 테이블 생성** 팝업 창에서 다음 내용을 설정하고 [확인] 버튼을 클릭합니다.

❶ 이름: rt-zion-custom

❷ VPC: vpc-zion

❸ 라우팅 방식: 분산형 라우팅

**그림 4-28** 라우팅 테이블 생성

**06** 새로 만든 'rt-zion-custom' 라우팅 테이블을 선택하고 [인터넷 게이트웨이 연결] 버튼을 클릭합니다. **인터넷 게이트웨이 연결** 팝업 창에서 아직 연결되지 않은 **인터넷 게이트웨이**를 선택하고 [확인] 버튼을 클릭합니다.

**그림 4-29** 인터넷 게이트웨이 연결

**07** 기본 인프라 서비스의 **Network** 하위 **Subnet** 메뉴를 선택합니다. **Subnet** 페이지에서 'snet-mgmt'를 선택하고 [라우팅 테이블 연결] 버튼을 클릭합니다. **라우팅 테이블 연결** 팝업 창에서 방금 만든 'rt-zion-custom'을 선택하고 [확인] 버튼을 클릭합니다.

그림 4-30 라우팅 테이블 연결

**08** 'rt-zion-custom' 라우팅 테이블을 선택하고 **기본 정보** 탭에서 **인터넷 게이트웨이**와 **서브넷**의 **명시적 연결** 항목을 확인합니다.

그림 4-31 rt-zion-custom 라우팅 테이블의 기본 정보

**09 Routing** 페이지에서 vpc-io의 기본 라우팅 테이블을 선택하고 [라우팅 테이블 변경] 버튼을 클릭합니다. **라우팅 테이블 변경** 팝업 창에서 다음 내용을 설정하고 [확인] 버튼을 클릭합니다.

- 이름: rt-io-custom

그림 4-32 vpc-io의 기본 라우팅 테이블 이름 변경

**10** 05번을 참고해 다음 내용으로 새로운 라우팅 테이블을 만듭니다.

❶ 이름: rt-io-default

❷ VPC: vpc-io

❸ 라우팅 방식: 분산형 라우팅

그림 4-33 vpc-io의 새로운 라우팅 테이블 생성

**11** 새롭게 만든 **rt-io-default** 라우팅 테이블을 선택해 **기본 정보** 탭의 **서브넷** 항목에서 **명시적 연결**과 **기본 연결**이 현재 없음을 확인합니다.

**rt-io-default**

| 기본 정보 | 라우트 |
|---|---|

| 라우팅 테이블 이름 | : rt-io-default | | 인터넷 게이트웨이 | : - |
| | 22345ae3-8966-46e6-957d-75a5887ddba0 [복사] | | VPC | : vpc-io (172.16.0.0/16) |
| 상태 | : available | | 서브넷 | |
| 기본 라우팅 테이블 | : 아니요 | | · 명시적 연결 | : - |
| 라우팅 방식 | : 분산형 라우팅(DVR) | | · 기본 연결 | : - |
| 생성일 | : 2022-05-01T23:26:53+09:00 (몇 초 전) | | | |
| 테넌트 ID | : 4cf001c845bc4c8ebfc6f54d85c44e81 | | | |

그림 4-34 rt-io-default 라우팅 테이블의 기본 정보

**12** 앞서 이름을 변경했던 'rt-io-custom'이 기본 라우팅 테이블이었습니다. 따라서 이 라우팅 테이블은 삭제할 수 없었지만, 다른 라우팅 테이블을 만들고 기본 라우팅 테이블을 변경하면 삭제할 수 있습니다. 'rt-io-default' 라우팅 테이블을 선택하고 [기본 라우팅 테이블 지정] 버튼을 클릭합니다. **기본 라우팅 테이블 지정** 팝업 창에서 [확인] 버튼을 클릭합니다.

그림 4-35 기본 라우팅 테이블 지정

**13** 이제 'rt-io-custom' 라우팅 테이블을 선택하면 [라우팅 테이블 삭제] 버튼이 활성화됩니다. 이 버튼을 클릭하고 **라우팅 테이블 삭제** 팝업 창에서 [확인] 버튼을 클릭해 라우팅 테이블을 삭제합니다.

그림 4-36 라우팅 테이블 삭제

**14** 'rt-io-custom' 라우팅 테이블이 삭제된 것을 확인합니다. 'rt-io-default' 라우팅 테이블의 **기본 정보**를 다시 확인하여 기본 라우팅 테이블로 지정되면서 vpc-io의 모든 서브넷이 암시적으로 연결(기본 연결)되었는지 확인합니다.

그림 4-37 rt-io-default 라우팅 테이블의 기본 정보 확인

# CHAPTER 5

# NHN Cloud의 가상 머신, 인스턴스

> **이 장의 내용**
>
> - NHN Cloud의 인스턴스 개요
> - 인스턴스 배포
> - 인스턴스 구성 및 관리

온프레미스 인프라 환경에서 가장 중요한 컴퓨팅 요소가 무엇이냐고 묻는다면 주저하지 않고 서버server라고 말하는 사람이 많을 겁니다. 온프레미스 워크로드를 클라우드로 마이그레이션하든 처음부터 클라우드 네이티브 인프라를 구축하든 서버라는 요소는 필요합니다.

클라우드에서 서버를 가리킬 때 사용하는 용어가 가상 머신virtual machine 또는 가상 서버virtual server입니다. NHN Cloud는 가상 머신에 해당하는 용어로 '인스턴스'를 사용합니다.

## 5.1 NHN Cloud의 인스턴스 개요

NHN Cloud는 온프레미스에서 서버가 차지하던 역할을 클라우드에서 제공하기 위해 인스턴스를 제공합니다. 인스턴스는 인터넷을 통해 빠르게 배포하고 관리할 수 있으며 사용량에 기반해 비용을 지불하는 클라우드 컴퓨팅 인프라 요소입니다.

### 인스턴스 사용 시나리오

인스턴스를 사용하면 온프레미스에서 서버를 구하는 작업이 줄어들고, 원하는 시간과 장소에서 서비스를 더 빠르고 쉽게 배포하고 운영할 수 있으며, 비용도 최적화할 수 있습니다. NHN

Cloud 인스턴스를 사용할 때의 장점을 살펴보겠습니다.

- 기존 웹 호스팅보다 저렴하고 관리 노력이 더 적게 드는 웹 서비스 호스팅을 구현할 수 있습니다.
- 기존 데이터 센터의 용량을 확장해야 하는 경우 NHN Cloud에 인스턴스를 추가하면 추가 하드웨어를 도입하고 설치하는 데 드는 비용과 노력, 데이터 센터 공간을 점유하는 데 드는 비용을 절감할 수 있습니다.
- 기업이 데이터의 수명 주기를 관리하고 법적 규정 준수 요구사항을 충족하는 데 필요한 저장소와 관련 소프트웨어를 구매하고 유지하는 데 드는 비용을 절감할 수 있습니다. 저장소 확장 요구에 따른 대응과 백업, 복구를 계획하고 관리하는 일을 단순화할 수 있습니다.
- 데이터에서 중요한 패턴이나 추세, 관련성을 포함해 유의미한 정보를 도출하는 빅데이터 처리에는 대규모 컴퓨팅 용량이 필요합니다. NHN Cloud 인스턴스는 필요한 순간에 대규모 처리 능력을 가장 신속하고 저렴하게 제공할 수 있습니다.
- 보험 상품 개발이나 생명 공학 모델링, 기후 예측과 같은 비즈니스는 대규모 고속 연산 능력(high performance computing, HPC)이 필요한 슈퍼컴퓨터나 컴퓨터 클러스터를 통해 엄청난 변수와 복잡한 계산을 처리해야 합니다. 이런 컴퓨팅 인프라를 도입하고 유지하는 비용은 매우 비쌉니다. NHN Cloud가 제공하는 x1 타입 인스턴스를 사용하면 필요할 때만 사용할 수 있고 최신 시스템을 낮은 비용으로 계속 사용할 수 있습니다.
- 새로운 서비스와 애플리케이션을 더 빠르게 출시할 수 있도록 NHN Cloud 인스턴스로 개발 및 테스트 환경을 신속하게 배포하고 설정할 수 있습니다. 팀의 규모 변화에 따라 확장하거나 축소할 수도 있습니다.

## 인스턴스 배포 위치와 비용

인스턴스를 배포하는 리전을 선정할 때는 사용자 경험과 규제, 비용 등을 고려해야 합니다.

- 사용자 경험을 높일 수 있도록 서비스를 사용할 실제 사용자 위치와 가까운 리전에서 서비스를 제공합니다.
- 국가별로 다르게 시행되는 법적 제한 사항이나 규정 준수, 세금 관련 요구사항을 만족하는 위치를 고려합니다.
- 위 내용을 만족한다면 상대적으로 비용이 저렴한 위치에 인스턴스를 배포합니다.
- 리전에 따라 제공되는 인스턴스 타입이 다를 수 있습니다.

인스턴스는 생성한 순간부터 과금되며 비용은 컴퓨팅 비용과 스토리지 비용으로 나뉩니다. 컴퓨팅 비용은 시간 단위로 책정하여 청구됩니다. 스토리지 비용은 인스턴스가 사용하는 블록 스토리지 과금 기준으로 부과됩니다.

인스턴스를 중지하면 컴퓨팅 비용은 90일간 90% 할인된 금액으로 청구되며 90일이 초과하면 정상 요금으로 전환되므로 주의해야 합니다. 인스턴스를 중지했더라도 기본 디스크와 추가 블록 스토리지(추가한 경우), 플로팅 IP, Windows 라이선스, 로드 밸런서 등 서버에 연결된 다른 리소스 요금은 그대로 부과됩니다. 따라서 사용하지 않는 리소스는 삭제해야 합니다.

리전별 인스턴스 요금에 관해서는 다음의 NHN Cloud 사용자 가이드를 참고하기 바랍니다.

- https://www.nhncloud.com/kr/service/compute/instance

## 5.2 인스턴스 구성요소

NHN Cloud에서 인스턴스를 생성할 때 지정해야 할 요소들이 있습니다. 이들 요소는 크게 ❶ 기본 설정과 ❷네트워크 설정, ❸추가 설정이라는 3가지 섹션으로 나뉩니다. 설정한 값 중에는 인스턴스 생성 이후 변경할 수 없는 값도 있습니다. 예를 들면 이미지와 가용성 영역, 일부 인스턴스 타입은 생성할 때 지정한 값을 변경할 수 없습니다.

그림 5-1 인스턴스 생성 페이지의 구성요소

**인스턴스 생성** 페이지의 첫 번째 옵션은 '인스턴스 설정(기본값)'과 '인스턴스 템플릿 사용' 중에서 선택하는 부분입니다. 5장에서는 '인스턴스 설정' 옵션만 다루며 '인스턴스 템플릿 사용' 옵션은 9장에서 다룹니다.

## 5.2.1 기본 설정

기본 설정은 [그림 5-1]에 나타낸 **이미지**와 **인스턴스 정보** 섹션입니다. **이미지** 섹션에서는 운영체제를 담고 있는 가상 디스크를 선택하며, 인스턴스 정보 섹션은 인스턴스 이름과 타입, 키 페어처럼 인스턴스를 생성하고 액세스하는 데 필요한 필수 기본 정보를 지정합니다.

그림 5-2 기본 설정

### 이미지

이미지 섹션은 NHN Cloud의 인스턴스에서 사용할 수 있는 공용 이미지와 개인 이미지를 확인할 수 있습니다. **공용 이미지** 탭은 NHN Cloud가 기본적으로 제공하는 운영체제 이미지 목록을 제공합니다. 현재 지원하는 운영체제는 [표 5-1]에서 나타낸 64비트 윈도우 서버 및 리눅스입니다.

**표 5-1** 인스턴스용 기본 운영체제 이미지

| 윈도우 | 리눅스 |
| --- | --- |
| Windows Server 2012 R2 STD | CentOS 7.9 |
| Windows Server 2016 STD | Debian 10 Buster |
| Windows Server 2019 STD | Debian 11 Bullseye |
| Windows Server 2022 STD | PLOS WAF |
| | Rocky 8.6 |
| | Ubuntu Server 18.04 LTS |
| | Ubuntu Server 20.04 LTS |
| | Ubuntu Server 22.04 LTS |

NHN Cloud는 [표 5-1]의 기본 운영체제 이미지를 기반으로 [그림 5-3]에 보이는 것처럼 네트워크와 DBMS, 애플리케이션이 사전에 적용된 이미지를 추가로 제공합니다.

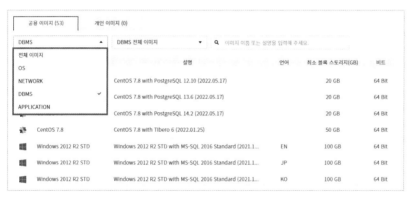

**그림 5-3** 네트워크, DBMS, 애플리케이션이 적용된 이미지

**개인 이미지** 탭은 공용 이미지를 토대로 사용자가 수정한 이미지 목록을 확인하고 선택할 수 있습니다. 운영체제의 설정을 변경하거나 새로운 애플리케이션을 설치하고 사전에 구성한 후 새롭게 이미지를 만들어 놓으면 향후 워크로드의 급증에 따라 서비스 인스턴스를 늘릴 때 발 빠르게 대응할 수 있습니다. 이 부분은 9장에서 자세히 다룹니다.

## 인스턴스 정보

[그림 5-4]에서 인스턴스 정보 섹션의 해당 설정에 부여한 번호를 기준으로 각 설정에 관해 알

아야 할 내용을 설명합니다.

**그림 5-4** 인스턴스 정보 섹션

### ❶ 인스턴스 이름

- NHN Cloud는 인스턴스 이름을 호스트 이름으로 사용합니다. 호스트 이름은 Windows VM의 경우 최대 15자, 리눅스 VM의 경우 최대 64자를 넘길 수 없습니다. 인스턴스 이름은 Windows가 최대 12자, 리눅스가 최대 90자 이내로 작성해야 합니다.

- 인스턴스 이름과 호스트 이름은 모두 변경할 수 있지만, 의미 있고 일관성 있는 이름을 동일하게 사용하는 것이 좋습니다. 따라서 인스턴스 이름과 호스트 이름의 일관성을 생각한다면 인스턴스 이름의 길이 제한에 맞춰 호스트 이름을 정하는 게 좋습니다. 인스턴스 이름을 결정할 때는 역할(웹/DB), 환경(개발/테스트/프로덕션), 위치, 인스턴스 번호 등의 정보를 포함하면 좋습니다. 예를 들면 vm-web-dev-krpc-001과 같은 식입니다.

### ❷ 인스턴스 타입

- 인스턴스 타입은 워크로드 유형(분류)에 따라 나눈 제품군(타입)으로 볼 수 있습니다. 인스턴스의 크기(스펙)를 결정할 때는 실행할 워크로드 유형을 고려해야 합니다. 예를 들어 연산 능력이 중요한 워크로드라면 Compute optimized 분류의 C2 타입의 스펙을 선택합니다. [그림 5-5]에서 현재 평촌과 판교 리전에서 제공하는 인스턴스 타입을 표시했습니다. 판교 리전은 평촌 리전과 동일한 인스턴스 타입을 제공하고 추가로 'Ephemeral Storage Instance' 옵션에서 u2 타입을 선택할 수 있습니다. 타입별 이름에서 구체적인 크기(스펙)를 확인할 수 있습니다. 이름은 다음과 같은 형식입니다.

- [타입].[[C(PU) 개수][M(EMORY) 크기]]

예를 들어 [그림 5-5]의 m2.c4m8 표기는 m2 타입의 가상 CPU 4개, 메모리 8GB 크기의 인스턴스를 뜻합니다.

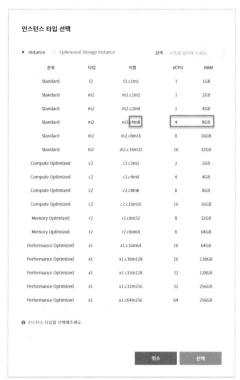

**그림 5-5** (좌)평촌 및 판교 리전 인스턴스 타입 (우)판교 리전만 제공하는 u2 타입

분류별 타입 크기와 용도에 관해 이해를 높이기 위해 [표 5-2]에 정리했습니다.

**표 5-2** NHN Cloud의 인스턴스 크기와 용도

| 분류(제품군) | 타입 | 용도 | 비고 |
|---|---|---|---|
| Basic | u2 | 저렴한 비용으로 부담 없이 이용할 수 있습니다. 다른 타입으로의 변경은 불가능합니다. 리눅스 전용으로 루트 볼륨을 로컬 디스크로 사용하며 크기 변경은 불가능합니다. 테스트나 개발 서버, 소규모 트래픽용 웹 서버에 적합합니다. | 일본 도쿄와 판교 |
| Standard | t2, m2 | CPU와 메모리 비율이 적절한 균형을 갖는 타입입니다. 중소형 데이터베이스나 중소규모 트래픽 웹 서버, 성능 요구사항이 명확하지 않을 때 적합합니다. | – |
| Compute Optimized | c2 | CPU 성능에 더 가중치를 준 타입입니다. 중규모 이상 트래픽용 웹 서버와 네트워크 어플라이언스, 애플리케이션 서버, 분석 서비스에 적합합니다. | – |
| Memory Optimized | r2 | 메모리 사용량에 더 가중치를 준 타입입니다. 중대형 캐시나 인메모리 분석, 메모리 데이터베이스에 적합합니다. | – |

| Performance Optimized | x1 | 고성능 CPU와 메모리를 지원하는 타입입니다. 보험 상품 모델링과 같은 높은 성능이 필요한 서비스나 애플리케이션에 적합합니다. | – |
|---|---|---|---|
| GPU | g2, g4 | 하나 이상의 GPU를 가지며 그래픽 렌더링과 비디오 편집, 딥러닝에서 모델 학습과 추론에 적합합니다. 다른 타입으로의 변경은 불가능합니다. Ubuntu 18.04 LTS를 사용합니다 (향후 Ubuntu 18.04 LTS가 EOL(end of life)되면 변경될 수 있습니다). | 판교 전용 |

**[인스턴스 수]**

- 동일한 인스턴스를 여러 개 생성할 경우 지정합니다. 지정한 인스턴스 이름 뒤에 번호가 덧붙여집니다. 예를 들어 인스턴스 이름이 vmzionmaster라면 vmzionmaster-1과 같은 이름이 됩니다.
- 생성 형식: [인스턴스 이름]-[#]
  5.2.2절에서 '기존 네트워크 인터페이스 설정' 옵션을 선택하는 경우 인스턴스 수는 1로 설정되고 변경하지 못합니다.

**[키 페어]**

- 공개 키 인프라(PKI)를 사용한 SSH 키 쌍(공개 키 및 개인 키)입니다. NHN Cloud는 인스턴스를 생성할 때 아이디와 비밀번호를 입력하는 보안에 취약한 방식 대신 키 쌍의 공개 키를 적용합니다. 키 쌍은 NHN Cloud 콘솔에서 만들거나 직접 터미널에서 만들어 등록해 사용할 수도 있습니다.
- [그림 5-6]은 이미 등록한 공개 키를 선택하는 화면(좌)과 새로운 키 쌍을 만드는 화면(우)입니다. 새로운 키 쌍을 만들면 개인 키를 다운로드할 수 있습니다.

그림 5-6 키 페어 선택과 생성

보통 리눅스의 경우 SSH 방식으로 액세스하는 데 매우 익숙하지만, 윈도우는 아이디와 비밀번호를 사용하는 방식이 일반적입니다. NHN Cloud는 Windows의 경우에도 개인 키를 사용해 비밀번호를 확인합니다.

## 인스턴스 비밀번호 가져오기

| | |
|---|---|
| 키 페어 이름 | zion-windows |
| 암호화된 비밀번호 | FwZ1+nXz/PWPIPpJs1GmtNb/43a84A06d4vvmkfSoAYzNIuhJVD8mLb4YG<br>Lcb7XyyjCt1f6uWdPfzyIOj/Gz0ur5GULrY/c3F+Fyx3TAeTbULGxfzTEpxlhfsg |
| 개인 키 | 파일 선택    zion-windows.pem<br><br>-----BEGIN RSA PRIVATE KEY-----<br>MIIEogIBAAKCAQEAqQBvzdEgRUfUlNN2daYXwUdxKWRGraaluZ6EjcTCzux |
| 비밀번호 | **비밀번호 확인**<br><br>gUgBxB0PVuOu1PTly6fK    복사 |

- 암호화된 비밀번호를 해독하기 위해 인스턴스에 연결된 키 페어의 개인 키가 필요합니다.
- 개인 키 파일을 선택하거나, 개인 키 파일의 내용을 복사해 넣은 후 [비밀번호 확인] 버튼을 누르세요.
- 개인 키는 브라우저에서 암호 해독 용도로만 이용되며, 서버로 전송되지 않습니다.

**확인**

그림 5-7 개인 키를 사용한 Windows의 비밀번호 확인

### [블록 스토리지 타입과 크기]

- 인스턴스의 운영체제가 포함된 기본 디스크(기본 블록 스토리지)의 타입과 크기를 지정합니다. HDD와 SSD 타입을 제공하며 SSD가 성능은 더 좋지만 더 많은 요금을 지불해야 합니다. 인스턴스 생성 후 기본 디스크의 타입과 크기는 변경할 수 없습니다.
- 기본 디스크의 크기는 운영체제 이미지별로 최소 크기가 다릅니다. 리눅스의 경우 20GB, Windows의 경우 50GB입니다. 최대 크기는 1000GB입니다.

그림 5-8 기본 디스크(블록 스토리지) 타입과 크기

## 5.2.2 네트워크 설정

생성한 인스턴스를 액세스하거나 인스턴스끼리 통신하기 위해서는 인스턴스를 생성할 때 네트워크 설정이 필요합니다. [그림 5-9]의 **네트워크 설정**은 VPC에 정의한 서브넷에 연결하는 네트워크 인터페이스를 만들고 필요한 경우 인터넷 인바운드 통신을 위한 플로팅 IP, 인스턴스에 대한 인/아웃바운드 트래픽을 제어하는 보안 그룹을 지정하는 작업입니다.

그림 5-9 네트워크 설정

네트워크 설정은 **네트워크 인터페이스 생성**과 **기존 네트워크 인터페이스 지정** 중 어떤 옵션을 선택하는가에 따라 다른 인터페이스를 제공합니다. 네트워크 인터페이스는 실세계에서 컴퓨터의 네트워크 카드라는 부품 역할을 합니다.

기본 옵션인 **네트워크 인터페이스 생성** 옵션을 선택하면 [그림 5-9]의 인터페이스, **기존 네트워크 인터페이스 지정** 옵션을 선택하면 기존에 생성한 네트워크 인터페이스를 선택하는 [그림 5-10]과 같은 인터페이스를 만납니다.

**그림 5-10** 기존 네트워크 인터페이스 지정

## 네트워크

네트워크 인터페이스를 연결할 VPC의 서브넷을 선택합니다. **설정 변경** 링크(그림 5-9 참고)를 클릭하면 [그림 5-11]과 같이 오른쪽 영역에서 선택한 리전에 만들어 놓은 사용 가능한 VPC의 서브넷 목록을 확인하고 하나 이상의 서브넷을 선택할 수 있습니다. 왼쪽 영역의 선택된 서브넷에서 서브넷을 선택하면 다시 제거됩니다.

**그림 5-11** 서브넷 선택

여러 개의 서브넷을 연결하는 경우 각 서브넷에 연결된 네트워크 인터페이스가 생성됩니다. 이때 [eth0] 인터페이스가 기본 게이트웨이로 설정됩니다. **선택된 서브넷**의 목록은 드래그 앤 드롭으로 순서를 바꿀 수 있습니다. 물론 다른 VPC의 서브넷을 연결할 수도 있습니다.

**NOTE_** 인스턴스 생성 창의 네트워크 설정 옵션으로 '네트워크 인터페이스 생성 옵션'을 선택하면 인스턴스가 만들어질 때 네트워크 인터페이스 이름이 자동으로 부여됩니다. 네트워크 인터페이스의 이름을 직접 지정하고 싶다면 Network Interface 서비스에서 네트워크 인터페이스를 생성한 다음 네트워크 설정 옵션으로 '기존 네트워크 인터페이스 지정'을 선택합니다.

## 플로팅 IP

인스턴스가 인터넷 인바운드 통신을 하기 위해서는 플로팅 IP를 연결해야 합니다. 이 섹션은 서브넷에 플로팅 IP를 연결할지 여부를 설정합니다. 플로팅 IP를 사용하려면 다음 2가지를 기억해야 합니다.

1. 인터넷 게이트웨이가 연결된 서브넷이 필요합니다.
2. 1을 만족하는 서브넷에 [eth0] 네트워크 인터페이스를 만들거나 지정해야 합니다.

**그림 5-12** 플로팅 IP 설정

## 보안 그룹

인스턴스가 속할 하나 이상의 보안 그룹을 지정합니다. 반대로 하나의 보안 그룹을 여러 인스턴스에 적용할 수도 있습니다. 보안 그룹은 인스턴스에 대한 인/아웃바운드 트래픽을 제어합니다. 프로젝트에 기본 인프라 서비스를 활성화시키면 기본 보안 그룹이 만들어지기 때문에 **네트워크 인터페이스 생성** 옵션을 선택한 경우 'default' 보안 그룹이 지정됩니다.

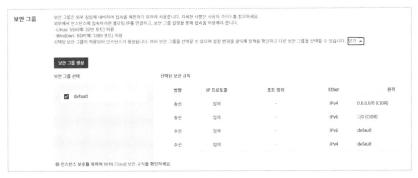

**그림 5-13** 보안 그룹 설정

보안 그룹을 지정하지 않으려면 [그림 5-14]처럼 **보안** 옵션을 '사용 안 함'으로 선택한 네트워크 인터페이스를 먼저 만들고 **기존 네트워크 인터페이스 지정** 옵션을 사용해 이 네트워크 인터페이스를 선택합니다. 보안 그룹을 지정하지 않으면 모든 인/아웃바운드 통신이 허용되므로 외부의 악의적인 액세스를 제한하기 위해 보안 그룹의 사용을 권장합니다. 보안 그룹은 11장에서 더 자세히 다룹니다.

**그림 5-14** 보안 그룹을 사용하지 않는 네트워크 인터페이스 생성

## 5.2.3 추가 설정

이 섹션은 선택적인 설정으로 추가 블록 스토리지와 사용자 스크립트, 삭제 보호를 설정 옵션으로 제공합니다.

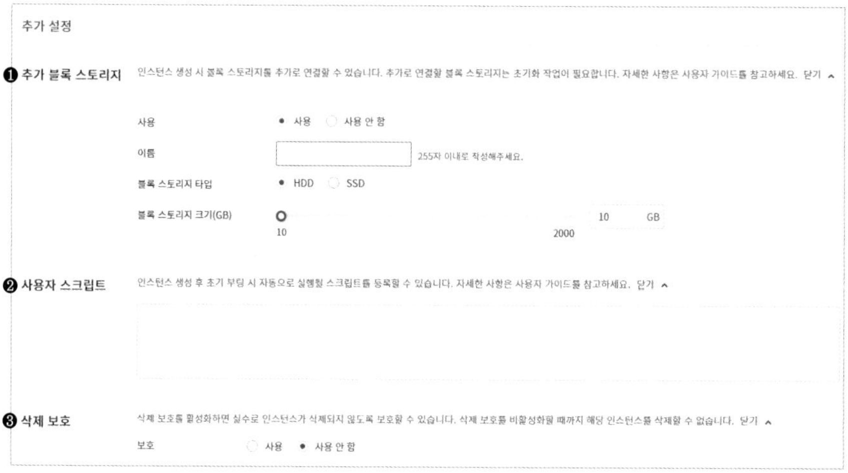

그림 5-15 추가 설정 옵션

### ❶ 추가 블록 스토리지

- 인스턴스 생성 시 기본 디스크용 블록 스토리지 외에 추가 블록 스토리지를 만들어 디스크를 추가할 수 있습니다. 추가 블록 스토리지는 인스턴스를 만든 후 운영체제별 방식에 따라 초기화 작업이 필요합니다.

- 추가 블록 스토리지를 생성할 때 이름은 255자 이내, 크기는 10~2000GB로 제한하는 것을 고려합니다. 더 큰 크기가 필요할 경우 여러 개의 블록 스토리지를 만들어 병합할 수 있습니다. 6장에서 블록 스토리지에 관해 자세히 다룹니다.

### ❷ 사용자 스크립트

- 인스턴스 생성 후 운영체제 추가 구성이나 애플리케이션 설치 등이 필요한 경우 사용자 스크립트를 지정합니다. 사용자 스크립트는 인스턴스 생성 후, 첫 번째 부팅이 끝나고 네트워크 설정 등의 초기화 과정이 완료된 다음 실행됩니다.

- [표 5-3]에 운영체제별 스크립트 실행 권한과 스크립트 형식을 나타냈습니다.

### ❸ 삭제 보호

- 인스턴스를 실수로 삭제하는 사고를 예방하고 싶다면 삭제 보호를 '사용'으로 선택합니다. 나중에 인스턴스를 삭제해야 할 경우 먼저 삭제 보호 옵션을 '사용 안 함'으로 변경해야 합니다.

표 5-3 스크립트 실행 권한과 스크립트 형식

| 구분 | Windows | Linux |
|---|---|---|
| 실행 권한 | Administrator | root |
| 스크립트 형식 | 배치 스크립트<br><br>rem cmd<br><br>...<br><br>PowerShell 스크립트<br><br>#ps1_sysnative<br><br>...<br><br>배치 및 PowerShell 혼용<br><br>〈script〉<br><br>...<br><br>〈/script〉<br><br>〈powershell〉<br><br>...<br><br>〈/powershell〉 | #!/bin/bash<br><br>... |

## | 실전 연습 12 | Windows 서버 인스턴스 만들기

이번 실습은 매트릭스에서 인간 거주지 시온에 만든 VPC(vpc-zion)의 서브넷(snet-mgmt)에서 실행되는 통제 서버를 배포하는 시나리오입니다.

**01** NHN Cloud 콘솔에서 **resurrections-proj** 프로젝트를 선택하고 현재 리전을 '평촌'으로 지정합니다.

**02** 콘솔 왼편의 활성화된 기본 인프라 서비스의 **Network** 하위 서비스 **Network Interface**를 선택합니다.

**그림 5-16** 네트워크 인터페이스

**03** [그림 5-16]의 [+ 네트워크 인터페이스 생성] 버튼을 클릭합니다. **네트워크 인터페이스 생성** 창에서 다음을 설정한 후 [확인] 버튼을 클릭합니다.

❶ 이름: nic-vmzionmaster

❷ VPC: vpc-zion

❸ 서브넷-사설 IP: snet-mgmt, 자동 할당

❹ 가상 IP: 사용 안 함

❺ 보안(그룹): 사용 안 함

**그림 5-17** 보안 그룹을 사용하지 않는 네트워크 인터페이스 생성

**04 주의** 팝업 창을 확인하고 [확인] 버튼을 클릭합니다. 보안 그룹을 사용하지 않으면 모든 패 킷의 통신이 허용된다는 점은 기억하기 바랍니다.

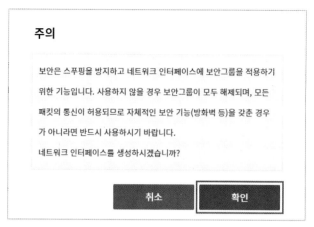

그림 5-18 보안 그룹 미사용에 대한 주의

**NOTE_** 이번 실습의 이러한 설정은 의도된 시나리오에 따른 것이지만, 일반적인 상황에서는 보안 그룹이 해제된 네트워크 인터페이스 사용은 결코 권장하지 않습니다.

**05** 기본 인프라 서비스 메뉴인 **Compute**의 하위 **Instance** 서비스를 클릭하고 **Instance** 작업 창에서 [+ 인스턴스 생성] 버튼을 클릭합니다.

그림 5-19 인스턴스

**06** **인스턴스 생성** 작업 창의 **이미지**와 **인스턴스 정보** 섹션에서 다음 내용을 설정합니다. 지정하지 않은 설정은 기본값을 사용합니다.

[이미지]
❶ 공용 이미지: Windows 2019 STD (언어: KO)

[인스턴스 정보]
❷ 인스턴스 이름: vmzionmaster

❸ 인스턴스 타입: m2.c1m2

❹ 인스턴스 수: 1

❺ 키 페어([키 페어 생성] 버튼 클릭): vmzionmaster_key

그림 5-20 인스턴스 생성 (1) 이미지와 인스턴스 정보

• [키 페어 다운로드] 버튼 클릭 후 키 페어(.pem) 파일 저장

그림 5-21 키 페어 다운로드

**07 인스턴스 생성** 작업 창의 **네트워크 설정** 섹션에서 다음 내용을 설정합니다.

- '기존 네트워크 인터페이스 지정' 선택

- 네트워크 인터페이스: nic-vmzionmaster(자동 선택)

그림 5-22 인스턴스 생성 (2) 네트워크 설정

**08 인스턴스 생성** 작업 창의 **추가 설정** 섹션에서 다음 내용을 설정하고 [인스턴스 생성] 버튼을 클릭합니다.

- 삭제 보호([설정 변경] 클릭 후): 사용

그림 5-23 인스턴스 생성 (3) 추가 설정

**09 인스턴스 생성 정보** 팝업 창에서 [인스턴스 생성] 버튼을 클릭합니다.

**그림 5-24** 인스턴스 생성 정보 확인

**10 Instance** 작업 창에서 생성된 인스턴스 목록을 확인합니다. **상태** 칼럼에 녹색 동그라미가 표시된 경우 생성이 완료된 것입니다. 생성된 인스턴스를 선택하고 하단에 표시된 **기본 정보**와 **네트워크, 접속 정보, 모니터링** 탭의 내용을 확인합니다.

**그림 5-25** 생성된 인스턴스 정보 확인

**11 Instance** 작업 창에서 생성된 인스턴스, 'vmzionmaster'를 선택하고 **접속 정보** 탭을 클릭합니다.

**그림 5-26** 접속 정보

**12** [그림 5-26]의 [+ 비밀번호 확인] 버튼을 클릭하고 **인스턴스 비밀번호 가져오기** 팝업 창에서 다음 내용을 설정합니다.

- 개인 키: **07**번에서 다운로드한 키 페어를 선택합니다.
- 비밀번호: [비밀번호 확인] 버튼을 클릭합니다. [복사] 버튼을 클릭해 표시된 비밀번호를 복사합니다.

**그림 5-27** 인스턴스 비밀번호 확인

**13** [그림 5-26]의 [연결] 버튼을 클릭해 'vmzionmaster.rdp' 파일을 다운로드한 다음 더블 클릭해서 연결을 시도하면 실패합니다. 이유는 생성한 인스턴스에 플로팅 IP를 연결하지 않았기 때문입니다. 이 부분은 실전 연습 14에서 해결하겠습니다.

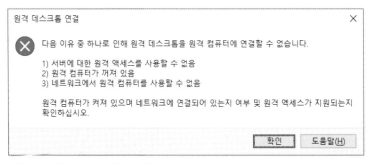

그림 5-28 원격 데스크톱 연결 실패

## | 실전 연습 13 | 리눅스 서버 인스턴스 만들기

01 콘솔 왼편의 활성화된 기본 서비스 메뉴에서 Compute의 'Instance'를 선택하고 **Instance** 작업 창에서 [+ 인스턴스 생성] 버튼을 클릭합니다.

02 **인스턴스 생성** 작업 창의 **이미지**와 **인스턴스 정보** 섹션에서 다음 기술 문서의 '인스턴스 중지 시 요금 안내(2018년 8월 1일부터 적용)' 부분으로 내용을 설정합니다. 지정하지 않은 설정은 기본값을 사용합니다.

[이미지]
❶ 공용 이미지: Ubuntu Server 20.04 LTS

[인스턴스 정보]
❷ 인스턴스 이름: vmdefence
❸ 인스턴스 타입: t2.c1m1
❹ 인스턴스 수: 1
❺ 키 페어([키 페어 생성] 클릭): vmdefence_key
❻ [키 페어 다운로드] 버튼 클릭

그림 5-29 리눅스 인스턴스 생성 (1) 이미지와 인스턴스 정보

**03 인스턴스 생성** 작업 창의 **네트워크 설정** 섹션에서 다음 내용을 설정합니다.

- '네트워크 인터페이스 생성' 선택

**[네트워크]**
- [설정 변경] 클릭
- 선택된 서브넷: snet-defense [eth0]

그림 5-30 리눅스 인스턴스 생성 (2) 네트워크 설정

**04 인스턴스 생성** 작업 창의 **추가 설정** 섹션에서 다음 내용을 설정하고 [인스턴스 생성] 버튼을 클릭합니다.

❶ 사용자 스크립트([설정 변경] 클릭 후): setup_nginx.sh 참고(깃허브 책 리포지토리의 source/5장)
❷ 삭제 보호([설정 변경] 클릭 후): 사용

---

리눅스 사용자 스크립트

```bash
#!/bin/bash
# NGINX 설치
apt-get update
apt-get -y install nginx

# index.html 파일 만들기
fileName=/var/www/html/index.html
echo "Running ZION DEFENSE SYSTEM from host $(hostname)">${fileName}
```

---

그림 5-31 리눅스 인스턴스 생성 (3) 추가 설정

**05 인스턴스 생성 정보** 팝업 창에서 [인스턴스 생성] 버튼을 클릭합니다.

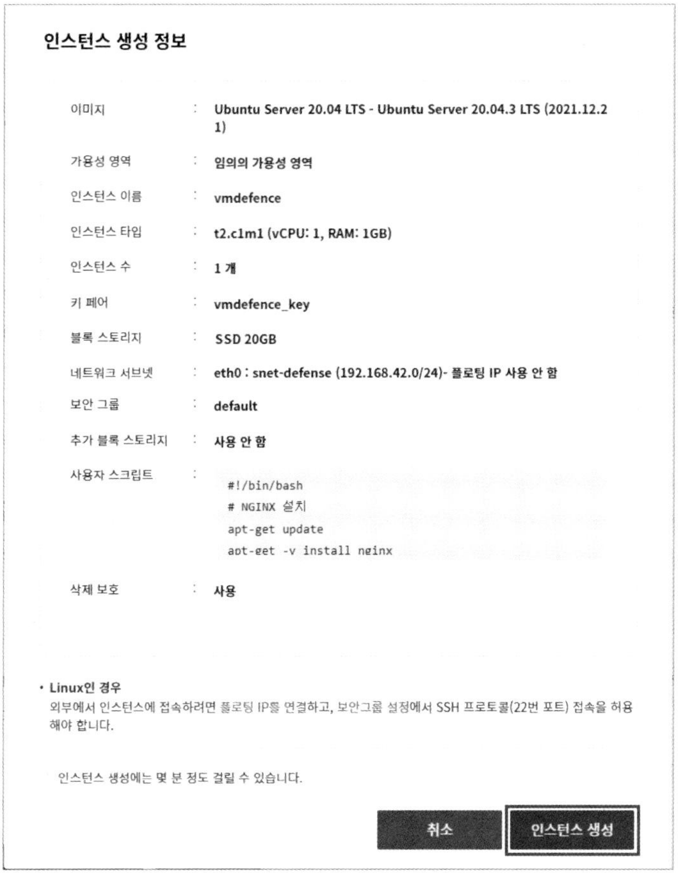

그림 5-32 리눅스 인스턴스 생성 정보 확인

**06 Instance** 작업 창에서 생성된 인스턴스 목록을 확인합니다. 생성된 인스턴스를 선택하고 **기본 정보**와 **접속 정보, 모니터링** 탭의 내용을 확인합니다.

그림 5-33 생성된 인스턴스 정보 확인

## 5.3 인스턴스 관리

NHN Cloud에서 만든 인스턴스 관리는 생성, 운영, 폐기라는 수명 주기 관점에서 살펴볼 수 있습니다. 생성 관점은 앞서 5.2절에서 다뤘습니다. 이번 절에는 인스턴스를 만든 후 운영 및 폐기 관점에서 다루는 작업을 살펴보겠습니다.

인스턴스의 주요 작업은 실행 중 상태와 중지 상태에서 각각 할 수 있는 작업과 실행/중지 상태 여부와 관계없이 할 수 있는 공통 작업으로 나뉩니다.

그림 5-34 실행 중인 인스턴스에서 가능한 작업

## 공통 관리 작업

인스턴스 공통 관리 작업은 [그림 5-34]에 나타낸 5가지 작업인 **이미지 생성, 플로팅 IP 관리, 보안 그룹 변경, 인스턴스 삭제, 삭제 보호 설정 변경**입니다.

### [이미지 생성]
- 퍼블릭 이미지를 기반으로 사용자가 수정한 이미지를 만들 수 있습니다.

### [플로팅 IP 관리]
- 플로팅 IP를 새로 만들거나 기존 플로팅 IP를 인스턴스의 네트워크 인터페이스에 연결할 수 있습니다. 단, 플로팅 IP를 연결하려면 네트워크 인터페이스에 인터넷 게이트웨이가 먼저 연결되어 있어야 합니다.

그림 5-35 플로팅 IP 관리

### [보안 그룹 변경]
- 기존 보안 그룹을 새로 만든 다른 보안 그룹으로 변경할 수 있습니다. [보안 그룹 변경] 버튼이 비활성화된 경우는 네트워크 인터페이스의 **보안** 옵션이 '사용 안 함'으로 설정된 경우입니다.

**그림 5-36** 보안 그룹 변경

**[인스턴스 삭제]**
- 선택한 인스턴스를 삭제합니다. 삭제한 인스턴스는 복구할 수 없기 때문에 중요한 인스턴스는 삭제 보호 설정을 해놔야 합니다.

**[삭제 보호 설정 변경]**
- 인스턴스의 삭제 보호 기능을 해제하거나 설정할 수 있습니다.

**그림 5-37** 삭제 보호 설정 변경

## 인스턴스 이름 변경

[그림 5-38]에 보이는 인스턴스 기본 정보에서 인스턴스 이름은 고유한 값이 아니므로 변경할 수 있습니다. 인스턴스를 고유하게 식별하는 값은 이름 아래의 인스턴스 ID입니다. 인스턴스를 생성하면 인스턴스 이름과 호스트 이름이 동일하지만, 인스턴스 이름을 변경하더라도 호스트 이름에 영향을 주지 않습니다.

그림 5-38 인스턴스 이름 변경

## 실행 상태의 인스턴스 관리 작업

[그림 5-34]의 작업 메뉴 중 **인스턴스 재부팅**과 **인스턴스 중지**는 실행 중인 인스턴스에서만 할 수 있는 작업입니다.

### [인스턴스 재부팅]
- 인스턴스를 다시 시작합니다. '강제 재부팅' 옵션을 제공합니다.

그림 5-39 인스턴스 재부팅

### [인스턴스 중지]
- 실행 중인 인스턴스를 중지합니다. 인스턴스를 중지했더라도 과금됩니다. 인스턴스 중지 시에 적용되는 요금에 관해서는 다음 서비스 가이드의 '인스턴스 중지 시 요금 안내(2018년 8월 1일부터 적용)' 부분으로 확인하세요.
- https://www.nhncloud.com/kr/service/compute/instance

**그림 5-40** 인스턴스 중지

## 중지 상태의 인스턴스 관리 작업

중지된 인스턴스에서만 할 수 있는 주요 작업은 그림에 나타낸 작업 메뉴 중에서 **인스턴스 시작**, **네트워크 서브넷 변경**, **인스턴스 타입 변경**입니다.

**그림 5-41** 중지 상태에서만 가능한 인스턴스 작업

### [인스턴스 시작]

- 인스턴스를 시작합니다. 인스턴스 목록의 **상태** 열에서 회색 원이 녹색으로 변경되면 액세스할 수 있습니다.

### [네트워크 서브넷 변경]

- 하나 이상의 서브넷을 선택할 수 있으며 동일한 VPC의 서브넷뿐만 아니라 다른 VPC의 서브넷 추가 또는 변경이 가능합니다. 서브넷을 추가/제거하는 경우 그에 맞는 네트워크 인터페이스가 자동으로 추가/제거됩니다.

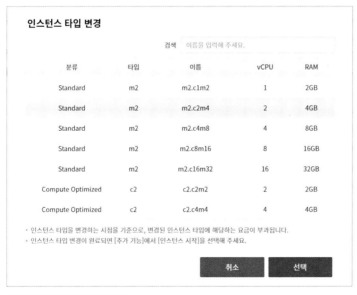

**그림 5-42** 네트워크 서브넷 변경

### [인스턴스 타입 변경]

- 지원하는 타입 범위 내에서 인스턴스의 크기(spec)를 변경합니다. 변경 시점을 기준으로 해당 타입에 대한 요금이 부과됩니다.

**NOTE**_ 가장 저렴한 u2 타입의 인스턴스를 사용 중이라면 다른 인스턴스 타입으로 변경하지 못합니다.

**인스턴스 타입 변경**

검색 [이름을 입력해 주세요.]

| 분류 | 타입 | 이름 | vCPU | RAM |
|---|---|---|---|---|
| Standard | m2 | m2.c1m2 | 1 | 2GB |
| Standard | m2 | m2.c2m4 | 2 | 4GB |
| Standard | m2 | m2.c4m8 | 4 | 8GB |
| Standard | m2 | m2.c8m16 | 8 | 16GB |
| Standard | m2 | m2.c16m32 | 16 | 32GB |
| Compute Optimized | c2 | c2.c2m2 | 2 | 2GB |
| Compute Optimized | c2 | c2.c4m4 | 4 | 4GB |

- 인스턴스 타입을 변경하는 시점을 기준으로, 변경된 인스턴스 타입에 해당하는 요금이 부과됩니다.
- 인스턴스 타입 변경이 완료되면 [추가 기능]에서 [인스턴스 시작]을 선택해 주세요.

[취소] [선택]

**그림 5-43** 인스턴스 타입 변경

## | 실전 연습 14 | Windows 인스턴스 접속하기

앞서 배포한 시온의 통제 서버(Windows Server 2019)는 플로팅 IP를 연결하지 않았기 때문에 인터넷에서 인바운드 연결이 불가능하고 보안 그룹을 사용하지 않아서 외부 액세스에 대한 기본적인 보호가 이뤄지지 않습니다. 이번 실습은 통제 서버의 외부에서 관리 액세스를 구성합니다.

**01** 현재 리전이 '평촌'인지 확인하고 콘솔 왼편의 활성화된 기본 서비스 메뉴에서 **Network**의 **Floating IP**를 선택합니다. 앞서 실전 연습 10에서 만든 플로팅 IP를 **Floating IP** 작업 창에서 선택하고 [연결] 버튼을 클릭합니다.

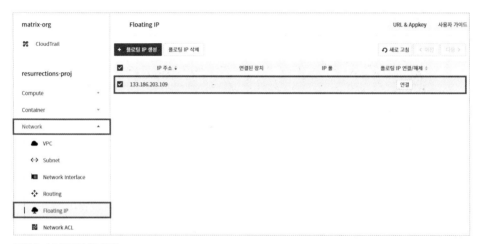

**그림 5-44** 플로팅 IP 관리

**02 플로팅 IP 관리** 창에서 다음 내용을 설정하고 [연결] 버튼을 클릭합니다.

- 네트워크 인터페이스 선택: vmzionmaster

그림 5-45 플로팅 IP 연결

**03 성공** 창이 팝업되면 [확인] 버튼을 클릭한 후 **플로팅 IP 관리** 창에서 [닫기] 버튼을 클릭합니다.

그림 5-46 플로팅 IP 연결 확인

**그림 5-47** 연결된 플로팅 IP 확인

**04** 실전 연습 12의 **10~11**번을 참고해 **접속 정보** 탭에서 'vmzionmaster'의 접속 비밀번호를 복사합니다.

**05** 실전 연습 12의 **12**번을 참고해 **접속 정보** 탭에서 [연결] 버튼을 클릭해 다시 'vmzionmaster. rdp' 파일을 다운로드합니다.

**06** 'vmzionmaster.rdp' 파일을 더블 클릭해 원격 데스크톱을 연결합니다. **사용자 자격 증명 입력** 창에서 앞서 복사한 암호를 붙여 넣고 [확인] 버튼을 클릭합니다.

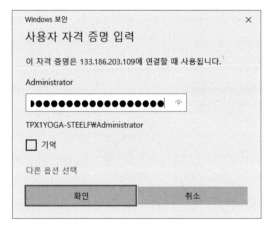

**그림 5-48** 사용자 자격 증명 입력

**07 원격 데스크톱 연결** 창에서 [예(Y)] 버튼을 클릭합니다.

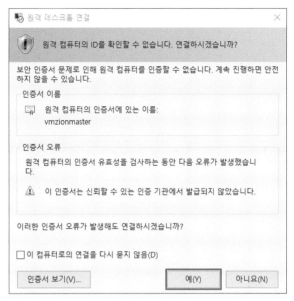

그림 5-49 원격 데스크톱 연결 인증서 확인

**08** 연결에 성공하면 Windows Server 2019의 로그인 프로세스가 끝난 후 원격 데스크톱이 열립니다.

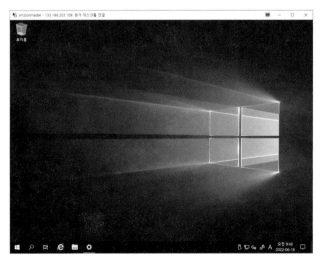

그림 5-50 원격 데스크톱 연결 확인

## | 실전 연습 15 | 리눅스 인스턴스 접속하기

앞서 배포한 시온의 방어 시스템 서버(Ubuntu Server 20.04 LTS)는 플로팅 IP가 없기 때문에 인터넷에서 인바운드 연결이 불가능합니다. 또한 기본 보안 그룹을 사용하지만 외부 SSH 액세스에 대한 연결이 허용되지 않았습니다.

이번 실습은 방어 시스템 서버의 외부에서 관리 액세스를 위한 플로팅 IP와 기본 보안 그룹의 SSH 허용을 구성합니다.

**01** 현재 리전이 '평촌'인지 확인하고 콘솔 왼편의 활성화된 기본 서비스 메뉴에서 **Network**의 하위 **Internet Gateway**를 선택합니다. **Internet Gateway** 작업 창에서 [+ 인터넷 게이트웨이 생성] 버튼을 클릭합니다.

**그림 5-51** 인터넷 게이트웨이 목록

**02 인터넷 게이트웨이 생성** 창에서 다음 내용을 설정하고 [확인] 버튼을 클릭합니다.

- 이름: ig-zion-defense

그림 5-52 인터넷 게이트웨이 생성

**03 성공** 팝업 창이 표시되면 [확인] 버튼을 클릭합니다. **Internet Gateway** 작업 창에서 생성된 인터넷 게이트웨이를 확인합니다.

그림 5-53 생성된 인터넷 게이트웨이 확인

**04** 콘솔 왼편의 활성화된 기본 서비스 메뉴에서 **Network**의 **Routing**을 선택합니다. **Routing** 작업 창에서 **rt-zion-default** 라우팅 테이블을 선택한 다음 [인터넷 게이트웨이 연결] 버튼을 클릭합니다.

그림 5-54 인터넷 게이트웨이를 연결할 라우팅 테이블 선택

**05 인터넷 게이트웨이 연결** 팝업 창에서 다음 내용을 설정한 다음 [확인] 버튼을 클릭합니다.

- 인터넷 게이트웨이: ig-zion-defense

**인터넷 게이트웨이 연결**

인터넷 게이트웨이     ig-zion-defense (d0da3a37-7896-47f6-9265-95ae59b08... ▼)

- 라우팅 테이블에 인터넷 게이트웨이를 연결합니다.
- 다른 라우팅 테이블에 연결된 인터넷 게이트웨이는 연결할 수 없습니다.

취소     확인

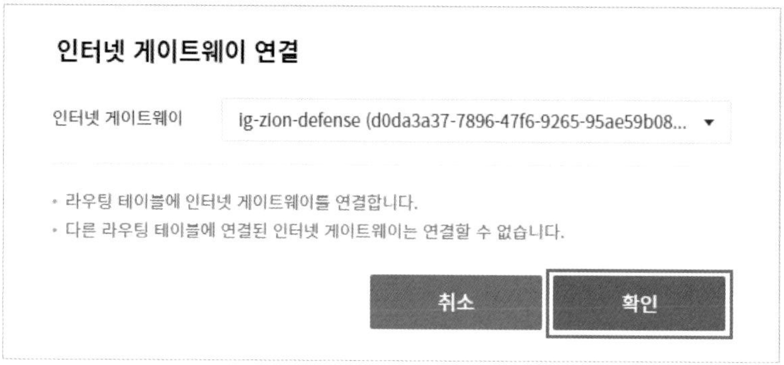

**그림 5-55** 인터넷 게이트웨이 연결

**06 성공** 팝업 창이 표시되면 [확인] 버튼을 클릭합니다. **Routing** 작업 창에서 방금 인터넷 게이트웨이를 연결한 라우팅 테이블을 확인합니다.

**그림 5-56** 인터넷 게이트웨이를 연결한 라우팅 테이블 확인

**07** **Network** 하위의 **Floating IP** 메뉴를 선택합니다. **Floating IP** 작업 창에서 [+ 플로팅 IP 생성] 버튼을 클릭합니다.

그림 5-57 플로팅 IP 목록


**08 플로팅 IP 생성** 창에서 [생성] 버튼을 클릭합니다.

그림 5-58 플로팅 IP 생성


**09 성공** 팝업 창에서 생성된 플로팅 IP 정보를 확인하고 [확인] 버튼을 클릭합니다.

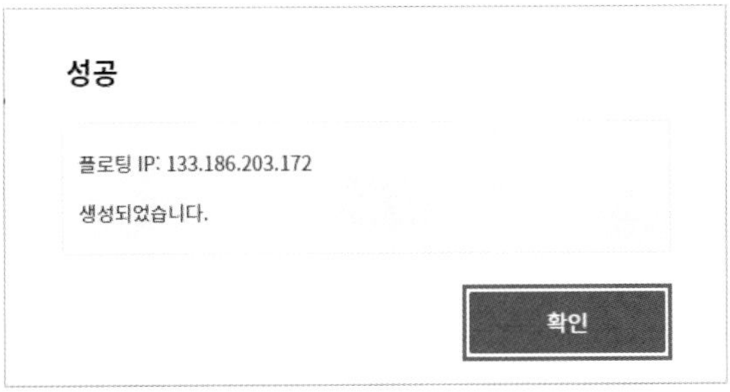

성공

플로팅 IP: 133.186.203.172

생성되었습니다.

확인

그림 5-59 생성된 플로팅 IP 확인

**10** **Floating IP** 작업 창에서 새로 생성된 플로팅 IP를 확인합니다. 방금 생성한 플로팅 IP의 [연결] 버튼을 클릭합니다.

그림 5-60 생성된 플로팅 IP 관리

**11** **플로팅 IP 관리** 창에서 다음 내용을 설정하고 [연결] 버튼을 클릭합니다.

- 네트워크 인터페이스 선택: vmdefence

그림 5-61 플로팅 IP 연결

**12** **성공** 창이 팝업되면 [확인] 버튼을 클릭한 후 **플로팅 IP 관리** 창에서 [닫기] 버튼을 클릭합니다.

**13 Floating IP** 작업 창에서 해당 플로팅 IP와 네트워크 인터페이스가 연결된 것을 확인합니다.

그림 5-62 플로팅 IP 연결 확인

**14** 기본 서비스 메뉴에서 **Network**의 **Security Groups**를 선택합니다. **Security Groups** 작업 창에서 'default' 보안 그룹을 선택합니다.

그림 5-63 default 보안 그룹 선택

**15 default** 보안 그룹 창에서 다음 설정으로 2가지 보안 규칙을 생성합니다.

| 구분 | 보안 규칙 1 | 보안 규칙 2 |
| --- | --- | --- |
| 방향 | 수신 | 수신 |
| IP 프로토콜 | 사용자 정의 TCP | 사용자 정의 TCP |
| 포트 | 80 | 22 |
| 원격 | CIDR, 0.0.0.0/0 | CIDR, 0.0.0.0/0 |
| 설명 | 웹 서비스 접속 허용 | SSH 접속 허용 |

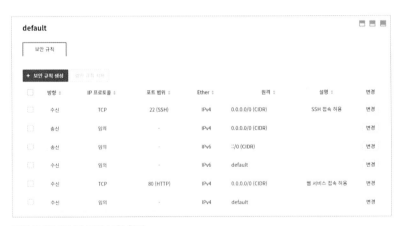

그림 5-64 보안 규칙 생성

**16 default** 보안 그룹 창에서 추가된 보안 규칙을 확인합니다.

그림 5-65 생성된 보안 규칙 확인

**NOTE_** SSH 접속을 위한 원격 소스는 특정 IP 주소나 범위를 제한적으로 적용해야 공격 면적을 줄여 보안을 향상할 수 있습니다. 예를 들어 'ipconfig' 명령으로 관리자의 컴퓨터 IP를 확인했을 때 '210.217.13.99'라면 해당 IP만을 원격 소스로 지정하기 위해 '210.217.13.99/32'와 같은 CIDR 표현으로 입력합니다.

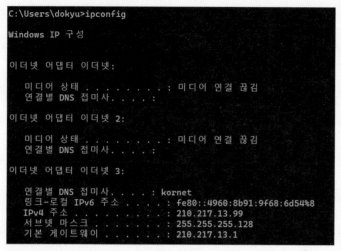

**그림 5-66** Windows 10/11 컴퓨터의 명령 프롬프트에서 IP 확인

**17** 콘솔 왼편의 활성화된 기본 서비스 메뉴에서 **Compute**의 **Instance**를 선택합니다. **Instance** 작업 창에서 'vmdefence'를 선택하고 **접속 정보** 탭을 클릭한 뒤 SSH 접속 명령 구문 우측 [복사] 버튼을 클릭합니다.

**그림 5-67** vmdefence의 SSH 접속 정보 확인

**18** 명령 프롬프트(CMD)또는 Windows PowerShell 명령 창을 실행하고 실전 연습 13에서 다운로드한 'vmdefence_key.pem' 파일이 있는 위치로 이동해 **17**번에서 복사한 SSH 접속 명령 구문을 실행해 Ubuntu 20.04 LTS 버전의 vmdefence에 접속합니다.

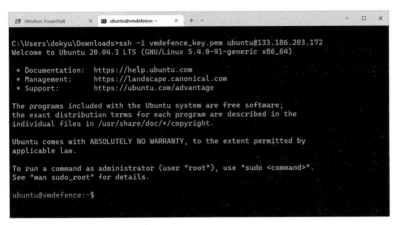

**그림 5-68** vmdefence에 대한 SSH 접속 확인

**19** 로컬 컴퓨터에서 웹 브라우저를 실행하고 앞서 **10**번에서 확인한 플로팅 IP를 주소 줄에 붙여넣어 결과를 확인합니다. 실전 연습 13에서 추가 설정한 스크립트의 실행 결과로 Nginx 웹 서비스가 설치되고 기본 웹 페이지가 구성된 것을 확인할 수 있습니다.

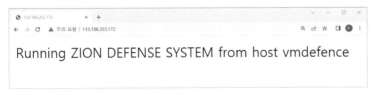

**그림 5-69** vmdefence의 Nginx 웹 서비스 동작 확인

# CHAPTER 6

# NHN Cloud의 스토리지 서비스

**이 장의 내용**

- Block Storage
- Object Storage

NHN Cloud의 인스턴스 서비스가 제공하는 디스크는 NHN Cloud 스토리지 서비스에서 제공하는 블록 스토리지입니다. 이외에도 파일 서버 없이 파일 공유 서비스를 제공하기 위한 NAS, 고객의 데이터를 NHN Cloud로 또는 그 반대로 마이그레이션하는 Data Transporter, 백업, 미디어 등 대용량 비정형 데이터 저장에 적합한 REST API 기반의 오브젝트 스토리지 서비스가 준비되어 있습니다.

NHN Cloud는 고객이 원하는 다양한 유형의 데이터를 저장할 수 있는 서비스를 늘려가고 있습니다. 6장은 가장 빈번하게 사용하는 2가지 스토리지 서비스를 다룹니다.

## 6.1 스토리지 서비스 개요

세상의 모든 데이터는 정형(구조적) 데이터와 반정형(반구조적)데이터, 비정형(비구조적)데이터로 나눌 수 있습니다. 다음 [표 6-1]에서 3가지 데이터 유형을 설명했습니다.

**표 6-1** 데이터 유형

| 데이터 유형 | 설명 | 예 |
|---|---|---|
| 정형 데이터 | 고정된 칼럼에 저장되거나 행과 열에 의해 데이터 속성이 구분되는 데이터를 말합니다. 데이터의 스키마를 관리하는 DBMS와 데이터 저장소가 분리되어 있어 연산이 가능합니다. | RDBMS 테이블, 스프레드시트 |
| 반정형 데이터 | 스키마에 해당하는 메타 데이터가 데이터 내부에 있으며 연산이 불가능합니다. | HTML, XML, JSON, YAML 형식 데이터 |
| 비성형 데이터 | 데이터가 객체로 존재하며 구조화되지 않아서 연산이 불가능합니다. | 문서, 동영상, 이미지 등의 Blob(binary large object) |

NHN Cloud의 스토리지 서비스는 이러한 3가지 유형의 데이터를 저장하고 관리하는 데 필요한 저장소 인프라를 제공합니다. NHN Cloud의 스토리지 서비스를 사용하는 주요 시나리오를 다음과 같이 정리할 수 있습니다.

- 인스턴스(가상 컴퓨터)의 기본 디스크와 추가 디스크
- 비정형 데이터(Blob 데이터)의 저장과 액세스
- 파일 서버를 대체하는 공유 스토리지(NFS v3 프로토콜 지원) 제공
- 백업을 통한 데이터 손실 대비

데이터를 저장하는 스토리지는 안정성과 접근성, 확장성을 고려해야 합니다. 이러한 특성을 반영한 NHN Cloud의 스토리지 서비스의 특징을 5가지로 정리할 수 있습니다.

### 1. 중복성 보장
데이터 센터 내의 스토리지 하드웨어 오류에서 데이터를 안전하게 유지하기 위해 복제본(오브젝트 스토리지의 경우 3개)을 만듭니다. 또한 리전 간의 복제 기능을 통해 데이터 센터 사고나 정전, 자연재해로부터 데이터를 보호할 수 있습니다.

### 2. 보안
스토리지에 저장할 데이터 액세스 권한을 제한하는 접근 정책을 제공하며 수명 주기를 설정해 기간이 만료된 데이터를 자동으로 삭제할 수 있습니다.

### 3. 확장성
대용량 데이터의 저장이나 빈번한 데이터 액세스에 대응할 수 있도록 스토리지 용량과 I/O 성능 요구사항을 만족시킵니다.

### 4. NHN Cloud에서 직접 관리

NHN Cloud의 오랜 인프라 운영 경험을 바탕으로 스토리지 하드웨어의 유지 관리 및 업데이트를 수행하며 문제가 발생할 경우 빠르고 효과적으로 처리합니다.

### 5. 유연한 접근성

NHN Cloud의 다른 서비스 또는 HTTP/HTTPS를 사용하는 애플리케이션에서 오브젝트 스토리지의 데이터에 액세스할 수 있도록 RESTful API를 제공합니다. 따라서 Java와 Python, PHP 등에서 손쉽게 개발할 수 있습니다.

## 6.2 블록 스토리지

블록 스토리지는 인스턴스에 할당하는 가상 디스크용 스토리지입니다. 가상 디스크는 일종의 비정형 파일이므로 블록 스토리지는 결국 Blob 스토리지라고 볼 수 있습니다.

인스턴스의 필수 기본 디스크는 물론 추가로 생성하는 가상 디스크는 모두 블록 스토리지에서 관리할 수 있습니다. 블록 스토리지를 추가로 생성해야 하는 경우는 다음과 같습니다.

- 운영체제가 포함된 기본 디스크와 데이터 저장소를 분리할 경우
- 인스턴스 삭제 전에 기본 디스크의 데이터를 복사할 저장소가 필요한 경우
- 여러 개의 블록 스토리지를 생성해 2TB 이상의 단일 볼륨을 만드는 경우

블록 스토리지를 다룰 때 꼭 기억해야 할 특징이 몇 가지 있습니다.

- 연결된 인스턴스를 삭제해도 추가한 블록 스토리지는 삭제되지 않습니다(기본 디스크에 해당하는 블록 스토리지는 삭제됩니다).
- 추가한 블록 스토리지를 동시에 여러 인스턴스에 연결할 수 없습니다.
- 연결을 끊은 블록 스토리지는 다른 인스턴스에 연결할 수 있습니다.
- 스냅숏을 생성하면 블록 스토리지의 데이터를 직접 복사하지 않고 빠르게 백업하고 필요한 경우 복원할 수 있습니다.
- 추가한 블록 스토리지는 동일한 가용성 영역에 있는 인스턴스에만 연결할 수 있습니다.
- 블록 스토리지의 크기는 10~2000GB 범위에서 지정합니다.

기본 서비스 메뉴에서 **Storage**의 **Block Storage** 메뉴를 선택해 기존 블록 스토리지 목록을 확인하고 관리할 수 있는 인터페이스를 [그림 6-1]에 나타냈습니다.

**그림 6-1** 블록 스토리지 목록 및 관리

> **NOTE_ 블록 스토리지의 과금**
>
> 블록 스토리지의 과금 시점은 생성한 시점이며, 새로 생성한 빈 블록 스토리지의 크기나 기존 스냅숏으로 생성
> 하는 블록 스토리지의 크기에 따라 요금이 청구됩니다.

## 6.2.1 블록 스토리지 생성

생성하는 블록 스토리지는 2가지 타입으로 '빈 블록 스토리지'와 '기존 블록 스토리지의 스냅숏'
이 있습니다. 타입별로 인스턴스에서 사용하기 위한 사전 준비 단계에 차이가 있습니다.

### 빈 블록 스토리지

블록 스토리지를 만들고 인스턴스 연결 후 파티션, 포맷, 마운트 작업을 직접 수행해야 사용할
수 있습니다.

### 기존 블록 스토리지의 스냅숏

인스턴스 연결 상태에서 스냅숏을 만들 수 있지만 데이터의 정합성과 일관성, 안정성을 보장하
기 위해 인스턴스에서 연결을 해제하고 스냅숏을 만듭니다. 인스턴스에서 연결을 해제하기 전
에 Windows는 디스크 관리 도구에서 '꺼내기' 작업을, 리눅스에서는 '마운트 해제' 작업을 먼
저 수행합니다. 스냅숏은 인스턴스 연결 후 바로 사용할 수 있습니다.

## 빈 블록 스토리지와 스냅숏 생성

빈 블록 스토리지는 [+ 블록 스토리지 생성] 버튼(그림 6-1 참고)을 클릭하면 나타나는 [그림 6-2]의 **블록 스토리지 생성** 화면에서 필요한 정보를 입력해 만들 수 있습니다.

그림 6-2 빈 블록 스토리지 생성

### ❶ 블록 스토리지 이름
- 255자 이내로 목적을 잘 설명하는 일관성 있는 이름을 부여합니다.

### ❷ 설명
- 추가하는 블록 스토리지의 목적을 기술합니다.

### ❸ 블록 스토리지 크기(GB)
- 슬라이더를 조정하거나 직접 숫자를 입력해 지정합니다. 10GB 단위로 입력할 수 있습니다.

### ❹ 블록 스토리지 타입
- I/O 성능이 중요한 경우 SSD를, 그 외 일반적으로는 HDD를 선택합니다.

### ❺ 가용성 영역
- 블록 스토리지를 연결하는 인스턴스와 동일한 가용성 영역을 선택합니다.

스냅숏 스토리지는 기존 블록 스토리지를 선택한 후 활성화되는 [스냅숏 생성] 버튼(그림 6-1 참고)을 클릭하면 나타나는 [그림 6-3]의 **스냅숏 생성** 화면에서 필요한 정보를 입력해 만들 수 있습니다.

스냅숏 생성

❶ 스냅숏 이름

❶ 255자 이내로 작성해주세요.

❷ 설명

☐ 구동 중인 인스턴스에 연결되어 있는 블록 스토리지의 스냅숏 생성
은 파일 시스템 무결성을 보장하지 않습니다.
진행하려면 체크 박스를 선택해주세요.

• 스냅숏은 블록 스토리지의 특정 시점에 대한 읽기 전용 복사본입니다. 기존 블록 스토리지로부
터 새로운 스냅숏을 생성할 수 있으며, 이렇게 생성된 스냅숏을 이용하여 새로운 블록 스토리지
를 만들 수도 있습니다.

취소       확인

그림 6-3 스냅숏 생성

### ❶ 스냅숏 이름

• 255자 이내로 목적을 잘 설명하는 일관성 있는 이름을 부여합니다.

### ❷ 설명

• 추가하는 스냅숏 블록 스토리지의 목적을 기술합니다.

• '구동 중인~진행하려면 체크 박스를 선택해주세요.' 체크 상자를 선택해야 [확인] 버튼이 활성화됩니다.

생성한 스냅숏은 **Snapshot** 화면에서 확인할 수 있습니다. 스냅숏은 읽기 전용이므로 인스턴
스에 바로 연결해 사용할 수 없습니다.

그림 6-4 블록 스토리지 스냅숏 확인

원하는 스냅숏을 선택하고 [+ 스냅숏에서 블록 스토리지 생성] 버튼을 클릭하면 [그림 6-5]의
**스냅숏에서 블록 스토리지 생성** 화면이 나타납니다. 크기는 스냅숏의 크기 이상으로 10GB 단위로
설정할 수 있고 블록 스토리지 타입과 가용성 영역을 변경할 수도 있습니다.

**스냅숏에서 블록 스토리지 생성**

| | |
|---|---|
| 스냅숏 소스 | blkst_ref_snapshot (30GB) |
| 블록 스토리지 타입 | HDD |
| 가용성 영역 | kr2-pub-b |
| 블록 스토리지 이름 | blkst_ref_snapshot |
| 설명 | |
| 크기 | ○  30 GB |

30  2000

ⓘ 선택한 스냅숏의 최소 블록 스토리지 크기인 30GB보다 큰 값을 입력해야 하며 최대 2000GB까지 지정할 수 있습니다.

추가 설정  블록 스토리지의 타입과 가용성 영역을 변경할 수 있습니다.
설정 변경 시 블록 스토리지 생성 시간이 오래 소요될 수 있습니다. 닫기 ∧

블록 스토리지 타입  ● HDD  ○ SSD
가용성 영역  kr2-pub-b ▼

취소  확인

그림 6-5 스냅숏에서 블록 스토리지 만들기

**NOTE_ 스냅숏 삭제**

스냅숏으로 블록 스토리지를 만들었다면 스냅숏은 자유롭게 삭제할 수 있지만, 스냅숏이 만들어진 원본 블록 스토리지를 삭제하려면 해당 스냅숏을 먼저 삭제해야 합니다. 그렇지 않은 경우 [그림 6–6]과 같은 에러 화면을 표시합니다.

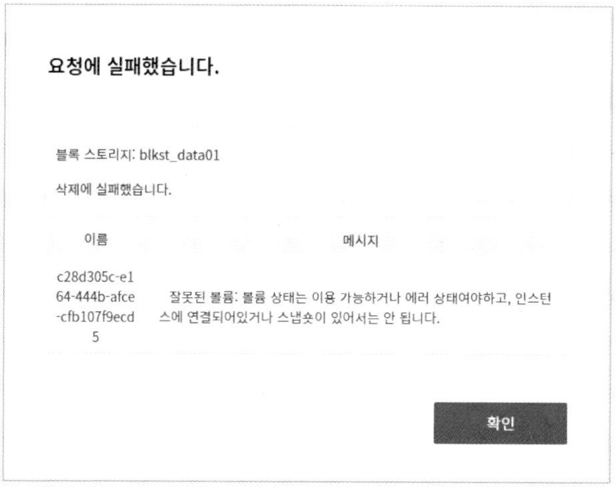

**요청에 실패했습니다.**

블록 스토리지: blkst_data01

삭제에 실패했습니다.

| 이름 | 메시지 |
|---|---|
| c28d305c-e1 64-444b-afce -cfb107f9ecd 5 | 잘못된 볼륨: 볼륨 상태는 이용 가능하거나 에러 상태여야하고, 인스턴스에 연결되어있거나 스냅숏이 있어서는 안 됩니다. |

확인

그림 6-6 스냅숏이 있는 원본 블록 스토리지 삭제 실패

## | 실전 연습 16 | 빈 블록 스토리지 만들기

이번 실습은 시온의 통제 서버와 방어 시스템에 추가할 데이터 디스크용 빈 블록 스토리지를 생성합니다.

**01** 현재 리전이 '평촌'인지 확인하고 콘솔 왼편의 활성화된 기본 서비스 메뉴에서 **Storage**의 **Block Storage**를 선택합니다. **Block Storage**의 **관리** 작업 창에서 [+ 블록 스토리지 생성] 버튼을 클릭합니다.

**02 블록 스토리지 생성** 창에서 다음 내용을 설정한 후 [확인] 버튼을 클릭합니다.

➊ 블록 스토리지 이름: blkst_data01

➋ 설명: 실세계와 메타버스를 연결하는 첨단 기술 데이터 레시피

➌ 블록 스토리지 크기: 30GB

➍ 블록 스토리지 타입: HDD

➎ 가용성 영역: 5장 실전 연습에서 배포한 vmzionmaster와 동일한 가용성 영역을 지정합니다.

그림 6-7 빈 블록 스토리지 생성

**03** **02**번과 동일한 방식으로 시온의 방어 시스템에 추가할 데이터 디스크용 블록 스토리지를 만듭니다. 다음 내용으로 설정합니다.

- 블록 스토리지 이름: blkst_data02
- 설명: 시온의 보안 시스템이 분석한 Matrix 취약점 보고서 저장
- 블록 스토리지 크기: 20GB
- 블록 스토리지 타입: SSD
- 가용성 영역: 5장 실전 연습에서 배포한 vmdefence와 동일한 가용성 영역을 지정합니다.

**04** **Block Storage**의 **관리** 작업 창에서 조금 전에 만든 블록 스토리지를 선택해 기본 정보를 확인합니다.

**그림 6-8** 새로 만든 블록 스토리지 정보 확인

## 6.2.2 블록 스토리지 관리

블록 스토리지 관리 작업은 기본 정보 관리와 연결 관리(연결과 연결 해제), 블록 스토리지 복제라는 3가지 영역으로 나눌 수 있습니다.

[그림 6-9]는 블록 스토리지를 선택할 때 확인할 수 있는 기본 정보를 나타냈습니다. 변경 가능한 정보는 이름뿐이며, 블록 스토리지의 고유성은 고유 ID로 식별할 수 있습니다.

그림 6-9 블록 스토리지의 기본 정보

### 블록 스토리지 연결 관리

블록 스토리지의 연결과 연결 해제는 [연결 관리] 버튼을 클릭하면 나타나는 **블록 스토리지 연결 관리** 창에서 작업합니다. 선택한 블록 스토리지가 인스턴스와 연결되지 않았을 때는 [그림 6-10]과 같은 연결 인터페이스를 제공합니다.

그림 6-10 블록 스토리지 연결

- 인스턴스에 연결: 블록 스토리지와 동일한 가용성 영역의 인스턴스 목록을 확인하고 선택합니다.

인스턴스에 연결된 블록 스토리지를 선택한 경우는 **블록 스토리지 연결 관리** 창이 [그림 6-11]과 같은 연결 해제 인터페이스를 제공합니다.

**그림 6-11** 블록 스토리지 연결 해제

인스턴스의 기본 디스크는 연결을 해제할 수 없습니다. 연결 해제를 시도하면 [그림 6-12]의 연결 해제 실패 메시지가 나타납니다.

**그림 6-12** 블록 스토리지 연결 해제 실패

더 이상 사용하지 않는 블록 스토리지는 삭제하여 비용을 절약할 수 있습니다. 삭제한다면 먼저 인스턴스와의 연결을 해제해야 합니다. 기본 디스크에 해당하는 블록 스토리지는 연결을 해제할 수 없기 때문에 단독 삭제 역시 불가능합니다. [그림 6-13]은 연결이 해제된 블록 스토리지의 삭제 인터페이스를 나타냈습니다.

**그림 6-13** 블록 스토리지 삭제

## 블록 스토리지 복제

특정 블록 스토리지의 데이터를 다른 리전의 인스턴스로 복사할 때 가장 빠른 방법은 복제를 이용하는 것입니다. 다른 리전으로의 복제만 가능하며 복제 동작은 1회성이므로 특정 시점의 데이터를 다른 리전에 백업해 놓는 작업이라고 볼 수도 있습니다. 블록 스토리지를 복제하기 전 다음 2가지 지침을 확인하기 바랍니다.

1. 데이터의 정합성과 안정성을 위해 인스턴스를 종료하거나 연결 해제해야 합니다.
2. 대상 블록 스토리지 내 최소 100KB 여유 공간을 확보해야 합니다.

복제를 요청하는 경우 [그림 6-14]에 보이는 화면의 주요 항목을 설정합니다. 다른 리전과 블록 스토리지 이름, 설명, 블록 스토리지 타입, 가용성 영역을 지정할 수 있습니다.

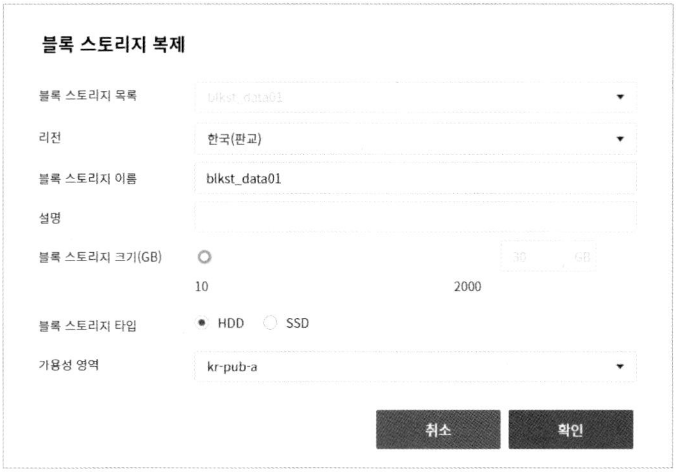

그림 6-14 블록 스토리지 복제 설정

복제 상태와 성공 여부는 [그림 6-15]에 보이는 **복제 현황** 메뉴에서 확인할 수 있습니다. **기본 정보** 화면에서 원본 블록 스토리지 이름을 확인할 수 있고 상태 필드에서 복제 성공 여부를 확인할 수 있습니다.

그림 6-15 복제 현황 확인

다른 리전에 복제된 블록 스토리지는 해당 리전으로 변경한 후 **Block Storage**의 **관리** 화면에서 확인하고 관리할 수 있습니다.

## | 실전 연습 17 | 블록 스토리지 연결하기

이번 실습은 앞서 만든 블록 스토리지를 각각 통제 서버와 방어 시스템 서버에 연결하여 사용합니다.

**01** 활성화된 기본 서비스 메뉴에서 **Storage**의 **Block Storage** 메뉴를 선택한 후 **관리** 작업 창의 블록 스토리지 목록에서 'blkst_data01'을 선택합니다.

**02** 선택한 블록 스토리지에서 마우스 오른쪽 버튼을 클릭해 **연결 관리** 메뉴를 클릭하거나 상단의 [연결 관리] 버튼을 클릭합니다.

그림 6-16 연결할 블록 스토리지 선택

**03 블록 스토리지 연결 관리** 창에서 연결할 인스턴스를 지정하고 [연결] 버튼을 클릭합니다.

- 인스턴스에 연결: vmzionmaster

그림 6-17 인스턴스에 블록 스토리지 연결

**04** 03번과 동일한 방식으로 'blkst_data02'를 방어 시스템 서버인 'vmdefence'에 연결합니다.

**05** **Block Storage**의 **관리** 작업 창에서 연결된 2개의 블록 스토리지의 연결 정보를 확인합니다.

| | 이름 | 설명 | 크기 | 상태 | 타입 | 연결 정보 | 가용성 영역 |
|---|---|---|---|---|---|---|---|
| ☐ | 25a62185-7192-44d2-a703-b532f80622e8 | | 50 GB | ● | HDD | vmzionmaster의 /dev/vda | kr2-pub-a |
| ☐ | 70c70b90-8b52-40a3-ab86-a571d251bb64 | | 20 GB | ● | HDD | vmdefence의 /dev/vda | kr2-pub-b |
| ☑ | blkst_data01 | 실세계와 메타버스를 연결... | 30 GB | ● | HDD | vmzionmaster의 /dev/vdb | kr2-pub-a |
| ☑ | blkst_data02 | 시온의 보안 시스템이 분석... | 20 GB | ● | SSD | vmdefence의 /dev/vdb | kr2-pub-b |

그림 6-18 연결된 블록 스토리지 확인

**06** 실전 연습 14를 참고해 'vmzionmaster'에 원격 데스크톱으로 연결합니다.

**07** 작업 표시줄의 [검색] 아이콘을 클릭하고 'powershell'을 입력합니다. 검색 결과에서 **Windows PowerShell ISE**의 마우스 오른쪽 버튼을 클릭한 다음 **관리자 권한으로 실행**을 선택합니다.

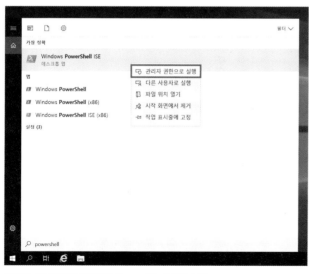

그림 6-19 관리자 권한으로 PowerShell ISE 실행

**08** **PowerShell ISE**의 **파일** 메뉴에서 **새로 만들기**를 클릭하거나 [새 스크립트] 아이콘을 선택해
스크립트 창을 표시합니다.

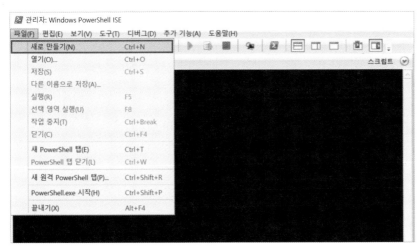

**그림 6-20** PowerShell ISE의 스크립트 편집 창 열기

**09** 스크립트 창에 다음 코드를 입력합니다. 입력한 코드를 모두 선택하고 **PowerShell ISE** 툴
바의 [선택 영역 실행] 아이콘을 클릭하거나 단축키 [F8]을 눌러 실행합니다.

- 사용자 스크립트: setup_disk4windows.ps1 참고(깃허브 책 리포지토리의 source/6장)

```
#setup-disk4windows.ps1
#새로운 디스크 확인 및 초기화
Get-Disk ¦ Where-Object PartitionStyle -EQ 'RAW' ¦ Initialize-Disk
#파티션 작업 및 드라이브 문자 할당
New-Partition -DiskNumber 1 -UseMaximumSize -DriveLetter X
#포맷 작업
Format-Volume -DriveLetter X -FileSystem NTFS -NewFileSystemLabel ziondata
-Confirm:$false
```

**그림 6-21** PowerShell 스크립트 실행

**10** 파일 탐색기에서 새로운 X 드라이브가 추가된 것을 확인하고 간단한 텍스트 파일을 만듭니다. 샘플 데이터로 파란 약과 빨간 약의 레시피, 함선 운용 계획 파일을 만들었습니다.

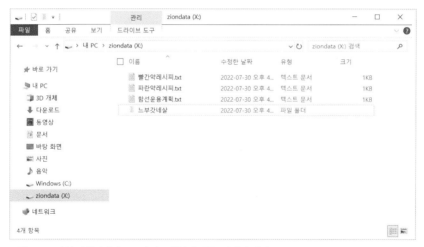

**그림 6-22** 파일 탐색기에서 X 드라이브 확인 후 샘플 데이터 생성

**11** 실전 연습 15를 참고해 'vmdefence'에 SSH로 연결합니다.

**12** 빈 블록 스토리지를 리눅스(여기서는 Ubuntu)에서 새 디스크로 사용하기 위해 설정하는 작업은 root 권한이 필요합니다. 따라서 SSH로 연결된 셸에서 다음 명령을 실행해 root 권한을 얻습니다.

```
ubuntu@vmdefence:~$ sudo su
```

**13** 다음의 셸 스크립트 내용을 모두 복사해 root 권한을 얻은 셸 디미널에 붙여 넣고 실행합니다.

- 사용자 스크립트: setup_disk4linux.sh 참고(깃허브 책 리포지토리의 source/6장)

```
#!/bin/bash

#등록된 디스크 목록 확인
DEVICES=(`lsblk -s -d -o name,type | grep disk | awk '{print $1}'`)

for DEVICE_NAME in ${DEVICES[@]}
do
    MOUNT_DIR=/mnt/$DEVICE_NAME
    FS_TYPE=ext4

    #마운트 대상 디렉터리 생성
    mkdir -p $MOUNT_DIR

    #빈 디스크 장치에 파티션 생성
    echo -e "n\np\n1\n\n\nw" | fdisk /dev/$DEVICE_NAME
    PART_NAME="/dev/${DEVICE_NAME}1"

    #파티션 포맷
    mkfs -t $FS_TYPE $PART_NAME > /dev/null

    #/etc/fstab 파일에 마운트할 디스크 추가
    UUID=`blkid $PART_NAME -o export | grep "^UUID=" | cut -d'=' -f 2`
    echo "UUID=$UUID $MOUNT_DIR $FS_TYPE defaults,nodev,noatime,nofail 1 2" >> /
etc/fstab

    #/etc/fstab에 등록된 모든 디스크 마운트
    mount -a
done
```

```
ubuntu@vmdefence:~$ sudo su
root@vmdefence:/home/ubuntu# DEVICES=(`lsblk -s -d -o name,type | grep disk | awk '{print $1}'`)
ME in ${DEVICES[@]}
do
    MOUNT_DIR=/mnt/$DEVICE_NAME
    FS_TYPE=ext4

    mkdir -p $MOUNT_DIR

    echo -e "root@vmdefence:/home/ubuntu#
root@vmdefence:/home/ubuntu# for DEVICE_NAME in ${DEVICES[@]}
> do
>     MOUNT_DIR=/mnt/$DEVICE_NAME
>     FS_TYPE=ext4
>
>     mkdir -p $MOUNT_DIR
>
>     echo -e "n\np\n1\n\n\nw" | fdisk /dev/$DEVICE_NAME
>     PART_NAME="/dev/${DEVICE_NAME}1"
>     mkfs -t $FS_TYPE $PART_NAME > /dev/null
>
>     UUID=`blkid $PART_NAME -o export | grep "^UUID=" | cut -d'=' -f 2`
>     echo "UUID=$UUID $MOUNT_DIR $FS_TYPE defaults,nodev,noatime,nofail 1 2" >> /etc/fstab
>
>     mount -a
> done
Welcome to fdisk (util-linux 2.34).
Changes will remain in memory only, until you decide to write them.
Be careful before using the write command.

Device does not contain a recognized partition table.
Created a new DOS disklabel with disk identifier 0x512ffc45.

Command (m for help): Partition type
   p   primary (0 primary, 0 extended, 4 free)
   e   extended (container for logical partitions)
Select (default p): Partition number (1-4, default 1): First sector (2048-41943039, default 2048): Last sector,
+/-sectors or +/-size{K,M,G,T,P} (2048-41943039, default 41943039):
Created a new partition 1 of type 'Linux' and of size 20 GiB.

Command (m for help): The partition table has been altered.
Calling ioctl() to re-read partition table.
Syncing disks.

mke2fs 1.45.5 (07-Jan-2020)
```

그림 6-23 새 디스크 추가를 위한 bash 스크립트 실행

**14** exit 명령을 입력해 root 권한을 종료하고 df -h 명령으로 마운트 상태를 확인합니다.

```
root@vmdefence:/home/ubuntu# exit
exit
ubuntu@vmdefence:~$ df -h
Filesystem      Size  Used Avail Use% Mounted on
udev            462M     0  462M   0% /dev
tmpfs            99M   12M   87M  12% /run
/dev/vda1        20G  2.6G   17G  14% /
tmpfs           491M     0  491M   0% /dev/shm
tmpfs           5.0M     0  5.0M   0% /run/lock
tmpfs           491M     0  491M   0% /sys/fs/cgroup
tmpfs            99M     0   99M   0% /run/user/1000
/dev/vdb1        20G   45M   19G   1% /mnt/vdb
ubuntu@vmdefence:~$
```

그림 6-24 디스크 마운트 확인

**15** 마운트된 디렉터리(여기서는 /mnt/vdb)로 이동해 샘플 파일을 만들고 파일 목록을 확인합니다.

```
ubuntu@vmdefence:~$ cd /mnt/vdb/
ubuntu@vmdefence:/mnt/vdb$ sudo touch 20220729_scan_matrix.txt
ubuntu@vmdefence:/mnt/vdb$ ls -al
total 24
drwxr-xr-x 3 root root  4096 Jul 30 18:09 .
drwxr-xr-x 4 root root  4096 Jul 30 17:28 ..
-rw-r--r-- 1 root root     0 Jul 30 18:09 20220729_scan_matrix.txt
drwx------ 2 root root 16384 Jul 30 17:28 lost+found
ubuntu@vmdefence:/mnt/vdb$ |
```

그림 6-25 마운트한 디스크에서 파일 만들기

## 6.3 오브젝트 스토리지

오브젝트 스토리지는 대용량의 비정형 데이터를 저장하기 위한 객체 저장소 서비스이며, AWS S3 인터페이스도 지원합니다. 이 스토리지에 저장하는 데이터를 보통 Blob$^{binary\ large\ object}$이라고 합니다.

오브젝트 스토리지의 구성요소 관계를 [그림 6-26]에 나타냈습니다. 오브젝트 스토리지에 폴더라는 개념은 없습니다. 폴더는 사용 편의를 위한 가상의 단위이기 때문에 파일이나 폴더는 모두 평면적으로 동일한 수준입니다. [그림 6-26]으로 예를 들면 'web/images/logo.jpg' 경로에서 컨테이너의 이름은 'web', 오브젝트 이름은 'images/logo.jpg'입니다.

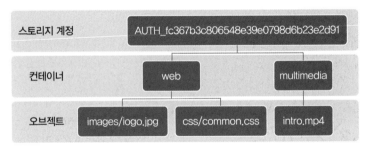

그림 6-26 오브젝트 스토리지의 구성요소 관계

최상위의 스토리지 계정은 오브젝트 스토리지의 격리 단위이고 자동으로 부여되며 'AUTH_' 접두어 다음에 32바이트 코드가 부여되는 형식입니다. 그 다음 수준인 컨테이너(AWS에서는 버킷)는 접근 권한 설정의 단위가 되며 직접적으로 오브젝트를 포함하거나 하위에 선택적으로 폴더를 만들어 개체(blob)의 유형이나 특성, 목적 등에 따라 분류할 수 있습니다. 컨테이너 내에 다시 컨테이너를 만들 수는 없습니다.

오브젝트 스토리지는 기본 인프라 서비스의 스토리지 서비스에 포함되지 않은 별도의 서비스이므로 **서비스 선택** 메뉴의 **Storage** 범주에서 **Object Storage**를 활성화해야 합니다.

## 6.3.1 컨테이너 생성과 관리

객체를 저장하려면 제일 먼저 만들어야 하는 리소스가 컨테이너입니다. 컨테이너는 [그림 6-27]의 **컨테이너 생성** 화면에서 필요한 정보를 입력해 만들 수 있습니다.

❶ **이름**
- 특수문자와 공백을 제외하고 영문 256자, 한글 85자 내에서 조직의 명명 전략에 따라 적절한 이름을 입력합니다.

❷ **접근 정책**
- PRIVATE: 프로젝트의 NHN Cloud 멤버나 IAM 멤버에 대해 생성한 토큰으로 객체에 액세스할 수 있습니다.
- PUBLIC: 컨테이너와 객체 수준에서 제공하는 공개 URL을 통해 익명으로 액세스할 수 있습니다.

❸ **스토리지 클래스**
- 현재는 Standard라는 기본 클래스만 제공합니다.

**객체 잠금 설정** 섹션과 **암호화 설정**은 선택 사항입니다. 전자는 1~36500 사이의 값을 넣어 해당 기간 동안 객체의 삭제를 방지할 수 있으며, 후자는 사용자가 Secure Key Manager 서비스(이 책에서는 다루지 않습니다)를 통해 만든 대칭 키 ID를 입력해 객체를 자동으로 암호화할 수 있는 옵션입니다.

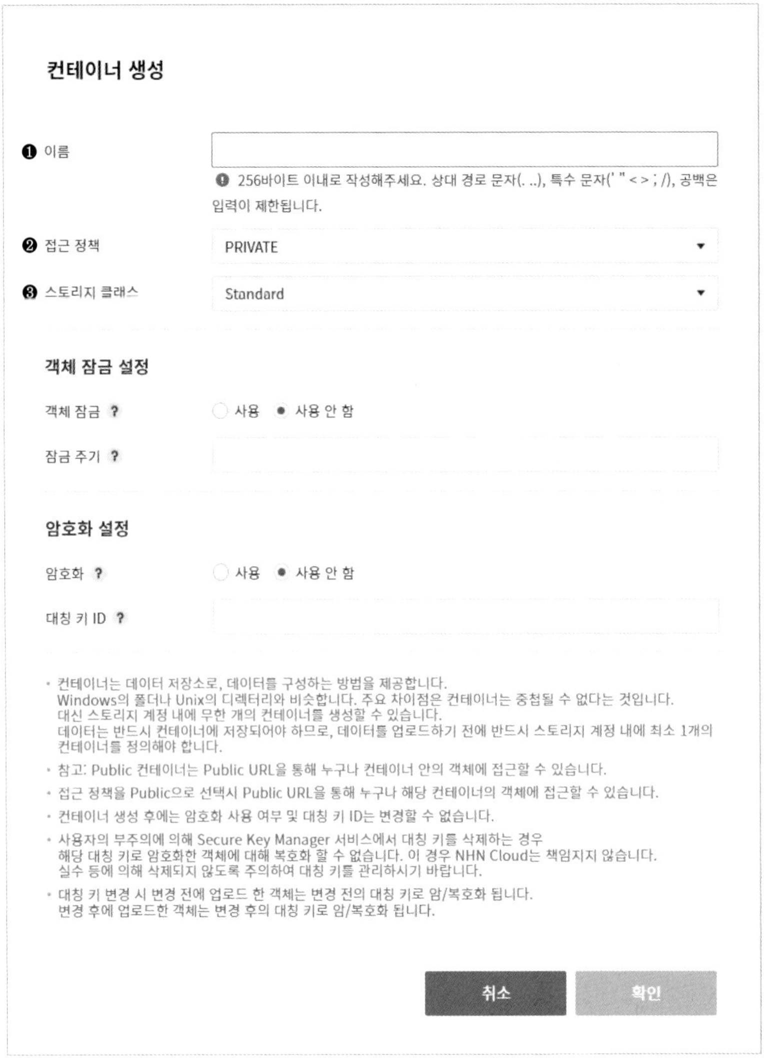

컨테이너 생성

❶ 이름

> ❶ 256바이트 이내로 작성해주세요. 상대 경로 문자(. ..), 특수 문자(' " < > ; /), 공백은 입력이 제한됩니다.

❷ 접근 정책    PRIVATE ▾

❸ 스토리지 클래스    Standard ▾

**객체 잠금 설정**

객체 잠금 ?    ○ 사용  ● 사용 안 함

잠금 주기 ?

**암호화 설정**

암호화 ?    ○ 사용  ● 사용 안 함

대칭 키 ID ?

- 컨테이너는 데이터 저장소로, 데이터를 구성하는 방법을 제공합니다.
  Windows의 폴더나 Unix의 디렉터리와 비슷합니다. 주요 차이점은 컨테이너는 중첩될 수 없다는 것입니다.
  대신 스토리지 계정 내에 무한 개의 컨테이너를 생성할 수 있습니다.
  데이터는 반드시 컨테이너에 저장되어야 하므로, 데이터를 업로드하기 전에 반드시 스토리지 계정 내에 최소 1개의
  컨테이너를 정의해야 합니다.
- 참고: Public 컨테이너는 Public URL을 통해 누구나 컨테이너 안의 객체에 접근할 수 있습니다.
- 접근 정책을 Public으로 선택시 Public URL을 통해 누구나 해당 컨테이너의 객체에 접근할 수 있습니다.
- 컨테이너 생성 후에는 암호화 사용 여부 및 대칭 키 ID는 변경할 수 없습니다.
- 사용자의 부주의에 의해 Secure Key Manager 서비스에서 대칭 키를 삭제하는 경우
  해당 대칭 키로 암호화한 객체에 대해 복호화 할 수 없습니다. 이 경우 NHN Cloud는 책임지지 않습니다.
  실수 등에 의해 삭제되지 않도록 주의하여 대칭 키를 관리하시기 바랍니다.
- 대칭 키 변경 시 변경 전에 업로드 한 객체는 변경 전의 대칭 키로 암/복호화 됩니다.
  변경 후에 업로드한 객체는 변경 후의 대칭 키로 암/복호화 됩니다.

[취소]    [확인]

그림 6-27 컨테이너 생성

기본 필수 정보는 ❶이름과 ❷접근 정책, ❸스토리지 클래스입니다.

컨테이너를 만들면 [그림 6-28]의 **Object Storage** 화면에서 컨테이너 목록을 제공하고 세부 정보 확인 및 관리 기능을 제공합니다.

**그림 6-28** 컨테이너 관리

### ❶ 컨테이너 삭제

- [컨테이너 삭제] 버튼을 눌러 하나 이상의 컨테이너를 삭제할 수 있습니다. 단 비어 있는 컨테이너만 삭제가 가능합니다.

### ❷ 컨테이너 정보 확인

- 해당 컨테이너를 선택하면 컨테이너 이름부터 암호화 사용 여부까지 자세한 정보를 확인할 수 있습니다.

### ❸ 접근 정책 및 정적 웹 사이트 설정 변경

- 기존 컨테이너의 기본 정보를 변경할 수 있는 3가지 섹션을 제공합니다.

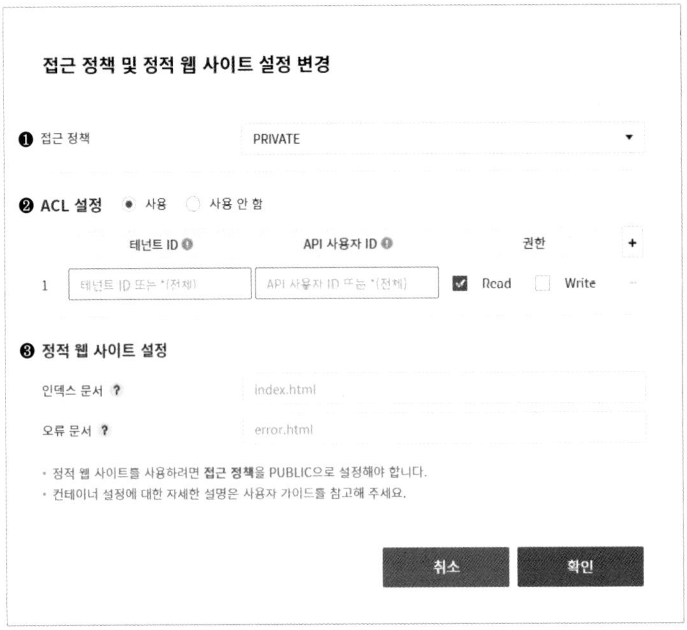

**접근 정책 및 정적 웹 사이트 설정 변경**

❶ 접근 정책          PRIVATE ▼

❷ ACL 설정   ● 사용   ○ 사용 안 함

|   | 테넌트 ID ❶ | API 사용자 ID ❶ | 권한 | + |
|---|---|---|---|---|
| 1 | 테넌트 ID 또는 *(전체) | API 사용자 ID 또는 *(전체) | ☑ Read   □ Write | — |

❸ 정적 웹 사이트 설정

인덱스 문서 ?          index.html

오류 문서 ?          error.html

· 정적 웹 사이트를 사용하려면 **접근 정책**을 PUBLIC으로 설정해야 합니다.
· 컨테이너 설정에 대한 자세한 설명은 사용자 가이드를 참고해 주세요.

[ 취소 ]   [ 확인 ]

그림 6-29 접근 정책 및 정적 웹 사이트 설정 변경

❶ **접근 정책**
- 기존 접근 정책을 PRIVATE나 PUBLIC으로 다시 변경할 수 있습니다.

❷ **ACL 설정**
- 액세스 제어 목록을 사용할지 여부를 선택합니다. 테넌트 ID와 API 사용자 ID를 통해 특정 프로젝트 단위로 사용자 액세스를 제어하거나 프로젝트와 상관없이 사용자 액세스를 제어할 수 있습니다.

❸ **정적 웹 사이트 설정**
- 접근 정책이 PUBLIC인 경우 컨테이너에서 정적 웹사이트를 호스팅할 수 있습니다. 정적 웹사이트를 호스팅하는 경우 확장자가 html인 인덱스 문서와 오류 문서를 지정합니다.
  - 인덱스 문서: 홈페이지 또는 기본 페이지로 사용할 html 파일을 지정합니다. 특정 폴더에 있는 경우 폴더를 포함한 경로를 입력합니다.
  - 오류 문서: 오류가 발생하면 리디렉션할 오류 문서로 사용할 html 파일을 지정합니다. 폴더 경로는 포함할 수 없으며, 기본 오류 문서와 {응답 코드}{접미사}.html 형식으로 특정 오류를 반영한 오류 문서를 지정할 수 있습니다. 기본 오류 문서가 error.html이라면 503 오류에 대한 문서는 503error.html이 됩니다.

**그림 6-30** 수명 주기 및 버전 관리 설정 변경

**❶ 수명 주기 및 버전 관리**

- 현재 수명 주기와 버전 관리 설정을 확인하고 [수명 주기 및 버전 관리 설정 변경] 버튼을 클릭하면 수명 주기와 오브젝트 버전 관리를 설정할 수 있는 2가지 섹션을 제공합니다.

**❷ 수명 주기 설정**

- 오브젝트 수명 주기: 1~36500 범위 사이에서 일 단위로 변경할 수 있고 공백을 입력하면 수명 주기가 해제됩니다.

**❸ 오브젝트 버전 관리 설정**

- 오브젝트 버전 관리 정책: 사용 여부를 결정합니다. 사용하는 경우 다음 2가지를 설정합니다.

  − 아카이브 컨테이너: 오브젝트를 보관할 컨테이너 이름을 설정합니다. 이름은 특수문자를 제외하고 256바이트 이내로 공백 없이 입력합니다.

  − 아카이빙 오브젝트 수명 주기: 1~36500 범위 사이에서 일 단위로 변경할 수 있고 공백을 입력하면 수명 주기가 해제됩니다.

**[복제]**

- 해당 컨테이너의 현재 복제 설정을 확인하고 [복제 설정 변경] 버튼을 클릭해 다른 리전의 컨테이너에 일정 주기로 복제 여부를 결정합니다.

  − 복제: 사용하는 경우 다음 2가지를 설정합니다.

그림 6-31 복제 설정 변경

❶ 대상 리전: 판교, 평촌, 일본(도쿄), 미국(캘리포니아) 중에서 다른 리전을 선택할 수 있습니다.

❷ 대상 컨테이너: 특수문자를 제외하고 256바이트 이내로 공백 없이 입력합니다.

### [API 엔드포인트 설정]

• 컨테이너 접근 정책을 PRIVATE로 설정한 경우 API를 통해 컨테이너 액세스를 관리해야 합니다. 이때 필요한 Object Store와 신원 서비스 엔드포인트, 테넌트 ID, API 사용자 ID와 스토리지 계정을 확인할 수 있고, API 비밀번호를 설정해 프로젝트의 계정으로 액세스할 수 있습니다.

NOTE_ 오브젝트 스토리지 API를 사용하기 위해서는 제일 먼저 인증 토큰을 발급해야 합니다. 자세한 내용은 NHN Cloud 사용자 가이드의 다음 URL을 참고하세요.

• https://docs.nhncloud.com/ko/Storage/Object%20Storage/ko/api-guide

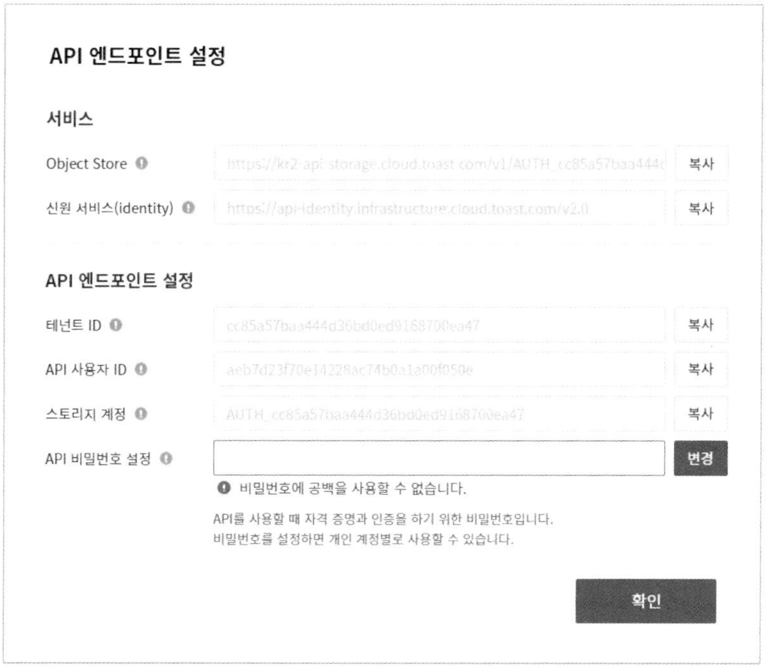

**그림 6-32** API 엔드포인트 설정

## | 실전 연습 18 | 컨테이너 만들기

이번 실습은 매트릭스에서 현실 세계로 넘어오기 위해 전화 받을 위치를 확인하고 메타버스 게이트 웹을 호스팅하는 공개 컨테이너를 만듭니다. 그리고 통제 서버에서 방어 시스템 서버로 SSH를 연결하기 위해 필요한 pem 키를 저장하는 비공개 컨테이너를 만듭니다.

**01** NHN Cloud 콘솔에서 **resurrections-proj** 프로젝트를 선택하고 현재 리전을 '평촌'으로 지정합니다.

**02** **서비스 선택** 메뉴에서 Storage 서비스 범주의 **Object Storage**를 클릭해 서비스를 활성화합니다.

**그림 6-33** 오브젝트 스토리지 서비스 활성화

**03** 콘솔 왼편의 기본 인프라 서비스 메뉴에서 Storage의 **Object Storage** 메뉴를 선택하고 오른편 **Object Storage** 작업 창의 [+ 컨테이너 생성] 버튼을 클릭합니다. **컨테이너 생성** 창에서 다음 내용을 설정하고 [확인] 버튼을 클릭합니다. **성공** 팝업 창에서 다시 [확인] 버튼을 클릭합니다.

- 이름: mvgateweb

**컨테이너 생성**

| | |
|---|---|
| 이름 | mvgateweb |
| 접근 정책 | PRIVATE ▾ |
| 스토리지 클래스 | Standard ▾ |

**객체 잠금 설정**

객체 잠금 ❓ ⃝ 사용 ● 사용 안 함

잠금 주기 ❓

**암호화 설정**

암호화 ❓ ⃝ 사용 ● 사용 안 함

대칭 키 ID ❓

- 컨테이너는 데이터 저장소로, 데이터를 구성하는 방법을 제공합니다. Windows의 폴더나 Unix의 디렉터리와 비슷하나 주요 차이점은 컨테이너는 중첩될 수 없다는 것입니다.
- 데이터는 반드시 컨테이너에 저장되어야 하므로, 데이터를 업로드하기 전에 반드시 스토리지 계정 내에 최소 1개의 컨테이너를 생성해야 합니다.
- 참고: Public 컨테이너는 Public URL을 통해 누구나 컨테이너 안의 객체에 접근할 수 있습니다.
- 접근 정책을 Public으로 선택 시 Public URL을 통해 누구나 해당 컨테이너의 객체에 접근할 수 있습니다.
- 컨테이너 생성 후에는 암호화 사용 여부 및 대칭 키 ID는 변경할 수 없습니다.
- 사용자의 부주의에 의해 암호화된 객체에 대해 복호화 할 수 없습니다. 이 경우 NHN Cloud는 책임지지 않습니다. 실수 또는 의해 삭제되지 않도록 주의하여 대칭 키를 관리하시기 바랍니다.
- 대칭 키 변경 시 변경 전에 업로드 한 객체는 변경 전의 대칭 키로 암/복호화 합니다. 변경 후에 업로드한 객체는 변경 후의 대칭 키로 암/복호화 합니다.

[취소] [확인]

**그림 6-34** 컨테이너 생성

**04** 03번과 동일한 과정으로 컨테이너를 하나 더 생성합니다.

- 이름: secure_data

**05** 이제 2개의 컨테이너가 **Object Storage** 작업 창에 표시됩니다.

| | 이름 | 스토리지 클래스 | 객체 개수 | 크기 | 접근 정책 |
|---|---|---|---|---|---|
| ☑ | mvgateweb | standard | 0 | 0 B | PRIVATE |
| ☐ | secure_data | standard | 0 | 0 B | PRIVATE |

**그림 6-35** 컨테이너 목록

**06** 웹사이트를 호스팅하는 컨테이너는 접근 정책을 **PRIVATE**에서 **PUBLIC**으로 변경해야 합니다. 따라서 mvgateweb 컨테이너의 접근 정책을 **PUBLIC**으로 변경하기 위해 컨테이너를 선택한 다음, 아래 세부 정보 창의 **기본 정보** 탭에서 [접근 정책~설정 변경] 버튼을 클릭합니다. **접근 정책 및 정적 웹 사이트 설정 변경** 창에서 다음 내용으로 설정하고 [확인] 버튼을 클릭합니다.

❶ **접근 정책**
- PUBLIC

❷ **정적 웹 사이트 설정**
- 인덱스 문서: main.html
- 오류 문서: error.html

접근 정책 및 정적 웹 사이트 설정 변경

❶ 접근 정책      PUBLIC ▼

ACL 설정    ○ 사용    ● 사용 안 함

❷ 정적 웹 사이트 설정

인덱스 문서 ?    main.html

오류 문서 ?    error.html

· 정적 웹 사이트를 사용하려면 **접근 정책**을 PUBLIC으로 설정해야 합니다.
· 컨테이너 설정에 대한 자세한 설명은 사용자 가이드를 참고해 주세요.

취소     확인

**그림 6-36** mvgateweb 컨테이너 접근 정책 및 정적 웹 사이트 설정 변경

**07** secure_data 컨테이너는 보안에 민감한 데이터를 저장합니다. 예를 들어 앞서 만든 vmdefence의 인터넷을 통한 SSH 접속을 차단하고 시온 통제 서버인 vmzionmaster를 통해서만 허용하기 위해 일시적으로 SSH 개인 키를 업로드해 vmzionmaster에서 다운로드할 수 있게 하려고 합니다. 따라서 이 키는 일정 시간 이후에 secure_data 컨테이너에서 자동으로 삭제되게 설정해야 합니다. 이러한 목적을 달성하기 위해 secure_data 컨테이너를 선택하고 **수명 주기 및 버전 관리** 탭과 [수명 주기 및 버전 관리 설정 변경] 버튼을 차례로 클릭해 다음과 같이 설정하고 [확인] 버튼을 클릭합니다.

**[수명 주기 설정]**
• 오브젝트 수명 주기: 2

**그림 6-37** secure_data 컨테이너 수명 주기 설정 변경

## 6.3.2 객체 관리

컨테이너에서 객체는 파일입니다. 폴더는 파일을 분류하는 가상의 구분자일 뿐입니다 . 따라서 컨테이너 내에서 폴더를 사용해 객체를 적절히 그룹화할 수 있습니다. 컨테이너 내에 보이는 폴더는 실제로 존재하는 것이 아니므로 업로드한 객체 이름에 붙인 동일한 접두사 역할을 하는 가상 그룹입니다.

컨테이너를 선택하면 [그림 6-38]과 같은 화면에서 업로드한 객체 목록을 확인하고 객체를 관리할 수 있습니다.

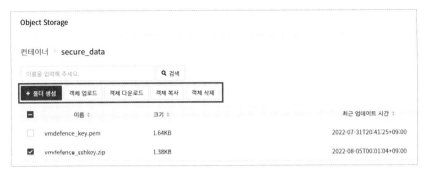

**그림 6-38** 객체 목록 확인 및 객체 관리

**[폴더 생성]**

- [+ 폴더 생성] 버튼을 클릭하면 나타나는 [그림 6-39]의 **폴더 생성** 창에서 이름을 지정합니다. 이름은 256자 이내지만 경로를 포함한 크기는 1024자까지입니다.

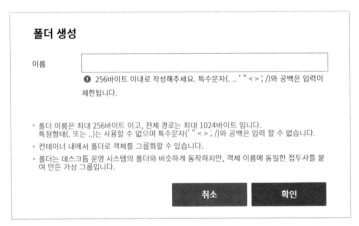

**그림 6-39** 폴더 생성

**[객체 업로드]**

- [객체 업로드] 버튼을 클릭하면 나타나는 [그림 6-40]의 **객체 업로드** 창에서 [파일 선택] 버튼을 클릭해 하나 이상의 파일(파일 크기는 최대 5GB) 및 폴더를 선택할 수 있습니다.

객체 업로드
파일 선택
선택된 파일 없음
업로드할 파일을 선택해 주세요.
• 객체의 전체 경로는 최대 1024바이트 이고, 사이즈는 최대 5GB 입니다.
• 업로드는 동시에 50개까지만 가능합니다.
• 객체는 Object Storage 시스템에 저장하는 파일을 표현하는 기본 단위입니다.
• Object Storage 시스템에 데이터를 업로드할 때, 데이터는 그대로(압축이나 암호화 없이) 저장되고, 컨테이너, 객체 이름, Key/Value 쌍으로 구성된 임의의 메타데이터로 구성됩니다.
취소
확인

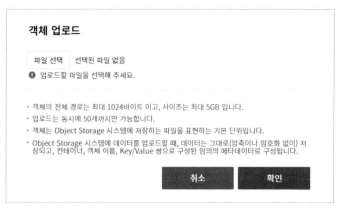

**그림 6-40** 객체 업로드

**[객체 다운로드]**

- 컨테이너 또는 폴더 내의 객체 목록 중(그림 6-38 참고)에서 원하는 객체를 선택하고 [객체 다운로드] 버튼을 클릭하면 다운로드됩니다. 한 번에 하나의 객체만 다운로드할 수 있습니다.

**[다른 컨테이너로 객체 복사]**

- 한 번에 하나의 객체를 선택하고 [객체 복사] 버튼을 클릭하면, [그림 6-41]의 **객체 복사** 창에서 대상 컨테이너와 경로를 지정해 복사할 수 있습니다.
  - 대상 컨테이너: 사전에 대상 컨테이너가 준비되어 있어야 합니다.
  - 경로: 내부 폴더 **중첩 폴더 가능**을 지정할 수 있습니다. 중첩 폴더인 경우 '/'를 구분자로 사용합니다.

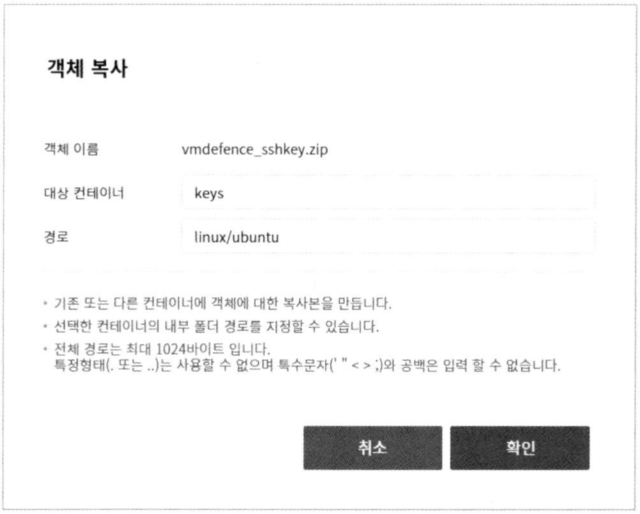

객체 복사
객체 이름
vmdefence_sshkey.zip
대상 컨테이너
keys
경로
linux/ubuntu
• 기존 또는 다른 컨테이너에 객체에 대한 복사본을 만듭니다.
• 선택한 컨테이너의 내부 폴더 경로를 지정할 수 있습니다.
• 전체 경로는 최대 1024바이트 입니다.
특정형태(. 또는 ..)는 사용할 수 없으며 특수문자(' " < > ;)와 공백은 입력 할 수 없습니다.
취소
확인

**그림 6-41** 객체 복사

**[객체 삭제]**

- 삭제하려는 객체를 하나 이상 선택하고 [객체 삭제] 버튼을 클릭합니다. 삭제는 중요하고 위험한 작업이므로 **객체 삭제** 팝업 창을 통해 한 번 더 확인을 요청합니다.

**그림 6-42** 객체 삭제

컨테이너 내에 폴더가 존재하는 경우는 객체를 먼저 삭제해야 합니다. 비어 있는 폴더도 하나 이상을 선택해 삭제할 수 있습니다.

**NOTE_** 객체 복사를 통해 만들어진 폴더에 포함된 객체를 모두 삭제하면 폴더가 자동으로 제거됩니다.

## | 실전 연습 19 | 컨테이너에서 정적 웹사이트 호스팅하기

이번 실습은 먼저 메타버스 게이트 웹사이트 파일을 mvgateweb 컨테이너에 올리고 정적 웹 서비스를 테스트합니다.

**01** 깃허브 책 리포지토리 source/6장의 'mvgateweb.zip'을 압축 해제합니다.

**그림 6-43** mvgateweb 정적 웹 소스 코드

**02 Object Storage** 작업 창의 컨테이너 목록 중 이름 칼럼의 'mvgateweb'을 선택한 다음 mvgateweb 컨테이너 작업 창에서 [객체 업로드] 버튼을 클릭합니다.

**그림 6-44** mvgateweb 컨테이너 작업 창

**03 객체 업로드** 창의 [파일 선택] 버튼을 클릭한 다음 **01**번에서 준비한 3개의 파일을 모두 선택하고 [확인] 버튼을 클릭합니다.

**그림 6-45** 정적 웹사이트 객체 업로드

**04** **업로드 상태 정보** 창에서 진행률과 상태를 확인하고 [확인] 버튼을 클릭합니다.

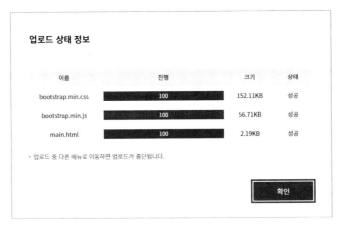

**그림 6-46** 업로드 상태 정보

**05** mvgateweb 컨테이너 작업 창에서 업로드한 객체 목록을 확인합니다.

**그림 6-47** mvgateweb 컨테이너의 업로드된 객체 목록

**06** '컨테이너 〉 mvgateweb' 경로에서 '컨테이너'를 선택해 컨테이너 목록으로 돌아갑니다. mvgateweb 컨테이너의 **접근 정책** 열에서 [URL 복사]를 클릭합니다.

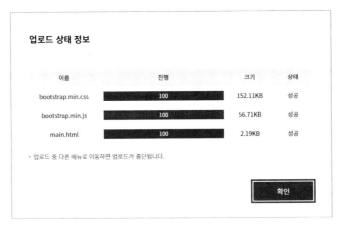

**그림 6-48** mvgateweb 컨테이너 URL 복사

**07** 웹 브라우저를 실행하고 **06**번에서 복사한 URL을 주소 줄에 붙여 넣습니다.

그림 6-49 정적 웹사이트 실행 확인

## | 실전 연습 20 | PRIVATE 컨테이너의 객체 액세스하기

이번 실습은 vmdefence의 SSH 개인 키를 secure_data 컨테이너에 올린 다음 vmzionmaster 에서 다운로드해 SSH 연결을 테스트합니다.

**01 Object Storage** 작업 창의 컨테이너 목록 중 이름 칼럼의 'secure_data'를 선택하고 secure_data 컨테이너 작업 창에서 [객체 업로드] 버튼을 클릭합니다.

**02 객체 업로드** 창의 [파일 선택] 버튼을 클릭한 다음, 실전 연습 13에서 다운로드한 'vmdefence_key.pem' 파일을 선택하고 [확인] 버튼을 클릭합니다.

그림 6-50 vmdefence_key.pem 업로드

**03** **업로드 상태 정보** 창에서 [확인] 버튼을 클릭한 다음 업로드한 객체 목록을 확인합니다.

**그림 6-51** secure_data 컨테이너의 업로드된 객체 목록

**04** **Object Storage** 작업 창에서 [API 엔드포인트 설정] 버튼을 클릭한 다음 API 엔드포인트
설정 창에서 다음 항목을 메모장에 복사해 놓습니다.

❶ **서비스**
- Object Store

❷ **API 엔드포인트 설정**
- 테넌트 ID
- 스토리지 계정

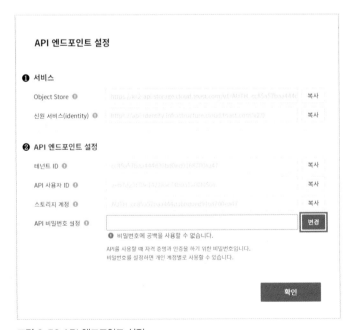

**그림 6-52** API 엔드포인트 설정

**05** **API 엔드포인트 설정** 창(그림 6-52 참고)에서 **API 비밀번호 설정** 항목의 텍스트 상자에 비밀 번호를 입력하고 [변경] 버튼을 클릭합니다. **성공** 창과 **API 엔드포인트 설정** 창에서 모두 [확인] 버튼을 클릭합니다. 이 과정은 현재 NHN Cloud 콘솔에 로그인한 계정에 대한 API 비밀번호를 설정하는 작업입니다.

- 비밀번호: nhn20@@0401

**그림 6-53** API 비밀번호 설정

**06** 실전 연습 14를 참고해 vmzionmaster에 원격 데스크톱으로 연결합니다.

**07** ⊞+R을 눌러 **실행** 창을 실행합니다. **실행** 창의 **열기** 텍스트 상자에 'cmd'를 입력하고 [확인] 버튼을 클릭해 명령 창을 실행합니다.

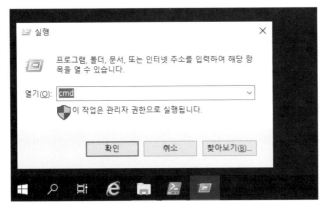

그림 6-54 명령 창 실행

**08** 인증 토큰을 발급하는 다음 구문 형식에 **04~05**번에서 기록해 놓은 값을 적용해 구문을 완성하고 실행합니다(깃허브 책 리포지토리의 sources/6장/object-storage_api.txt 참고).

---

인증 토큰 발급 구문 형식
curl -X POST -H "Content-Type:application/json" https://api-identity.
infrastructure.cloud.toast.com/v2.0/tokens -d "{\"auth\": {\"tenantId\": \"<테넌
트 ID>\" \"passwordCredentials\": {\"username\": \"<NHN Cloud 계정/IAM 계정>\",
\"password\": \"<API 비밀번호>"}}}"

---

- 구문 예제

  curl −X POST −H "Content−Type:application/json" https://api−identity.infrastructure.
  cloud.toast.com/v2.0/tokens −d "{₩"auth₩": {₩"tenantId₩": ₩"cc85a57baa444d36bd0e
  d9168700ea47₩", ₩"passwordCredentials₩": {₩"username₩": ₩"steelflea@nhn.com₩",
  ₩"password₩": ₩"nhn20@@0401₩"}}}"

그림 6-55 인증 토큰 발급

- 발급된 인증 토큰 예

gAAAAABi79QjyZBRelFp3NRiX9ipciaLx7mrD_lu85Df9QmFwFc2rgvlKTFc1Y591lt-rAlzN5JqoBSCBolepJTwl_tGtlR89FBAbtEUoLxE4h0MknqC_TdxkNT9j1qLHZWrcSRwp6dN9tBLy7Qe48undJhOxXYur8NH2sKpYJXUa0ybv7hn6J4

**09** **08**번에서 발급받은 토큰으로 스토리지 계정의 현황을 조회할 경우, 다음 구문 형식에 **04**번과 **08**번에서 확인한 값을 적용해 구문을 완성하고 실행합니다.

---

스토리지 계정 조회 구문 형식
```
curl -I -H "X-Auth-Token: <인증 토큰> <Object Store>
```

---

- 구문 예제

```
curl -I -H "X-Auth-Token: gAAAAABi79QjyZBRelFp3NRiX9ipciaLx7
mrD_lu85Df9QmFwFc2rgvlKTFc1Y591lt-rAlzN5JqoBSCBolepJTwl_
tGtlR89FBAbtEUoLxE4h0MknqC_TdxkNT9j1qLHZWrcSRwp6dN9tBLy7Qe48undJhOx
XYur8NH2sKpYJXUa0ybv7hn6J4" https://kr2-api-storage.cloud.toast.com/v1/AUTH_cc
85a57baa444d36bd0ed9168700ea47
```

**그림 6-56** 스토리지 계정 조회

**10** **08**번에서 발급받은 토큰으로 앞서 전체 컨테이너 목록을 조회할 경우, 다음 구문 형식에 **04**번과 **08**번에서 확인한 값을 적용해 구문을 완성하고 실행합니다.

---

컨테이너 조회 구문 형식
```
curl -X GET -H "X-Auth-Token: <인증 토큰> <Object Store>
```

---

• 구문 예제

```
curl -X GET -H "X-Auth-Token: gAAAAABi79QjyZBRelFp3NRiX9ipciaL
x7mrD_lu85Df9QmFwFc2rgvlKTFc1Y591lt-rAIzN5JqoBSCBolepJTwl_
tGtlR89FBAbtEUoLxE4h0MknqC_TdxkNT9j1qLHZWrcSRwp6dN9tBLy7Qe48undJhOx
XYur8NH2sKpYJXUa0ybv7hn6J4" https://kr2-api-storage.cloud.toast.com/v1/AUTH_cc
85a57baa444d36bd0ed9168700ea47
```

**그림 6-57** 컨테이너 조회

**11** 앞서 secure_data 컨테이너에 업로드한 객체를 다운로드하기 위해 다음 구문 형식에 **04**번 과 **08**번에서 확인한 값을 적용해 구문을 완성하고 실행합니다.

```
객체 다운로드 구문 형식
Curl -O -X GET -H "X-Auth-Token: <인증 토큰> <Object Store>/<컨테이너>/<객체>
```

• 구문 예제

```
curl -O -X GET -H "X-Auth-Token: gAAAAABi79QjyZBRelFp3NRiX9ipci
aLx7mrD_lu85Df9QmFwFc2rgvlKTFc1Y591lt-rAIzN5JqoBSCBolepJTwl_
tGtlR89FBAbtEUoLxE4h0MknqC_TdxkNT9j1qLHZWrcSRwp6dN9tBLy7Qe48undJhOx
XYur8NH2sKpYJXUa0ybv7hn6J4" https://kr2-api-storage.cloud.toast.com/v1/AUTH_cc
85a57baa444d36bd0ed9168700ea47/secure_data/vmdefence_key.pem
```

**그림 6-58** 객체 다운로드

**12** 다운로드한 SSH 개인 키(vmdefence_key.pem) 파일을 이용해 방어 시스템 서버인 vmdefence에 접속을 수행합니다(실전 연습 15의 **17~18**번 리눅스 접속 참고).

- ssh -i 〈개인 키 파일〉 ubuntu@〈IP ADDRESS〉

```
C:\Users\administrator>ssh -i vmdefence_key.pem ubuntu@133.186.203.172
The authenticity of host '133.186.203.172 (133.186.203.172)' can't be established.
ECDSA key fingerprint is SHA256:OBxooQ8eUiu27UTDUTtbWtE4UBdLVouD6g9fN6gXk2c.
Are you sure you want to continue connecting (yes/no)? yes
Warning: Permanently added '133.186.203.172' (ECDSA) to the list of known hosts.
Welcome to Ubuntu 20.04.3 LTS (GNU/Linux 5.4.0-91-generic x86_64)

 * Documentation:  https://help.ubuntu.com
 * Management:     https://landscape.canonical.com
 * Support:        https://ubuntu.com/advantage
Last login: Fri Aug  5 01:05:12 2022 from 121.137.232.161
ubuntu@vmdefence:~$ ls -al
total 36
drwxr-xr-x 4 ubuntu ubuntu 4096 Aug  5 00:07 .
drwxr-xr-x 3 root   root   4096 Jun 17 14:16 ..
-rw------- 1 ubuntu ubuntu 5992 Aug  5 01:11 .bash_history
-rw-r--r-- 1 ubuntu ubuntu  220 Feb 25  2020 .bash_logout
-rw-r--r-- 1 ubuntu ubuntu 3771 Feb 25  2020 .bashrc
drwx------ 2 ubuntu ubuntu 4096 Jun 17 14:35 .cache
-rw-r--r-- 1 ubuntu ubuntu  807 Feb 25  2020 .profile
drwx------ 2 ubuntu ubuntu 4096 Jun 17 14:16 .ssh
-rw-r--r-- 1 ubuntu ubuntu    0 Jul 30 17:28 .sudo_as_admin_successful
ubuntu@vmdefence:~$
```

**그림 6-59** vmzionmaster에서 vmdefence로 SSH 접속

PART

III

가용성과 탄력성을 갖춘
인프라 구축

BTS나 블랙핑크의 전 세계 순회 공연 티켓 예매가 시작되면 단시간에 엄청난 접속자가 몰립니다. 이를 대비해 트래픽을 예측하고 인프라를 설계 및 구축하는 일은 엔터테인먼트 기업의 IT 부서에게 아주 중요한 일입니다.

트래픽 규모를 예측해 인프라의 용량을 준비하는 일은 크기 조정(scale up/down)과 확장(scale out/in)으로 구분할 수 있습니다. 크기 조정은 대상 서버의 CPU나 메모리 등을 증설하거나 고성능 장치로 교체해 성능을 높이는 작업입니다. 확장은 서비스를 안정적으로 제공하기 위해 다수의 서버를 배포하고 트래픽을 분산 처리할 목적으로 부하 분산 장치(Load Balancer)와 함께 배치하는 작업입니다. 3부는 이와 같은 상황을 해결하는 NHN Cloud의 솔루션을 소개하고 실습합니다.

# PART III

## 가용성과 탄력성을 갖춘
## 인프라 구축

# 인스턴스 크기 조정과 가용성 구현

---

**이 장의 내용**

- 한 인스턴스의 처리량을 높이는 방법

- 인스턴스 크기 조정 방법

- 인스턴스의 가용성을 구현하는 방법

---

지금까지 만든 시온의 IT 인프라는 2가지 치명적인 약점이 있습니다. 첫 번째는 통제 서버와 방어 시스템 서버가 1대씩이어서 서버 하드웨어 실패와 같은 장애가 발생하여 서비스 중단으로 단일 실패 지점이 되는 것입니다. 두 번째는 각 서버로의 워크로드가 급격히 증가하는 상황에 서비스 응답을 제때 제공하기 어려울 가능성이 높다는 점입니다.

이러한 2가지 약점을 극복하는 NHN Cloud의 솔루션은 가용성과 부하 분산을 구현하는 것입니다. 7장은 인스턴스의 처리 용량과 가용성을 높이기 위한 방법을 다룹니다.

## 7.1 인스턴스 크기 조정

NHN Cloud에서 크기 조정은 인스턴스 타입 변경을 기반으로 하고 블록 스토리지를 통해 고성능의 추가 디스크를 제공하거나 기존 디스크를 제거하는 작업을 포함합니다. 타입 변경은 기준 서버 하드웨어 변경과 더불어 CPU(vCore), 메모리 등을 상위 크기(scale up)나 하위 크기(scale down)로 변경하는 작업입니다.

크기 조정이 필요한 가장 일반적인 시나리오가 2가지 있습니다.

**1.** 인스턴스 수를 늘리지 않고 크기 조정(scale up)으로 서비스 요청을 충분히 처리할 수 있는 경우

2. 서비스를 제공하는 인스턴스의 사용률이 낮은 경우 크기 조정(scale down)으로 비용을 절감하려는 경우

인스턴스의 크기 조정은 다음 3단계를 순서대로 수행하면 됩니다.

1. 대상 인스턴스 중지
2. 적절한 인스턴스 타입으로 변경 → 변경 확인 → 중지(Shutdown) 상태
3. 인스턴스 재시작

인스턴스의 크기를 조정할 때는 다음 대표적인 3가지 제약 사항을 고려해서 작업 전에 계획하는 것이 좋습니다.

1. 현재 인스턴스 타입에 따라 변경할 수 있는 인스턴스 타입이 결정됩니다.
2. u2 타입에서 다른 타입 또는 다른 타입에서 u2 타입으로 변경할 수 없습니다.
3. 인스턴스의 기본 디스크 크기는 변경할 수 없습니다.

## | 실전 연습 21 | 인스턴스 크기 조정하기

시온의 방어 시스템인 리눅스 인스턴스의 성능을 모니터링해 보니 초기에 예상했던 워크로드보다 평균 50% 이상 높았습니다. 원활한 보안 서비스 접속을 위해 CPU 코어 수와 메모리 크기를 늘려야 합니다. 게다가 이 서비스는 고성능 연산 성능이 필요합니다.

**01** 시온의 방어 시스템 서버를 중지합니다(운영체제의 종료가 아님). 인스턴스 목록에서 'vmdefence' 인스턴스를 선택하고 […] 버튼 또는 마우스 오른쪽 버튼을 클릭한 다음 [인스턴스 중지] 버튼을 클릭합니다. **인스턴스 중지** 팝업 창에서 다시 [중지] 버튼을 클릭합니다.

그림 7-1 vmdefence 인스턴스 중지

**02** Instance 작업 창에서 'vmdefence'를 선택하고 [인스턴스 타입 변경] 버튼을 클릭합니다.

그림 7-2 인스턴스 타입 변경

**03** **인스턴스 타입 변경** 창에서 다음 설정 항목을 선택하고 [선택] 버튼을 클릭합니다. **성공** 팝업 창에서 [확인] 버튼을 클릭합니다.

❶ 분류: Computer Optimized

❷ 타입: c2

❸ 이름: c2.c2m2

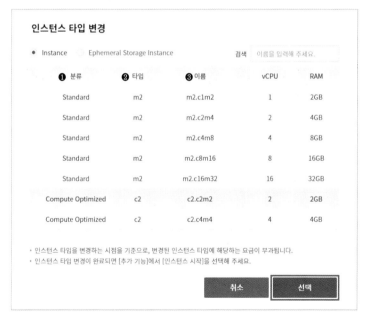

그림 7-3 인스턴스 타입 선택

**04** 타입 변경이 완료된 후(Shutdown 상태), 인스턴스 목록에서 'vmdefence' 인스턴스를

선택하고 […] 버튼 또는 마우스 오른쪽 버튼을 클릭한 다음 [인스턴스 시작] 버튼을 클릭합니다. **성공** 팝업 창에서 [확인] 버튼을 클릭합니다.

**그림 7-4** 타입을 변경한 인스턴스 시작

**05** 실전 연습 15의 **17~18**번을 따라서 vmdefence 인스턴스에 연결합니다.

**그림 7-5** vmdefence 인스턴스에 SSH 접속

**06** 다음 명령을 각각 실행해 인스턴스 타입이 변경된 vmdefence의 vCPU 코어 수와 메모리 크기를 확인합니다.

- 전체 메모리 크기: cat /proc/meminfo | grep 'MemTotal'
- vCPU 코어 수: cat /proc/cpuinfo | grep 'processor' | wc −l

```
ubuntu@vmdefence:~$ cat /proc/meminfo | grep 'MemTotal'
MemTotal:        2035148 kB
ubuntu@vmdefence:~$ cat /proc/cpuinfo | grep 'processor' | wc -l
2
ubuntu@vmdefence:~$
```

그림 7-6 크기 조정이 완료된 vmdefence의 vCPU 수와 메모리 크기 확인

# 7.2 인스턴스 가용성 구현

가용성에 관한 정의는 여러 가지지만 그 핵심은 동일합니다. 가용성의 핵심을 가장 잘 정의한 내용은 위키피디아에서 찾을 수 있습니다.

'서버와 네트워크, 프로그램 등의 정보 시스템이 정상적으로 사용 가능한 정도를 말한다. 가동률과 비슷한 의미이다. 가용성을 수식으로 표현할 경우, 가용성이란 정상적인 사용 시간(uptime)을 전체 사용 시간(uptime + downtime)으로 나눈 값을 말한다.'

앞서 시온에서 만들었던 인스턴스의 가용성이 영향을 받을 수 있는 3가지 다운타임 시나리오가 있습니다.

1. 계획되지 않은 하드웨어 유지 관리

   NHN Cloud 인프라의 하드웨어나 플랫폼에 문제가 발생하는 경우입니다. 이 경우 실행 중인 인스턴스가 기존 물리 서버에서 다른 정상 물리 서버로 실시간 마이그레이션되지만 제공 중인 서비스에는 영향을 미치지 않습니다.

2. 계획된 유지 관리

   클라우드 인프라의 안정성과 보안, 성능을 향상시키기 위해 NHN Cloud가 정기적으로 업데이트와 보안 패치 작업을 수행하는 경우입니다. 예를 들어 인스턴스의 물리 호스트를 업데이트 하는 경우 물리 호스트와 인스턴스의 재시작 필요 여부에 따라 자동으로 수행되는 작업과 사용자의 선택 작업이 있습니다.

3. 예측하지 못한 다운타임

   예를 들어 NHN Cloud 인프라에서 인스턴스의 물리 서버에 미처 예상하지 못한 문제가 발생하면, 인스턴스는 다른 물리 서버로 복구(마이그레이션)됩니다. 이런 다운타임은 서비스의 중단이나 데이터의 손실을 일으킬 수 있으므로 인스턴스를 배포할 때 가용성 영역을 사용해야 합니다. 스토리지나 네트워크의 경우도 이런 예측하지 못한 다운타임을 대비해야 합니다.

   NHN Cloud는 다운타임을 최소화해 가용성을 높일 수 있는 여러 가지 서비스를 제공합니다. 고가용성

클라우드 솔루션을 만들기 위해서는 다음의 원칙들을 고려해야 합니다.

- 인스턴스의 고가용성 구현에 가용성 영역을 사용합니다.
- 서비스 계층별로 가용성 영역을 구성합니다.
- 가용성 영역과 부하 분산 장치를 결합해 안정적인 서비스를 제공합니다.

## 7.2.1 가용성 영역

NHN Cloud는 데이터 센터의 하드웨어 문제로 인한 장애를 대비하기 위해 가용성 영역을 구현했습니다. 가용성 영역$^{availability\ zone}$은 별도의 컴퓨팅 랙과 스위치, 전원 장치, 스토리지로 구성됩니다. 하나의 가용성 영역 장애가 다른 가용성 영역에 전파되지 않기 때문에 구현한 서비스의 가용성을 높여줄 수 있는 기반이 됩니다.

예를 들어 웹 서비스를 제공하는 인스턴스를 배포할 때 부하 분산과 고가용성을 고려한다면 가용성 영역을 사용해야 합니다. 더욱이 프런트엔드와 백엔드, 데이터베이스 서비스로 전통적인 계층화 아키텍처를 구현하는 경우는 [그림 7-7]처럼 각 계층별로 가용성 영역을 별도로 구현하는 것이 좋습니다.

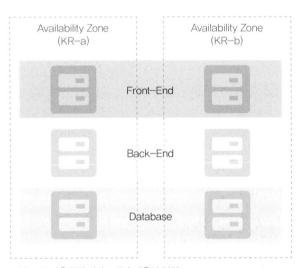

**그림 7-7** 계층화된 서비스에서 가용성 영역

가용성 영역이 갖는 3가지 특성을 이해하면 보다 견고하고 유연한 인프라 아키텍처를 구현할 수 있습니다. [그림 7-8]을 통해 이를 확인할 수 있습니다.

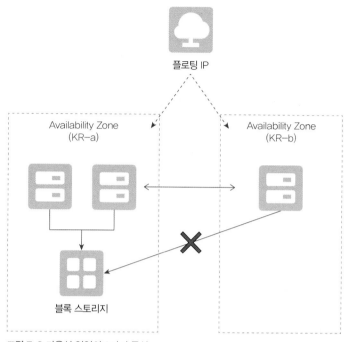

플로팅 IP

Availability Zone
(KR-a)

Availability Zone
(KR-b)

블록 스토리지

**그림 7-8** 가용성 영역의 3가지 특성

**1.** 동일한 네트워크를 사용하는 인스턴스를 서로 다른 가용성 영역에 배포해 통신할 수 있으며, 이때 네트워크 사용 비용은 무료입니다.

**2.** 블록 스토리지의 공유가 필요한 경우 동일한 가용성 영역을 사용하는 인스턴스 간에만 가능합니다.

**3.** 서로 다른 가용성 영역의 인스턴스 간에 플로팅 IP를 공유할 수 있습니다. 따라서 한 가용성 영역에 장애가 발행했을 때 플로팅 IP를 바로 다른 가용성 영역에 연결할 수 있습니다.

NHN Cloud는 가용성 영역으로 인스턴스를 배포할 경우 SLA를 보장합니다.

> **NOTE**_ 다음 링크에서 SLA 수준에 따른 다운타임 시간을 쉽게 비교할 수 있습니다.
> • https://uptime.is

## 7.2.2 NAT 게이트웨이

전통적인 N 계층 아키텍처에서 사용자와의 인터랙션을 제공하는 프레젠테이션 계층이나 마이크로 서비스 아키텍처의 통합된 마이크로 프런트엔드를 제공하는 컴퓨팅 인프라는 플로팅 IP를 연결해 외부 엔드포인트로 노출해야 합니다. 반면 비즈니스 로직과 데이터 액세스 로직(백엔드), 데이터베이스를 제공하는 컴퓨팅 인프라는 NHN Cloud 외부에서 액세스하는 리소스가 아니므로 플로팅 IP가 필요 없습니다. 이는 보안의 관점에서도 중요합니다.

> **NOTE_** NAT는 network address translation의 약어로, 컴퓨터 네트워킹에 사용되는 용어입니다. NAT의 개념과 동작 방식에 관해서는 다음 링크를 살펴보거나 네트워크 기술을 다루는 책을 참고하기 바랍니다.
> • https://en.wikipedia.org/wiki/Network_address_translation

비즈니스 로직을 제공하는 서버가 특정 패키지를 온라인 상에 설치하거나 업데이트해야 한다면 어떻게 될까요? 예를 들어 우분투 서버의 Nginx를 설치하고 패치를 업데이트할 경우 실패할 겁니다. 인터넷 인바운드 통신은 허용하지 않으면서 인터넷 아웃바운드 통신을 허용하는 방법이 없을까요? 이런 시나리오에서 사용할 수 있는 서비스가 NAT 게이트웨이입니다.

인터넷 게이트웨이에 연결되지 않은 라우팅 테이블과 연결된 서브넷의 인스턴스는 NAT 게이트웨이의 플로팅 IP로 인터넷 아웃바운드 액세스가 가능합니다. 반면 외부에서 NAT 게이트웨이 주소로 연결을 시도하는 트래픽은 차단됩니다.

NAT 게이트웨이로 인터넷 아웃바운드 액세스를 제공할 경우 다음 작업을 수행합니다.

먼저 인터넷 게이트웨이가 연결된 서브넷에 NAT 게이트웨이를 배포합니다.

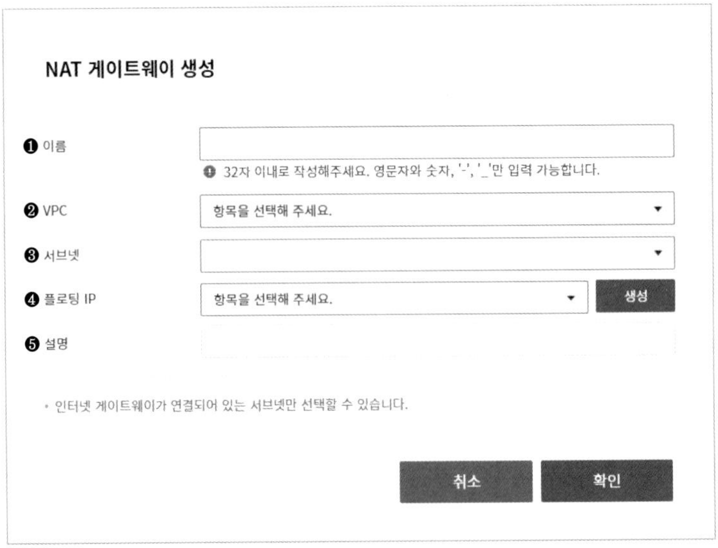

**그림 7-9** NAT 게이트웨이 생성

❶ 이름: 중복되지 않은 고유한 이름을 조직의 이름 부여 규칙에 따라 32자 이내로 작성

❷ VPC: NAT 게이트웨이를 연결할 서브넷이 포함된 VPC 선택

❸ 서브넷: 인터넷 게이트웨이가 연결된 서브넷 선택

❹ 플로팅 IP: 이미 만들어 놓은 플로팅 IP를 선택하거나 [생성] 버튼을 클릭해 새로운 플로팅 IP를 생성

❺ 설명: NAT 게이트웨이를 배포하는 적절한 이유가 포함된 내용 입력

그다음 인터넷 게이트웨이가 연결되지 않은 라우팅 테이블에서 특정 목적지 CIDR(ex. 인터넷 아웃바운드인 경우 0.0.0.0/0)에 대한 게이트웨이를 NAT 게이트웨이로 지정하는 라우트를 추가합니다.

## | 실전 연습 22 | 프런트엔드 계층 인스턴스를 가용성 영역으로 배포하기

이번 실습은 이오(IO)의 VPC에 가상 동식물 생성 포털용 프런트엔드 웹 서비스를 위한 Windows 서버 인스턴스를 가용성 영역에 배포해 단일 실패 지점을 해소합니다.

**01** NHN Cloud 웹 콘솔에서 **평촌** 리전과 **resurrections-proj** 프로젝트를 선택합니다.

**02** 실전 연습 15의 **01~02**번을 참고해 **인터넷 게이트웨이 생성** 창에서 다음 내용을 설정하고 [확인] 버튼을 클릭합니다.

- 이름: ig-io-creatorweb

그림 7-10 프런트엔드 서비스용 인터넷 게이트웨이 생성

**03** 활성화된 기본 서비스 메뉴에서 **Network > Routing** 메뉴를 선택한 다음 작업 창에서 [+ 라우팅 테이블 생성]을 클릭합니다. **라우팅 테이블 생성** 팝업 창에서 다음 내용을 설정하고 [확인] 버튼을 클릭합니다.

❶ 이름: rt-io-frontend

❷ VPC: vpc-io

❸ 라우팅 방식: 분산형 라우팅

**그림 7-11** 프런트엔드 서비스용 서브넷에 연결할 라우팅 테이블 생성

**04 Routing** 작업 창에서 'rt-io-frontend' 라우팅 테이블을 선택한 다음 [인터넷 게이트웨이 연결] 버튼을 클릭합니다.

**05 인터넷 게이트웨이 연결** 팝업 창에서 다음 내용을 설정한 다음 [확인] 버튼을 클릭해 라우팅 테이블과 인터넷 게이트웨이를 연결합니다.

• 인터넷 게이트웨이: ig-io-creatorweb

**그림 7-12** rt-io-frontend와 ig-io-creatorweb 연결

**06 Subnet** 작업 창에서 'snet-creatorweb'을 선택하고 [라우팅 테이블 연결] 버튼을 클릭합니다(실전 연습 11의 **07**번 참고). **라우팅 테이블 연결** 팝업 창에서 방금 만든 'rt-io-frontend'를 선택하고 [확인] 버튼을 클릭해 서브넷과 연결합니다.

**그림 7-13** snet-creatorweb과 rt-io-frontend 연결

**07** 실전 연습 12를 참고해 첫 번째 Windows 웹 서버 인스턴스를 배포합니다. 이때 **인스턴스 생성** 작업 창에서 가용성 영역을 고려해 다음 내용을 설정하고 [인스턴스 생성] 버튼을 클릭해 인스턴스를 생성합니다. 지정하지 않은 값은 기본 값을 사용합니다.

**[이미지– 공용 이미지]**

- 이미지 이름: Windows 2019 STD
- 언어: KO

**[인스턴스 정보]**

- 가용성 영역: kr2–pub–a
- 인스턴스 이름: vmcreatorfe1
- 인스턴스 타입: m2.c1m2
- 키 페어: [생성] 버튼 클릭 → 'vmcreatorfe_key' 입력 후 [키 페어 생성] 버튼 클릭
- 블록 스토리지 타입: SSD
- 블록 스토리지 크기: 80GB

**[네트워크 설정 – 네트워크 인터페이스 생성]**

- 네트워크([설정 변경] 클릭 후): snet–creatorweb
- 보안 그룹: default
- 플로팅 IP([설정 변경] 클릭 후): 사용

**[추가 설정]**

- 사용자 스크립트([설정 변경] 클릭 후): setup_webfe_winsvr.ps1 참고(깃허브 책 리포지토리의 source/7장)

---

```
#ps1_sysnative

#IIS 설치
Install-WindowsFeature -Name Web-Server -IncludeManagementTools
#Default.html 만들기
Set-Content -Path "C:\inetpub\wwwroot\Default.htm" -Value "Running Creator Portal
Web Service from host $($env:computername) !"
```

예제 7-1 프런트엔드 Windows 서버 사용자 스크립트

- 삭제 보호([설정 변경] 클릭 후): 사용

**그림 7-14** vmcreatorfe1 인스턴스 생성 정보 확인

**08** vmcreatorfe1 인스턴스 생성 완료 후 **네트워크** 탭에서 플로팅 IP를 확인하고 복사합니다.

**그림 7-15** 플로팅 IP 확인

**09** 로컬 컴퓨터에서 웹 브라우저를 실행하고 앞서 **08**번에서 확인한 플로팅 IP를 주소 줄에 붙여 넣어 결과를 확인합니다. **07**번에서 추가 설정한 스크립트의 실행 결과로 IIS 웹 서비스가 설치되고 기본 웹 페이지가 구성된 것을 확인할 수 있습니다.

**그림 7-16** vmcreatorfe1의 IIS 웹 서비스 동작 확인

**10 07**번을 참고해 고가용성 서비스 인프라를 위한 두 번째 Windows 웹 서버 인스턴스를 배포합니다. 다음 설정 외 나머지는 **07**번의 설정과 같습니다.

**[인스턴스 정보]**
❶ 가용성 영역: kr2-pub-b
❷ 인스턴스 이름: vmcreatorfe2
❸ 키 페어: 'vmcreatorfe_key' 선택

**인스턴스 생성 정보**

| | | |
|---|---|---|
| 이미지 | : | Windows 2019 STD - Windows 2019 STD (2022.07.19) |
| ❶ 가용성 영역 | : | kr2-pub-b |
| ❷ 인스턴스 이름 | : | vmcreatorfe2 |
| 인스턴스 타입 | : | m2.c1m2 (vCPU: 1, RAM: 2GB) |
| 인스턴스 수 | : | 1 개 |
| ❸ 키 페어 | : | vmcreatorfe_key |
| 블록 스토리지 | : | SSD 80GB |
| 네트워크 서브넷 | : | eth0 : snet-creatorweb (172.16.3.0/24)- 플로팅 IP 사용 |
| 보안 그룹 | : | default |
| 추가 블록 스토리지 | : | 사용 안 함 |
| 사용자 스크립트 | : | #ps1_sysnative<br><br>#Setup IIS<br>Install-WindowsFeature -Name Web-Server -IncludeManagem |
| 삭제 보호 | : | 사용 |

· **Windows인 경우**
외부에서 인스턴스에 접속하려면 플로팅 IP를 연결하고, 보안그룹 설정에서 RDP 프로토콜(원격 데스크톱 프로토콜, 3389번 포트) 접속을 허용해야 합니다.

인스턴스 생성에는 몇 분 정도 걸릴 수 있습니다.

[ 취소 ]   [ **인스턴스 생성** ]

**그림 7-17** vmcreatorfe2 인스턴스 생성 정보 확인

**11** vmcreatorfe2 인스턴스 생성이 완료된 후 **기본 정보** 탭에서 플로팅 IP를 확인하고 복사합니다.

**12** 로컬 컴퓨터에서 웹 브라우저를 실행하고 앞서 **11**번에서 확인한 플로팅 IP를 주소 줄에 붙여 넣어 결과를 확인합니다. **10**번에서 추가 설정한 스크립트의 실행 결과로 IIS 웹 서비스가 설치되고 기본 웹 페이지가 구성된 것을 확인할 수 있습니다.

**그림 7-18** vmcreatorfe2의 IIS 웹 서비스 동작 확인

## | 실전 연습 23 | 백엔드 계층 인스턴스를 가용성 영역으로 배포하기

이번 실습은 이오(IO)의 VPC에 백엔드 API 웹 서비스를 위한 리눅스 서버 인스턴스를 가용성 영역에 배포해 단일 실패 지점을 해소합니다. 이 백엔드는 프런트엔드의 요청을 받아 매트릭스 속의 개체 코드와 DNA 코드 간 변환을 담당합니다. 따라서 백엔드는 NHN Cloud 외부에서 직접 액세스할 수 없고 프런트엔드를 통해서만 호출되어야 합니다.

**01** 실전 연습 12의 **02~04**번을 참고해 2개의 네트워크 인터페이스를 만듭니다. **네트워크 인터페이스 생성** 창에서 각 네트워크 인터페이스를 설정한 후 [확인] 버튼을 클릭합니다.

**[네트워크 인터페이스 1]**
❶ 이름: nic-vmapibe01
❷ VPC: vpc-io
❸ 서브넷-사설 IP: snet-convertapi, 자동 할당
❹ 가상 IP: 사용 안 함
❺ 보안(그룹): 사용 안 함

**그림 7-19** 첫 번째 백엔드 인스턴스용 네트워크 인터페이스 생성

**[네트워크 인터페이스 2]**

다음 설정 외에 나머지는 nic-vmapibe01과 동일합니다.

- 이름: nic-vmapibe02

**그림 7-20** 새로 만든 2개의 네트워크 인터페이스

**02** 실전 연습 22의 **03**번을 참고해 snet-convertapi 서브넷에 연결할 사용자 지정 라우팅 테이블을 만듭니다. **라우팅 테이블 생성** 팝업 창에서 다음 내용을 설정하고 [확인] 버튼을 클릭합니다.

❶ 이름: rt-io-backend

❷ VPC: vpc-io

❸ 라우팅 방식: 분산형 라우팅

**그림 7-21** 백엔드 서비스용 서브넷에 연결할 라우팅 테이블 생성

**03 Subnet** 작업 창에서 snet-convertapi을 선택하고 [라우팅 테이블 연결] 버튼을 클릭합니다. **라우팅 테이블 연결** 팝업 창에서 방금 만든 rt-io-backend를 선택하고 [확인] 버튼을

클릭해 서브넷과 연결합니다.

**그림 7-22** snet—convertapi와 rt—io—backend 연결

**04** 콘솔 왼편의 활성화된 기본 서비스 메뉴에서 **Network-NAT Gateway**를 선택합니다. **NAT Gateway** 작업 창에서 [+ NAT 게이트웨이 생성] 버튼을 클릭합니다.

**그림 7-23** Nat Gateway 작업 창

**05 NAT 게이트웨이 생성** 창에서 다음 내용을 설정하고 [확인] 버튼을 클릭합니다.

❶ 이름: natgw—apibe

❷ VPC: vpc—io

❸ 서브넷: snet—creatorweb

❹ 플로팅 IP: [생성] 버튼 클릭 후 생성된 플로팅 IP 선택

❺ 설명: 백엔드 API 서비스 인스턴스의 인터넷 아웃바운드 통신 허용

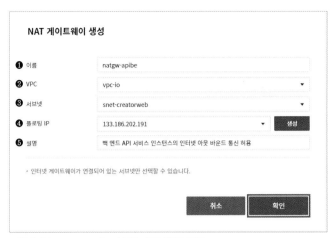

그림 7-24 natgw-apibe NAT 게이트웨이 배포

06 다시 **Network-Routing**을 선택합니다. **Routing** 작업 창에서 'rt-io-backend' 라우팅 테이블을 선택하고 **라우트** 탭에서 [+ 라우트 생성] 버튼을 클릭합니다.

그림 7-25 rt-io-backend 라우팅 테이블 선택

07 **라우트 생성** 창에서 다음 내용을 설정하고 [확인] 버튼을 클릭합니다.

❶ 대상 CIDR: 0.0.0.0/0

❷ 게이트웨이: NAT_GATEWAY: natgw-apibe

**그림 7-26** rt-io-backend에 라우트 추가

**08** 실전 연습 13을 참고해 첫 번째 리눅스 웹 서버 인스턴스를 배포합니다. 이때 **인스턴스 생성** 작업 창에서 가용성 영역을 고려해 다음 내용을 설정하고 [인스턴스 생성] 버튼을 클릭해 인스턴스를 생성합니다. 지정하지 않은 값은 기본 값을 사용합니다.

**[이미지– 공용 이미지]**

- 이미지 이름: Ubuntu Server 20.04 LTS
- 설명: Ubuntu Server 20.04.3 LTS

**[인스턴스 정보]**

❶ 가용성 영역: kr2–pub–a

❷ 인스턴스 이름: vmapibe01

❸ 인스턴스 타입: m2.c1m2

❹ 키 페어: [생성] 버튼 클릭 → 'vmapibe_key' 입력 후 [키 페어 생성] 버튼 클릭

❺ 블록 스토리지: SSD 100GB

**[네트워크 설정 – 기존 네트워크 인터페이스 지정]**

❻ 네트워크 인터페이스([설정 변경] 클릭 후): nic–vmapibe01

**[추가 설정]**

❼ 사용자 스크립트([설정 변경] 클릭 후): setup_webbe_ubuntu.sh 참고(깃허브 책 리포지토리의 source/ 7장)

```
#!/bin/bash
# NGINX 설치
apt-get update
apt-get -y install nginx

# index.html 파일 만들기
fileName=/var/www/html/index.html
echo "Running Conversion API Web Service from host $(hostname)">${fileName}
```

**예제 7-2** 백엔드 우분투 서버 사용자 스크립트

- 삭제 보호([설정 변경] 버튼 클릭 후): 사용

**그림 7-27** vmapibe01 인스턴스 생성 정보 확인

**09** vmapibe01의 웹 서비스 동작을 확인하기 위해서는 동일한 VPC에서 실행 중인 프런트엔드 Windows 서버 중 하나를 통해 테스트해야 합니다. 이를 위해 먼저 Windows 서버에 연결된 default 보안 그룹에 원격 데스크톱 연결을 위한 보안 규칙을 추가합니다(실전 연습 15의 **14~15**번 참고).

| 구분 | 보안 규칙 1 |
| --- | --- |
| 방향 | 수신 |
| IP 프로토콜 | 사용자 정의 TCP |
| 포트 | 3389 |
| 원격 | CIDR, 0.0.0.0/0 |
| 설명 | 원격 데스크톱 접속 허용 |

그림 7-28 보안 규칙 추가

**10** 실전 연습 14의 **04~05**번을 참고해 vmcreatorfe1의 원격 데스크톱을 연결하고 명령 프롬프트(cmd.exe)를 실행한 뒤, 'hostname' 명령을 입력해 호스트 이름을 확인합니다.

그림 7-29 vmcreatorfe1 원격 데스크톱 연결

**11** vmapibe01 인스턴스의 **기본 정보** 탭에서 할당된 사설 IP를 복사한 뒤, vmcreatorfe1 원격 데스크톱에서 인터넷 브라우저를 실행하고 주소 줄에 붙여 넣어 결과를 확인합니다.

**그림 7-30** vmapibe01의 Nginx 웹 서비스 동작 확인

**12** **08**번을 참고해 고가용성 서비스 인프라를 위한 두 번째 리눅스 웹 서버 인스턴스를 배포합니다. 다음 내용 외 나머지는 **08**번의 설정과 같습니다.

**그림 7-31** vmapibe02 인스턴스 생성 정보 확인

**[인스턴스 정보]**

❶ 가용성 영역: kr2-pub-b

❷ 인스턴스 이름: vmapibe02

❸ 키 페어: 'vmapibe_key' 선택

**[네트워크 설정 - 기존 네트워크 인터페이스 지정]**

❹ 네트워크 인터페이스([설정 변경] 버튼 클릭 후): nic-vmapibe02

**13** vmapibe02 인스턴스의 **기본 정보** 탭에서 할당된 사설 IP를 복사한 뒤, vmcreatorfe1 원격 데스크톱에서 인터넷 브라우저의 주소 줄에 붙여 넣어 결과를 확인합니다.

**그림 7-32** vmapibe02의 Nginx 웹 서비스 동작 확인

# CHAPTER 8

# 부하 분산 서비스 구현

**이 장의 내용**

- NHN Cloud의 부하 분산 서비스
- 로드 밸런서 배포
- 로드 밸런서 관리

사용자의 요청으로 발생한 대량의 트래픽을 여러 서버에 효율적으로 분산시키고, 서버가 응답 가능한지 상태를 확인하여 안정적인 서비스를 제공해야 할 때 필수로 사용하는 장치가 부하 분산 장치$^{Load\ Balancer}$입니다. 부하 분산 장치는 OSI 모델 기준으로 전송 계층(4계층)에서 동작하는 L4 부하 분산 장치와 세션 계층(5계층), 프레젠테이션 계층(6계층), 애플리케이션 계층(7계층)에서 동작하는 L7 부하 분산 장치로 나뉩니다.

| TCP/IP 모델 | 지원 프로토콜 | OSI 모델 | |
|---|---|---|---|
| 애플리케이션 계층 | HTTP, HTTPS, SMTP, IMAP, FTP, DNS, NNTP... | 애플리케이션 | L7 부하 분산 |
| | | 프레젠테이션 | |
| | | 세션 | |
| 전송 | UDP, TCP, SCTP | 전송 | L4 부하 분산 |
| 인터넷 | | 네트워크 | |
| 네트워크 액세스(링크) | | 데이터 링크 | |
| | | 물리 | |

**그림 8-1** OSI 모델과 TCP/IP 모델의 L4 및 L7 부하 분산

L4 부하 분산 장치는 IP 주소와 프로토콜, 포트와 부하 분산 알고리즘(Round Robin, Least Connections 등)을 사용하고 최소 연결 상태로 가장 빠른 응답 시간을 제공할 수 있는 서버

를 평가해 해당 서버로 트래픽을 보냅니다. 반면 L7 부하 분산은 HTTP/HTTPS 헤더와 메시지의 내용, URL 유형, 쿠키와 같은 다양한 정보를 바탕으로 트래픽의 라우팅을 결정합니다.

8장에서는 NHN Cloud에서 제공하는 부하 분산 서비스를 소개하고 활용법을 다룹니다. 편의상 서비스 명칭과 일치시키기 위해 부하 분산 서비스를 '로드 밸런서'로 표기합니다.

## 8.1 NHN Cloud의 부하 분산 서비스

온프레미스에서 네트워크의 트래픽을 분산하기 위해 거의 필수적으로 사용하는 부하 분산 장치처럼 NHN Cloud의 로드 밸런서도 고가용성과 트래픽 부하 분산을 목적으로 제공하는 서비스입니다. NHN Cloud의 로드 밸런서는 일반적으로 L4의 모든 기능과 L7의 일부 기능을 사용할 수 있습니다. 부하 분산은 로드 밸런싱 방식과 프로토콜, 포트, 상태 확인을 통해 결정합니다.

[그림 8-2]는 로드 밸런서의 기능 구성을 나타냈습니다. 이들 기능을 중심으로 로드 밸런서의 동작을 설명하겠습니다.

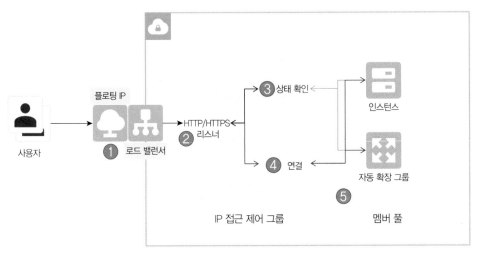

**그림 8-2** NHN Cloud의 로드 밸런서의 구성요소

1. 사용자는 로드 밸런서의 프런트엔드 IP(플로팅 IP 또는 사설 IP)를 대상으로 서비스를 요청합니다(트래 픽이 발생합니다).

2. 처리할 트래픽과 트래픽 수신 포트 및 프로토콜을 구성한 리스너에서 로드 밸런서로 유입된 트래픽을 수 신합니다.

3. 리스너별로 정의한 상태 확인 동작에 따라 멤버 풀의 멤버 인스턴스에 대한 상태를 확인합니다.

4. 연결에 관한 설정에 따라 응답 가능 상태로 확인된 멤버에 연결합니다.

5. 멤버 풀에 포함된 멤버에서 요청된 처리를 수행하고 결과를 반환합니다.

## 8.1.1 로드 밸런서 배포 형식

로드 밸런서는 트래픽이 발생하는 위치(공용 IP 주소 또는 사설 IP 주소)에 따라 공용 로드 밸 런서와 내부 로드 밸런서 배포 형식으로 나눌 수 있습니다. [그림 8-3]은 공용 및 내부 로드 밸 런서가 포함된 전형적인 웹 서비스 토폴로지를 나타냈습니다.

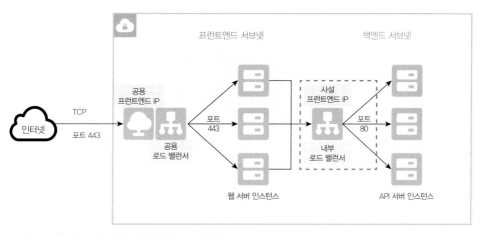

**그림 8-3** 공용 및 내부 로드 밸런서가 포함된 토폴로지

1. 공용 로드 밸런서

    인터넷 클라이언트의 서비스 요청을 여러 서버로 분산하고 싶다면 로드 밸런서를 배포하고 플로팅 IP를 연결합니다. 이렇게 하면 인터넷에서 들어오는 특정 유형의 인바운드 트래픽에 부하 분산 규칙을 적용하 고 공용 프런트엔드 IP 주소/포트를 멤버 풀의 실제 인스턴스의 사설 IP 주소/포트로 매핑해 트래픽을 보 낼 수 있습니다.

2. 내부 로드 밸런서

    프런트엔드 서버의 요청 트래픽을 NHN Cloud 내 백엔드 애플리케이션 서버에 분산 처리해야 한다면,

인터넷 엔드포인트에 노출되지 않도록 사설 프런트엔드 IP를 가진 내부 로드 밸런서를 배포합니다. 내부 로드 밸런서를 사용하는 3가지 시나리오를 생각해 볼 수 있습니다.

- VPC(가상 네트워크) 내 공용 로드 밸런서 멤버 풀의 아웃바운드 트래픽이 동일 VPC 내 여러 인스턴스로 부하를 분산하는 다중 계층 아키텍처 시나리오
- 프레미스를 VPN으로 연결하고 온프레미스 서버에서 사용자에게 엔드포인트를 제공하면서 VPC 내 백엔드 인스턴스로 부하를 분산하는 하이브리드 아키텍처 시나리오
- NHN Cloud 내에서 프런트엔드 서비스로 사용자에게 엔드포인트를 제공하면서 VPN 연결을 통해 온프레미스의 백엔드 서버로 부하를 분산하는 하이브리드 아키텍처 시나리오

## 8.2 로드 밸런서 배포

이 절은 NHN Cloud 로드 밸런서를 배포할 때 설정해야 하는 정보를 바탕으로 주요 구성요소를 설명합니다. [그림 8-4]의 **로드 밸런서 생성** 작업 창은 ❶설정과 ❷리스너, ❸IP 접근 제어라는 3가지 섹션으로 구성됩니다.

그림 8-4 로드 밸런서 생성

**NOTE_** 로드 밸런서의 설정에 관한 자세한 내용은 NHN Cloud 사용자 가이드를 참고하세요.
- https://docs.nhncloud.com/ko/Network/Load%20Balancer/ko/console-guide

## 8.2.1 로드 밸런서 기본 설정

[그림 8-5]는 **로드 밸런서 생성** 작업 창의 **설정** 섹션입니다.

**그림 8-5** 로드 밸런서 생성 – 설정

❶ 이름: 프로젝트 내의 고유한 로드 밸런서 이름을 입력합니다.

❷ 설명: 이 로드 밸런서의 목적이 잘 드러난 설명을 입력합니다.

❸ VPC와 서브넷: 로드 밸런서를 연결할 VPC의 서브넷을 지정합니다.

❹ 타입: 소프트웨어 로드 밸런서는 일반과 전용 중에서 선택하고 필요한 경우 물리 Basic과 Premium 중에 선택할 수 있습니다.

## 로드 밸런서 타입

NHN Cloud는 소프트웨어 및 물리 로드 밸런서를 모두 제공합니다. 과금 구분과 동시 연결 수 및 초당 연결 처리 수에 따라 소프트웨어 로드 밸런서는 일반과 전용, 물리 로드 밸런서는 기본과 프리미엄으로 나눕니다. [표 8-1]에 로드 밸런서 구현 방식과 타입을 정리했습니다.

**표 8-1** 로드 밸런서 구현 방식과 타입

| 방식 | 타입 | 성능 | 과금 기준 |
|------|------|------|----------|
| 소프트웨어 로드 밸런서 | 일반 | 최대 6만 개 동시 연결 및 초당 연결 처리 하지만 보장하지는 않음 | 1개당 누적 사용 시간 |
| | 전용 | 48만 개 동시 연결 및 초당 2만 연결 처리 | 1개당 누적 사용일 수 |
| 물리 로드 밸런서 | Basic | 1백만 개 동시 연결 및 초당 4만 연결 처리 | 1개당 누적 사용일 수 |
| | Premium | 3백만 개 동시 연결 및 초당 8만 연결 처리 | 1개당 누적 사용일 수 |

일반 로드 밸런서는 하나의 로드 밸런서 노드를 다수의 고객이 공유하며 각 고객이 필요한 리스너를 추가하는 구조입니다. 반면 전용 로드 밸런서는 고객이 하나의 로드 밸런서를 점유해 사용하는 구조입니다. 일반 로드 밸런서는 성능을 보장하지 않으므로 가장 저렴한 요금을 제공합니다. 성능과 가용성이 보장되어야 하는 중요 서비스라면 전용 타입 로드 밸런서를 사용해야 합니다.

물리 로드 밸런서를 사용하면 이중화된 전용 하드웨어를 통해 이중화를 기본으로 제공하므로 소프트웨어 로드 밸런서를 단일로 구성하는 방식보다 더 높은 가용성을 제공합니다.

## 8.2.2 리스너

[그림 8-6]은 **로드 밸런서 생성** 작업 창의 **리스너** 섹션입니다. 이 섹션은 리스너와 상태 확인, 연결, 인스턴스 선택 부분으로 구성됩니다. 하단의 **리스너 추가** 그룹은 새로운 리스너를 추가하고 구성할 수 있습니다. 로드 밸런서를 생성하는 동안 리스너를 최대 3개까지 추가할 수 있으며 생성 후에도 추가할 수 있습니다.

그림 8-6 로드 밸런서 생성 – 리스너

## 리스너

로드 밸런서가 처리할 트래픽의 속성을 정의하는 부분입니다.

그림 8-7 리스너 설정

### ❶ 로드 밸런싱 방식

- ROUND_ROBIN(기본 값), LEAST_CONNECTIONS, SOURCE_IP 3가지 값 중에 선택합니다.
- Round Robin(순차 선택): 멤버 풀의 인스턴스를 순차적으로 선택해 트래픽을 전달합니다.

- Least Connections(최소 연결 우선 선택): 수립된 TCP 연결 수가 가장 적은 인스턴스(가장 부하가 적은 인스턴스)를 선택해 트래픽을 전달합니다.
- Source IP(원본 IP 기준 선택): 서비스 요청자의 원본 IP를 해싱해 트래픽을 전달할 인스턴스를 선택합니다. 동일한 원본 IP의 요청을 항상 같은 인스턴스로 전달합니다.

### ➋ 프로토콜
- TCP, HTTP/HTTPS, TERMINATED_HTTPS 중에 선택합니다.
- TERMINATED_HTTPS는 HTTPS 트래픽을 수신해 멤버 풀의 인스턴스에게 HTTP 트래픽으로 전달합니다.

### ➌ 로드 밸런서 포트와 인스턴스 포트
- 로드 밸런서로 유입된 트래픽이 멤버 인스턴스에게 전달될 때 사용할 포트를 각각 지정합니다.
- '로드 밸런서 포트'는 기본 리스너가 트래픽을 수신하는 포트를 지정하고 '인스턴스 포트'는 멤버 풀의 인스턴스가 수신할 포트를 지정합니다.

## 상태 확인

멤버의 상태 확인을 위해 설정하는 부분입니다. 로드 밸런서로 유입된 트래픽이 멤버 풀의 인스턴스로 전달되기 전에 해당 멤버 인스턴스가 트래픽을 처리할 상태인지 미리 확인해야 합니다.

그림 8-8 상태 확인 설정

### ❶ 상태 확인 프로토콜과 상태 확인 포트

- 상태 확인에 사용하는 프로토콜(TCP/HTTP/HTTPS)과 상태 확인을 시도할 멤버 인스턴스의 포트를 지정합니다.

### ❷ HTTP 메서드, HTTP 상태 코드, URL

- 상태 확인 프로토콜을 HTTP/HTTPS를 선택했을 때만 활성화됩니다.

  - HTTP 메서드: GET으로 자동 지정
  - HTTP 상태 코드: 정상 응답으로 간주하는 HTTP 상태 코드 입력
  - URL: 상태 확인을 수행할 멤버 인스턴스의 경로 지정

### ❸ 상태 확인 주기

- 초 단위로 상태 확인을 시도하는 주기를 입력합니다.

### ❹ 최대 응답 대기 시간

- 상태 확인 후 정상 응답을 대기하는 최대 시간을 초 단위로 지정합니다.

### ❺ 최대 재시도 횟수

- 상태 확인에 실패할 때 재시도할 최대 횟수를 지정합니다. 최대 횟수를 초과하면 부하 분산 대상에서 제외됩니다.

## 연결

멤버 인스턴스와의 연결에 관한 속성을 지정합니다.

❶ 로드 밸런싱 방식: SOURCE_IP

❷ 로드 밸런싱 방식: ROUND_ROBIN/LEAST_CONNECTIONS, 프로토콜: HTTPS/TCP

그림 8-9 연결 속성

**❶ 세션 지속성**

- 특정 인스턴스와 연결된 세션을 계속 유지할지 여부를 지정합니다. 리스너에서 로드 밸런싱 방식을 'ROUND_ROBIN / LEAST_CONNECTION'으로 선택하고 프로토콜을 HTTP로 선택한 경우 '세션 지속성 없음' 'SOURCE_IP' 'HTTP_COOKIE' 'APP_COOKIE' 중에서 선택합니다.

- 로드 밸런싱 방식이 'SOURCE_IP'인 경우는 프로토콜에 상관없이 '세션 지속성 없음'으로 고정됩니다. 'ROUND_ROBIN'이나 'LEAST_CONNECTION'을 선택했더라도 프로토콜을 'HTTPS'나 'TCP'로 선택하면 '세션 지속성 없음'이나 'SOURCE_IP' 중에서 선택해야 합니다.

  - 세션 지속성 없음: 일반적으로 프레젠테이션 계층의 웹 서비스처럼 상태를 저장하지 않는 경우 사용합니다. 이 옵션은 동일한 멤버 인스턴스와 세션을 유지하지 않습니다.

  - SOURCE_IP: 클라이언트의 원본 IP를 기준으로 세션을 유지합니다.

  - HTTP_COOKIE: 로드 밸런서가 자동으로 설정해 주는 쿠키를 통해 세션을 유지합니다.

  - APP_COOKIE: 멤버 인스턴스의 애플리케이션 서비스를 내려주는 명시적인 쿠키 설정으로 세션을 유지합니다.

**❷ 연결 제한**

- 기본 리스너가 동시에 유지할 TCP 세션 수를 지정합니다.

**❸ Keep-Alive 타임아웃**

- 클라이언트와 로드 밸런서, 로드 밸런서와 멤버 인스턴스 서버 간 세션 유지 시간을 초 단위로 지정하며 기본 값은 300초입니다.

- 권장 값은 서버에 설정한 Keep-Alive 타임아웃 값입니다.

**❹ 유효하지 않은 요청 차단**

- HTTP 요청 헤더에 유효하지 않은 문자가 포함된 경우 차단하고 클라이언트에는 응답 코드 400(Bad Request)을 반환합니다.

- 리스너의 프로토콜을 'HTTP'나 'TERMINATED_HTTPS'로 설정한 경우 선택할 수 있는 옵션이며 기본 값은 '사용'입니다.

**❺ 프록시 프로토콜**

- 클라이언트의 IP 정보를 전송하기 위한 프로토콜이며 US-ASCII 포맷의 텍스트 한 줄로 표현되어 읽고 이해하기 쉽습니다.

- 리스너의 프로토콜을 'HTTPS'나 'TCP'로 설정한 경우 선택할 수 있는 옵션이며 기본 값은 '사용 안 함'입니다.

## 멤버 풀

로드 밸런서를 배포할 때 멤버 인스턴스를 지정하거나 로드 밸런서 배포 후에 지정할 수 있습니다. 멤버 인스턴스로 지정할 수 있는 3가지 시나리오가 있습니다.

1. 로드 밸런서를 배포한 VPC의 동일한 서브넷에 연결된 인스턴스
2. 로드 밸런서가 있는 VPC와 피어링 연결을 수립한 VPC에 연결된 인스턴스
3. 로드 밸런서의 서브넷과 다른 서브넷에 연결된 인스턴스(이 경우 양쪽 서브넷을 라우팅 테이블에 추가해야 함)

[그림 8-10]은 로드 밸런서를 배포할 때 멤버 인스턴스를 선택하는 화면입니다. '선택 가능한 인스턴스' 영역에서 원하는 인스턴스를 선택하면 '선택한 인스턴스' 영역으로 이동합니다.

**그림 8-10** 멤버 인스턴스 선택

> **NOTE_** 로드 밸런서의 리스너 설정에 관한 보다 자세한 내용은 NHN Cloud 사용자 가이드를 참고하세요.
> - https://docs.nhncloud.com/ko/Network/Load%20Balancer/ko/overview

## | 실전 연습 24 | 프런트엔드 인스턴스용 공용 로드 밸런서 배포하기

이번 실습은 이오(IO)의 VPC에 배포한 가상 동식물 생성 포털용 프런트엔드 웹 서비스 인스턴스의 서비스 가용성을 완성하기 위해 부하 분산을 제공하는 로드 밸런서를 배포합니다.

**01** 현재 리전이 '평촌'인지 확인하고 콘솔 왼편의 활성화된 기본 서비스 메뉴에서 **Network－Load Balancer**를 선택합니다. **Load Balancer > 관리** 작업 창에서 [+ 로드 밸런서 생성] 버튼을 클릭합니다.

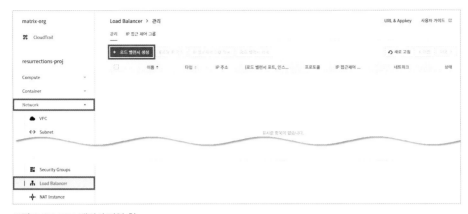

그림 8-11 로드 밸런서 작업 창

02 **로드 밸런서 생성** 창에서 **설정** 섹션을 다음 내용으로 지정합니다.

❶ 이름: lbe-io

❷ 설명: 가상 동식물 생성 포털 웹 서비스 인스턴스용 부하 분산 장치

❸ VPC: vpc-io

❹ 서브넷: snet-creatorweb

❺ 타입: 일반

그림 8-12 공용 로드 밸런서 기본 설정

03 **로드 밸런서 생성** 창에서 **리스너** 섹션을 다음 내용으로 지정하고 [로드 밸런서 생성] 버튼을 클릭합니다.

[리스너]

❶ 로드 밸런싱 방식: SOURCE_IP

❷ 프로토콜: HTTP

❸ 로드 밸런서 포트 / 인스턴스 포트: 80 / 80

**[상태 확인]**

❹ 상태 확인 프로토콜 / 포트: TCP / 80

❺ 상태 확인 주기: 10초

❻ 최대 응답 대기 시간: 7초

❼ 최대 재시도 횟수: 3

**[연결]**

❽ 세션 지속성: 세션 지속성 없음

❾ 연결 제한: 1000

❿ Keep-Alive 타임아웃: 200초

⓫ 유효하지 않은 요청 차단: 사용

**[선택된 인스턴스]**

⓬ vmcreatorfe1, vmcreatorfe2

그림 8-13 공용 로드 밸런서 리스너 설정

**04 Load Balancer > 관리** 작업 창에서 배포된 로드 밸런서 목록과 기본 정보를 확인합니다.

그림 8-14 배포된 로드 밸런서 목록

## | 실전 연습 25 | 백엔드 인스턴스용 내부 로드 밸런서 배포하기

이번 실습은 매트릭스 속의 개체 코드와 DNA 코드 간 변환을 담당하는 백엔드 API 서비스 인스턴스의 서비스 가용성을 완성하기 위해 부하 분산을 제공하는 로드 밸런서를 배포합니다.

**01 Load Balancer > 관리** 작업 창에서 다시 [+ 로드 밸런서 생성] 버튼을 클릭합니다.

**02 로드 밸런서 생성** 창에서 **설정** 섹션을 다음 내용으로 지정합니다.

❶ 이름: lbi-io

❷ 설명: DNA 코드 변환 API 웹 서비스 인스턴스용 부하 분산 장치

❸ VPC: vpc-io

❹ 서브넷: snet-convertapi

❺ 타입: 일반

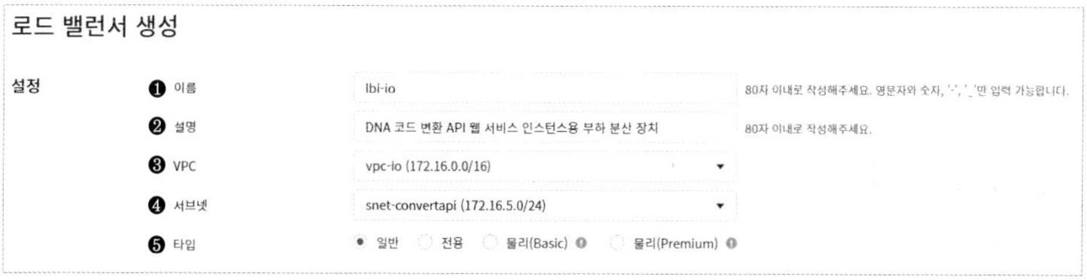

그림 8-15 내부 로드 밸런서 기본 설정

**03 로드 밸런서 생성** 창에서 **리스너** 섹션을 다음 내용으로 지정하고 [로드 밸런서 생성] 버튼을 클릭합니다. 명시적으로 지정하지 않은 값은 기본 값을 사용합니다.

그림 8-16 내부 로드 밸런서 리스너 설정

**[리스너]**

❶ 로드 밸런싱 방식: LEAST_CONNECTION

**[상태 확인]**

❷ 상태 확인 프로토콜 / 포트: HTTP / 80

❸ 상태 확인 주기: 30초

❹ 최대 응답 대기 시간: 5초

❺ 최대 재시도 횟수: 2

**[연결]**

❻ 세션 지속성: HTTP_COOKIE

❼ 연결 제한: 60000

❽ Keep-Alive 타임아웃: 300초

**04 Load Balancer > 관리** 작업 창에서 배포된 로드 밸런서 목록과 기본 정보를 확인합니다.

그림 8-17 배포된 로드 밸런서 목록

## 8.3 로드 밸런서 관리

로드 밸런서를 배포한 후 필요에 따라 배포 당시의 설정을 변경하거나 로드 밸런서의 동작을 모니터링합니다. 예를 들어 외부 클라이언트의 요청을 처리하는 로드 밸런서의 경우 추가로 플로팅 IP를 VIP로 제공하기 위한 설정이 필요합니다. 또한 모니터링을 통해 로드 밸런서의 현재 설정이 적절한지 판단할 수도 있습니다.

### 8.3.1 로드 밸런서 기본 관리

배포한 로드 밸런서의 주요 기본 관리 기능은 [그림 8-18]에 보이는 플로팅 IP 관리, IP 접근 제어 그룹 적용, 로드 밸런서 삭제입니다. IP 접근 제어 그룹 적용은 11장에서 다룹니다.

| | 이름 ↑ | 타입 ⇅ | IP 주소 | (로드 밸런서 포트, 인스턴스 포트) | 프로토콜 | IP 접근제어 타입 | 네트워크 | 상태 |
|---|---|---|---|---|---|---|---|---|
| ☑ | lbe-io | 일반 | 사설 IP : 172.16.3.17 | (80, 80) | HTTP | - | [vpc-io] snet-creatorweb (172.16.3.0/24) | ● |
| ☐ | lbi-io | 일반 | 사설 IP : 172.16.5.92 | (80, 80) | HTTP | - | [vpc-io] snet-convertapi (172.16.5.0/24) | ● |

그림 8-18 로드 밸런서 기본 관리 기능

### 플로팅 IP 관리

로드 밸런서를 외부에 공개하려면 플로팅 IP를 연결해야 합니다. [플로팅 IP 관리] 버튼을 클릭하면 [그림 8-19]에 보이는 **플로팅 IP 관리** 창에서 새로운 플로팅 IP를 만들거나 기존 여유 플로팅 IP를 선택해 연결할 수 있습니다.

그림 8-19 플로팅 IP 관리

로드 밸런서에 플로팅 IP를 연결하면 멤버 인스턴스는 플로팅 IP가 필요하지 않습니다. 외부 클라이언트 측면에서 엔드포인트는 로드 밸런서의 플로팅 IP이며 로드 밸런서로 유입된 트래픽은 리스너의 설정에 따라 멤버 인스턴스로 전달될 때 사설 IP로 통신합니다. 따라서 멤버 인스턴스의 플로팅 IP를 제거해 비용을 절약할 수 있고 NHN Cloud 외부에서 각 멤버 인스턴스로 관리 접속을 허용해 발생하는 보안 위협을 줄일 수 있습니다.

## 로드 밸런서 삭제

하나 이상의 로드 밸런서를 선택해 삭제할 수 있습니다. 삭제 작업은 되돌릴 수 없으므로 주의해야 합니다.

Load Balancer > 관리
URL & Appkey
관리
IP 접근 제어 그룹
+ 로드 밸런서 생성
로드 밸런서 삭제
새로 고침
이름
타입
lbe-io
일반
lbi-io
일반
네트워크
상태
snet-creatorweb (172.16.3.0/24)
snet-convertapi (172.16.5.0/24)
로드 밸런서 삭제
선택한 로드 밸런서를 삭제합니다.
lbe-io, lbi-io을(를) 선택했습니다.
선택 사항을 확인해 주세요. 이 작업은 취소할 수 없습니다.
취소
확인

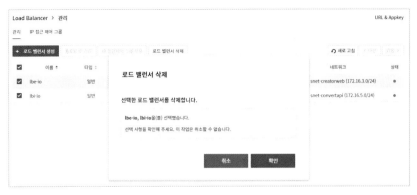

그림 8-20 로드 밸런서 삭제

## 8.3.2 로드 밸런서 설정 관리

**Load Balancer > 관리** 작업 창에서 배포된 특정 로드 밸런서를 선택하면 하단에 **기본 정보**, **리스너**, **인스턴스**, **통계**라는 4개의 탭이 보입니다. 여기서 선택한 로드 밸런서의 상세 정보를 확인하고 필요한 경우 수정할 수 있습니다.

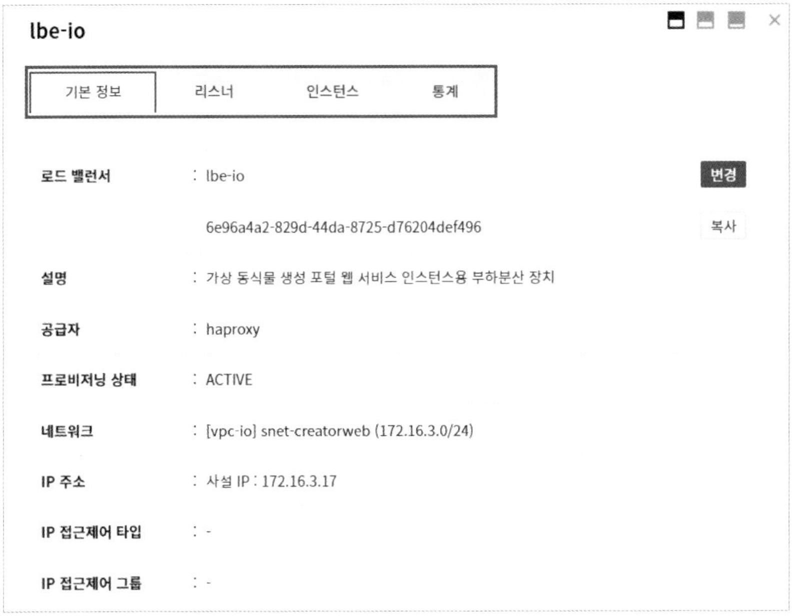

lbe-io
기본 정보
리스너
인스턴스
통계
로드 밸런서
: lbe-io
변경
6e96a4a2-829d-44da-8725-d76204def496
복사
설명
: 가상 동식물 생성 포털 웹 서비스 인스턴스용 부하분산 장치
공급자
: haproxy
프로비저닝 상태
: ACTIVE
네트워크
: [vpc-io] snet-creatorweb (172.16.3.0/24)
IP 주소
: 사설 IP : 172.16.3.17
IP 접근제어 타입
: -
IP 접근제어 그룹
: -

그림 8-21 로드 밸런서의 상세 정보를 보여주는 4개의 탭

## 기본 정보

로드 밸런서의 이름과 ID, 설명, 프로비저닝 상태, VPC와 서브넷 등의 정보를 확인할 수 있으며 특히 로드 밸런서의 VIP를 확인할 수 있습니다(그림 8-21 참고). 로드 밸런서의 고유성은 이름 아래 표시된 ID로 식별합니다. 기본 정보에서 변경할 수 있는 부분은 [그림 8-22]에 보이듯이 '이름'과 '설명'뿐입니다.

로드 밸런서 변경

| 이름 | lbe-io |
| 설명 | 가상 동식물 생성 포털 웹 서비스 인스턴스용 무하분산 장치 |

취소    확인

그림 8-22 로드 밸런서 기본 정보 변경

## 리스너

**리스너** 탭에서 [+ 리스너 생성] 버튼을 클릭하면 리스너를 추가할 수 있습니다. 리스너 섹션별로 표시된 [변경] 버튼을 클릭해 리스너의 기존 설정을 변경하거나 [삭제] 버튼을 클릭해 리스너를 삭제할 수 있습니다. 단, 로드 밸런서의 유일한 리스너는 삭제할 수 없습니다. **리스너 변경** 창에서 **리스너** 섹션은 로드 밸런싱 방식에 대한 변경만 허용합니다.

**그림 8-23** 리스너 변경

## 인스턴스

멤버 풀에 새로운 인스턴스를 추가하거나 연결을 해제할 수 있고 기존 인스턴스를 비활성화하거나 활성화할 수 있습니다.

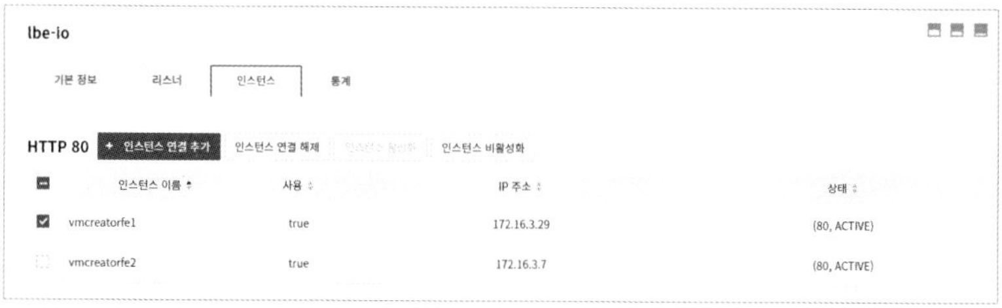

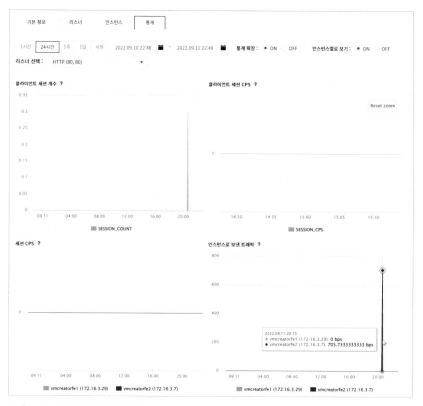

그림 8-24 멤버 인스턴스 관리

## 통계

각 리스너의 다양한 모니터링 통계 정보를 기간 및 인스턴스별로 확인할 수 있습니다.

그림 8-25 로드 밸런서의 통계 정보

## | 실전 연습 26 | 로드 밸런서 관리하기

**01** **Load Balancer > 관리** 작업 창에서 해당 로드 밸런서를 선택한 후, [플로팅 IP 관리] 버튼을 클릭합니다.

**02** **플로팅 IP 관리** 창에서 [+ 생성] 버튼을 클릭합니다.

**그림 8-26** 플로팅 IP 관리

**03** 만들어진 플로팅 IP를 선택하고 로드 밸런서로 'lbe-io'를 선택한 다음 [연결] 버튼을 클릭해 연결에 성공한 후 [닫기] 버튼을 클릭합니다.

**그림 8-27** 플로팅 IP 연결

**04 Load Balancer > 관리** 작업 창의 로드 밸런서 목록에서 연결된 플로팅 IP 주소를 확인하고 기록해 놓습니다.

**그림 8-28** 로드 밸런서에 연결된 플로팅 IP 확인

**05** lbe-io 로드 밸런서의 **리스너** 탭에서 [변경] 버튼을 클릭해 다음 설정으로 변경하고 [확인] 버튼을 클릭합니다. 지정하지 않은 값은 기존 값을 유지합니다.

[리스너]
❶ 로드 밸런싱 방식: LEAST_CONNECTION

**[상태 확인]**

❷ 상태 확인 프로토콜: HTTP

**[연결]**

❸ 연결 제한: 1000

**그림 8-29** 리스너 수정

**06** 로컬 컴퓨터의 웹 브라우저를 실행하고 **04**번에서 확인한 플로팅 IP를 주소 줄에 붙여 넣어 로드 밸런서를 통한 서버의 응답을 확인합니다.

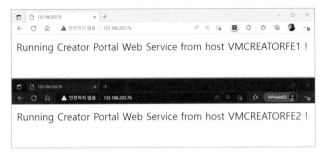

**그림 8-30** lbe-io 로드 밸런서 동작 확인

**07** lbe-io 로드 밸런서의 **인스턴스** 탭에서 'vmcreatorfe1'을 선택한 다음 [인스턴스 비활성화] 버튼을 클릭합니다. **인스턴스 비활성화** 창에서 [확인] 버튼을 클릭해 vmcreatorfe1을 비활성화합니다.

**그림 8-31** 인스턴스 비활성화

**08** lbe-io 로드 밸런서의 **인스턴스** 탭에서 vmcreatorfe1이 비활성화 상태(ONLINE)인 것을 확인하고, 로컬 컴퓨터의 웹 브라우저에서 로드 밸런서의 동작을 확인합니다.

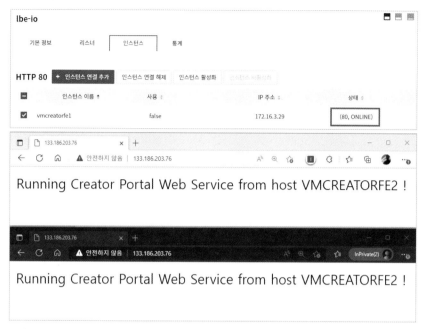

**그림 8-32** vmcreatorfe1 비활성화 후 로드 밸런서 동작 확인

**09** lbe-io 로드 밸런서의 **인스턴스** 탭에서 'vmcreatorfe1'을 선택한 다음 [인스턴스 활성화] 버튼을 클릭합니다. **인스턴스 활성화** 창에서 [확인] 버튼을 클릭해 vmcreatorfe1을 다시 활성화합니다.

**그림 8-33** 인스턴스 활성화

**10** **Load Balancer > 관리** 작업 창의 로드 밸런서 목록에서 'lbi-io' 로드 밸런서를 선택합니다. 하단의 상세 정보 섹션에서 **인스턴스** 탭을 선택하고 [+ 인스턴스 연결 추가] 버튼을 클릭합니다.

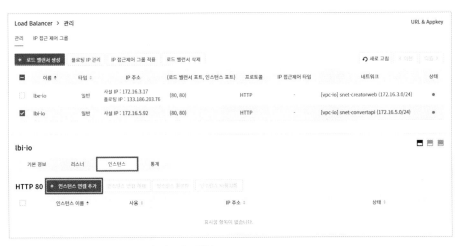

그림 8-34 lbi-io 로드 밸런서의 멤버 인스턴스 확인

**11** **인스턴스 연결 추가** 창에서 다음 내용으로 설정한 다음 [확인] 버튼을 클릭해 멤버 풀을 구성합니다.

- 선택된 인스턴스: vmapibe01, vmapibe02

그림 8-35 인스턴스 연결 추가

**12** lbi-io 로드 밸런서의 **리스너** 탭에서 [변경] 버튼을 클릭해 다음 설정으로 변경하고 [확인] 버튼을 클릭합니다. 지정하지 않은 값은 기존 값을 유지합니다.

**[리스너]**

❶ 로드 밸런싱 방식: ROUND_ROBIN

**[상태 확인]**

❷ 상태 확인 주기: 10초

❸ 최대 재시도 횟수: 3회

**[연결]**

❹ 세션 지속성: 세션 지속성 없음

❺ 연결 제한: 2000

❻ Keep-Alive 타임아웃: 200초

**그림 8-36** lbi-io 로드 밸런서의 리스너 설정 변경

**13 Load Balancer > 관리** 작업 창의 로드 밸런서 목록에서 lbi-io의 사설 IP 주소를 확인하고 기록해 놓습니다.

**14** 실전 연습 14의 **04~05**번을 참고해 vmcreatorfe1의 원격 데스크톱을 연결한 다음 인터넷 브라우저를 실행합니다.

**15** 인터넷 브라우저 주소 줄에 **12**번에서 기록한 사설 IP 주소를 붙여 넣어 내부 로드 밸런서 동작을 확인합니다.

**그림 8-37** lbi-io 로드 밸런서 동작 확인

CHAPTER **9**

# 인스턴스 탄력성 구현

> **이 장의 내용**
>
> - 오토 스케일 서비스 개요
> - 인스턴스 템플릿 구현
> - 오토 스케일 서비스 배포
> - 오토 스케일 서비스 관리

8장에서 부하 분산 장치를 배웠으니 이제 부하가 늘어나면 부하를 골고루 분산시킬 수 있고 특정 인스턴스가 실패해도 서비스 가용성을 제공할 수 있게 되었습니다. 하지만 멤버 풀의 인스턴스가 부족해지면 다시 동일한 규격의 인스턴스와 코드를 배포한 뒤 부하 분산 장치에 추가하는 작업을 반복해야 합니다. 부하가 줄어들면 실행 중인 인스턴스를 중지하거나 제거해야 비용을 아낄 수 있습니다. 이렇게 반복 작업을 하는 것도 문제지만 사람이 개입할 여지가 많아지면 의도치 않은 실수가 발생합니다.

이처럼 부하 변동에 따라 인스턴스의 탄력성을 빠르고 안전하며 자동화된 방법으로 구현할 수 있다면 부하 변동에도 서비스 응답 시간을 적절하게 유지해 안정적인 서비스를 제공할 수 있습니다. 따라서 9장은 오토 스케일^Auto Scale 서비스를 이해하고 이를 구현해 다양한 이벤트에 따라 서비스의 안정성과 고가용성을 제공하는 데에 초점을 맞췄습니다.

## 9.1 오토 스케일 서비스 개요

오토 스케일은 인스턴스를 미리 배포할 필요 없이 부하 분산을 적용한 동일한 설정의 인스턴스 그룹을 만들어 안정적이고 탄력적인 서비스와 인프라의 고가용성을 제공합니다. 이는 구체적으로 다음 2가지를 뜻합니다.

1. 인스턴스의 부하를 지속적으로 모니터링해 측정된 메트릭을 기반으로 인스턴스를 추가하거나 제거하는 자동 크기 조정, 크기를 직접 설정하는 수동 크기 조정을 지원
2. 물리 서버의 장애나 개별 인스턴스의 장애로 서비스가 불가능할 경우 자동으로 새로운 인스턴스를 배포해 장애가 발생한 인스턴스를 대체

오토 스케일 서비스를 사용하면 대규모 컴퓨팅 환경과 빅데이터 및 컨테이너 워크로드를 처리하는 인프라를 빠르고 쉽게 구현할 수 있습니다. [그림 9-1]에 오토 스케일 서비스의 아키텍처를 나타냈습니다.

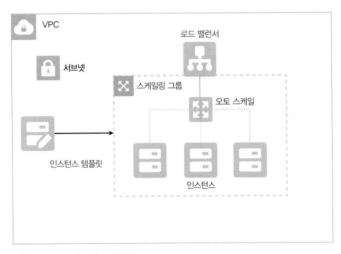

**그림 9-1** 오토 스케일 아키텍처

오토 스케일 서비스의 핵심은 스케일링 그룹입니다. 스케일링 그룹에서 미리 정의한 증감 정책에 따라 인스턴스를 자동으로 늘리거나 줄입니다. 오토 스케일 서비스를 배포할 때 사용하는 가상 네트워크는 스케일링 그룹에서 배포하는 인스턴스를 설정할 때 지정한(또는 인스턴스 템플릿에서 지정한) VPC의 단일 서브넷입니다.

개별 인스턴스와 부하 분산 장치를 따로 배포하고 결합하는 방식과 비교했을 때 오토 스케일 서비스는 다음 4가지 이점을 제공합니다.

1. 개별 인스턴스를 직접 배포하고 구성하는 이전 방식과 달리 인스턴스 공통 설정이나 미리 정의한 인스턴스 템플릿을 사용해 동일한 설정의 인스턴스를 배포하고 관리합니다.

2. 메트릭(성능 지표)을 미리 정의하고 이를 기반으로 인스턴스 증설과 감축이 자동으로 수행됩니다.

3. 오토 스케일 서비스를 배포하는 동안 로드 밸런서 연결을 설정하면 배포 이후 인스턴스 증설이나 감축이 발생할 때 부하 분산 장치와의 연결도 자동으로 설정됩니다.

4. NHN Cloud Deploy 서비스를 사용하도록 설정하면 인스턴스 증설이 일어날 때 지정한 스크립트를 실행, 애플리케이션 배포, JenKins-CLI 템플릿을 사용한 DevOps 연계 등의 작업을 자동으로 수행할 수 있습니다.

서비스 요청의 변동성이 높고 예측이 쉽지 않은 경우 오토 스케일 서비스로 이런 상황에 대응하는 고가용성 환경을 쉽게 구축할 수 있습니다. 오토 스케일 서비스 채택을 고려할 만한 몇 가지 시나리오를 정리했습니다.

1. 많은 인스턴스를 실행하면서 동일한 애플리케이션 서비스를 제공해야 하는 경우

   일관성 있는 애플리케이션 기능과 성능을 보장하려면 모든 인스턴스에서 타입과 디스크 구성, 애플리케이션 설치 및 구성이 동일해야 합니다. 오토 스케일 서비스는 인스턴스 템플릿을 사용해 직접 구성한 이미지로 대량의 인스턴스를 쉽고 빠르게 만들 수 있습니다.

2. 특정 인스턴스가 실패해도 다른 인스턴스를 통해 서비스 액세스를 지속적으로 제공해야 하는 경우

   오토 스케일 서비스는 로드 밸런서와 연결을 제공해 스케일링 그룹의 다른 인스턴스로 부하를 분산하고 문제가 있는 인스턴스를 확인 및 제외할 수 있습니다.

3. 서비스 요청 수요의 변동성에 대비해 인스턴스를 탄력적으로 운용해야 하는 경우

   서비스의 요청이 급증하면 인스턴스를 자동으로 추가해 일정한 서비스 경험을 보장하고 요청이 줄어들면 불필요한 인스턴스를 줄여 비용을 절감해야 합니다. 오토 스케일 서비스는 스케일링 그룹의 인스턴스들에 대한 성능 메트릭을 평가해 자동으로 크기를 조정하거나 직접 인스턴스 수를 지정할 수 있습니다.

4. 대규모 컴퓨팅 작업을 위해 인스턴스를 대량으로 배포해야 하는 경우

   하나의 스케일링 그룹당(인스턴스 최대 100개 범위 내에서) 대량으로 인스턴스를 신속하게 배포할 수 있습니다.

오토 스케일 서비스는 3가지 크기 조정 방식을 제공합니다.

1. 정책 기반 자동 크기 조정

   스케일링 그룹을 만들 때 기본 동작입니다. 스케일링 그룹에 지정한 정책에 따라 인스턴스 수를 조정합니다.

2. 사용자 직접 조정

   정책 정의와 상관없이 사용자가 웹 콘솔에서 증설이나 감축을 직접 조정하는 방식입니다.

3. 예약 기반 크기 조정

특정 시점마다 실행 인스턴스 수를 조정하는 방식입니다. 특정 시점에 일회성으로 실행 인스턴스 수를 지정하거나 일정 주기로 반복해서 실행 인스턴스 수를 확보할 수 있습니다.

오토 스케일 서비스의 스케일링 그룹 자체에 대한 요금은 부과되지 않으며, 스케일링 그룹에 배포된 인스턴스와 연결된 로드 밸런서에 대해서만 과금됩니다.

## 9.2 인스턴스 템플릿 구현

인스턴스 템플릿 서비스는 자주 사용하는 인스턴스 구성요소 정보를 미리 정의해 동일한 사양의 인스턴스를 간편하게 만들도록 돕는 서비스입니다. 인스턴스 템플릿은 2가지 서비스에 사용됩니다.

1. 인스턴스 생성

인스턴스 템플릿 '사용'을 선택한 **인스턴스 생성** 창에서 인스턴스 템플릿을 선택하면 템플릿에 설정한 인스턴스 사양이 기본 값으로 선택되며, 사용자가 원하는 값으로 변경해 원하는 만큼의 인스턴스를 배포할 수 있습니다.

그림 9-2 인스턴스 생성에서 인스턴스 템플릿 사용

## 2. 오토 스케일 서비스

**스케일링 그룹 생성** 창의 **설정** 섹션에서 인스턴스 템플릿 '사용'을 선택하면 템플릿에 설정한 인스턴스 사양이 기본 값으로 선택됩니다. 원하는 OS 이미지와 타입, 최소/최대/구동 인스턴스 수, 증설/감축 정책, 로드 밸런서 등을 지정해 스케일링 그룹을 배포할 수 있습니다.

**그림 9-3** 스케일링 그룹 생성에서 인스턴스 템플릿 사용

[그림 9-4]에 보이는 인스턴스 템플릿 생성 창은 앞서 5장에서 설명한 인스턴스 생성 창과 거의 동일합니다. 유일한 차이는 인스턴스 템플릿 이름과 설명을 입력하는 **설정** 섹션 부분입니다. 나머지 섹션의 구성 정보는 5.2절을 참고하기 바랍니다.

**NOTE_** 인스턴스 템플릿은 만들고 나면 변경할 수 없습니다. 템플릿을 만들기 전에 템플릿에 입력할 정보를 충분히 계획하기 바랍니다.

## 인스턴스 템플릿 생성

| 설정 | 이름 | | 20자 이내로 작성해주세요. 영문자와 숫자, '-', '.'만 입력 가능합니다. |
| | 설명 | | 255자 이내로 작성해주세요. |

**이미지**

공용 이미지 (53)　　개인 이미지 (0)

전체 이미지 ▼　　　　　　▼　Q 이미지 이름 또는 설명을 입력해 주세요.

| 이미지 이름 | 설명 | 언어 | 최소 블록 스토리지(GB) | 비트 |
|---|---|---|---|---|
| Ubuntu Server 18.04 LTS | Ubuntu Server 18.04.6 LTS (2021.12.21) | | 20 GB | 64 Bit |
| Ubuntu Server 18.04 LTS | Ubuntu Server 18.04.6 LTS for NAT (2021.12.21) | | 20 GB | 64 Bit |
| Ubuntu Server 20.04 LTS | Ubuntu Server 20.04.3 LTS (2021.12.21) | | 20 GB | 64 Bit |
| Windows 2012 R2 STD | Windows 2012 R2 STD (2022.07.19) | EN | 50 GB | 64 Bit |

**인스턴스 정보**

가용성 영역　　임의의 가용성 영역 ▼

인스턴스 이름　　[　　　]　50자 이내로 작성해주세요. 영문자와 숫자, '-', '.'만 입력 가능합니다.

인스턴스 타입　　[　　　]　인스턴스 타입 선택
　　　　　　　　❶ 인스턴스 타입을 선택해주세요.

키 페어　　키 페어 선택 ▼　[ + 생성 ]　원하는 키 페어가 없을 경우 생성해 주세요.
　　　　　❶ 키 페어를 선택해 주세요.

블록 스토리지 타입　　● HDD　○ SSD

블록 스토리지 크기(GB)　　○
　　　　　　　　　　　　20　　　　　　　　　1000　　　20　　GB

**추가 설정**

**네트워크**　　인스턴스 생성 시 사용할 VPC(Virtual Private Cloud)의 서브넷을 선택합니다. 자세한 사항은 사용자 가이드를 참고하세요.
　　　　　선택된 서브넷으로 인스턴스가 생성됩니다. 인스턴스를 생성하면 여러 VPC의 서브넷을 연결할 수 있으며 설정 변경을 클릭해 설정을 변경할 수 있습니다. 설정 변경 ▼

　　　　　선택된 서브넷
　　　　　[　　　　　　　　　▼　]
　　　　　❶ 서브넷을 선택해주세요.

**플로팅 IP**　　로그인을 포함하여 다른 서비스에서 인스턴스에 접근하려면 플로팅 IP를 인스턴스에 연결해야 합니다. 자세한 사항은 사용자 가이드를 참고하세요.
　　　　　설정 변경을 클릭해 플로팅 IP를 연결할 수 있습니다. 설정 변경 ▼

**보안 그룹**　　보안 그룹은 외부 침입에 대비하여 접속을 제한하기 위하여 사용합니다. 자세한 사항은 사용자 가이드를 참고하세요.
　　　　　외부에서 인스턴스에 접속하려면 플로팅 IP를 연결하고, 보안 그룹 설정을 통해 접속을 허용해야 합니다.
　　　　　- Linux: SSH(예: 22번 포트) 허용
　　　　　- Windows: RDP(예: 3389 포트) 허용
　　　　　선택된 보안 그룹이 적용되어 인스턴스가 생성됩니다. 여러 보안 그룹을 선택할 수 있으며 설정 변경을 클릭해 정책을 확인하고 다른 보안 그룹을 선택할 수 있습니다.
　　　　　설정 변경 ▼

선택된 보안 그룹　　　　선택된 보안 규칙

| | 방향 | IP 프로토콜 | 포트 범위 | Ether | 원격 |
|---|---|---|---|---|---|
| ✓ default | 수신 | TCP | 22 (SSH) | IPv4 | 0.0.0.0/0 (CIDR) |
| | 송신 | 임의 | - | IPv4 | 0.0.0.0/0 (CIDR) |
| | 송신 | 임의 | - | IPv6 | ::/0 (CIDR) |
| | 수신 | 임의 | - | IPv6 | default |

❶ 인스턴스 보호를 위하여 NHN Cloud 보안 규칙을 확인하세요.

**추가 블록 스토리지**　　인스턴스 생성 시 블록 스토리지를 추가로 연결할 수 있습니다. 추가로 연결할 블록 스토리지는 초기화 작업이 필요합니다. 자세한 사항은 사용자 가이드를 참고하세요.
　　　　　　　설정 변경 ▼

**사용자 스크립트**　　인스턴스 생성 후 초기 부팅 시 자동으로 실행될 스크립트를 등록할 수 있습니다. 자세한 사항은 사용자 가이드를 참고하세요. 설정 변경 ▼

인스턴스 템플릿은 과금되지 않습니다. 인스턴스 템플릿을 사용하여 인스턴스를 생성하는 순간부터 과금이 시작됩니다.

[ 인스턴스 템플릿 생성 ]　[ 취소 ]

그림 9-4 인스턴스 템플릿 생성

## | 실전 연습 27 |  스케일링 그룹에 지정할 인스턴스 템플릿 만들기

영화 〈매트릭스: 리저렉션〉에서는 기계들의 본거지 매트릭스 내에서 관리되는 네오와 트리니티의 캡슐이 나옵니다. 〈매트릭스〉 1편부터 등장한 이 캡슐 속 인간은 매트릭스의 에너지원입니다. 따라서 기계 입장에서 캡슐 시스템은 미션 크리티컬 서비스이며 고가용성과 탄력성이 필요합니다.

이번 실습은 매트릭스 캡슐 시스템의 자동화를 위해 배포되는 캡슐 포털용 프런트엔드와 인간 모니터링 및 관리(탑재 및 배출), 전력 생산 API용 백엔드 오토 스케일 서비스에 필요한 인스턴스 템플릿을 만듭니다.

9장의 모든 실습은 '판교' 리전에서 진행합니다.

**01** NHN Cloud 콘솔에서 **resurrections-proj** 프로젝트를 선택하고 현재 리전을 '판교'로 지정합니다.

**02** 먼저 실전 연습 10을 참고해 매트릭스 전용 VPC와 서브넷을 배포합니다. **VPC 생성** 창에서 다음 내용을 설정하고 [확인] 버튼을 클릭합니다.

    ❶ 이름: vpc-matrix
    ❷ CIDR: 10.11.0.0/16

**그림 9-5** vpc-matrix VPC 생성

**03** 새로 만든 vpc-matrix는 2개의 서브넷이 필요합니다. **서브넷 생성** 창에서 다음 [표 9-1] 내용으로 2개의 서브넷을 생성합니다.

표 9-1 vpc-matrix에 생성할 서브넷 정보

| 이름 | CIDR | 용도 |
|------|------|------|
| snet-capsulefe | 10.11.24.0/24 | 인간 에너지원 관리용 캡슐 포털 |
| snet-capsulebe | 10.11.42.0/24 | 캡슐 관리 및 에너지 추출 엔진 |

그림 9-6 vpc-matrix의 전체 서브넷 목록

**04** 캡슐 포털용 프런트엔드 인스턴스를 만드는데 필요한 인스턴스 템플릿을 생성해야 합니다. 콘솔 왼편의 활성화된 기본 서비스 메뉴에서 **Compute-Instance Template**를 선택한 다음 [+ 인스턴스 템플릿 생성] 버튼을 클릭합니다.

그림 9-7 인스턴스 템플릿

**05 인스턴스 템플릿 생성** 창의 기본 설정에 다음 내용을 설정합니다.

**그림 9-8** 인스턴스 템플릿 생성 – 기본 설정

**[설정]**

❶ 이름: vmtmpl-capsulefe

❷ 설명: 캡슐 포털 인스턴스용 템플릿

**[이미지– 공용 이미지]**

❸ 이미지 이름: Windows 2019 STD

❹ 언어: KO

**[인스턴스 정보]**

❺ 가용성 영역: 임의의 가용성 영역

❻ 인스턴스 이름: vmcapsulefe

❼ 인스턴스 타입: m2.c1m2

❽ 키 페어(생성): vmcapsulefe_key(주의! 다운로드 하세요)

❾ 블록 스토리지 타입: SSD

❿ 블록 스토리지 크기: 70GB

**06** **인스턴스 템플릿 생성** 창의 **추가 설정** 부분 중 **네트워크** 세션의 설정을 다음 내용으로 지정합
니다.

- 선택된 서브넷: snet-capsulefe

**그림 9-9** 인스턴스 템플릿 생성 – 네트워크

**07** 지금 만드는 인스턴스 템플릿으로 배포되는 인스턴스는 오토 스케일 서비스의 스케일링 그
룹 설정에서 로드 밸런서의 멤버 풀에 추가될 예정입니다. 따라서 **인스턴스 템플릿 생성** 창의
**추가 설정** 부분 중 플로팅 IP는 사용하지 않습니다.

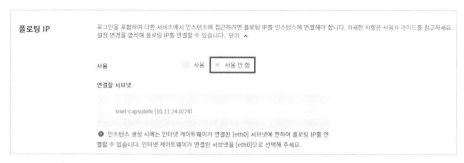

**그림 9-10** 인스턴스 템플릿 생성 – 플로팅 IP

**08 인스턴스 템플릿 생성** 창의 **추가 설정** 부분 중 **보안 그룹** 섹션에서 전용 보안 그룹을 별도로 만들기 위해 [보안 그룹 생성] 버튼을 클릭합니다.

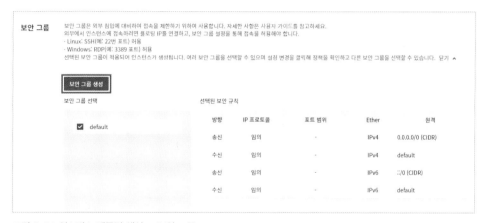

**그림 9-11** 인스턴스 템플릿 생성 – 보안 그룹

**09 보안 그룹 생성** 창에서 다음 내용을 설정하고 [확인] 버튼을 클릭합니다.

❶ 이름: sg-vmcapsulefe

❷ 설명: 캡슐 포털 프런트엔드 인스턴스의 NIC에 연결

**그림 9-12** 보안 그룹 생성

**10** **인스턴스 템플릿 생성** 창의 **추가 설정** 부분 중 **보안 그룹**과 **추가 블록 스토리지** 섹션에서 다음 내용으로 설정합니다.

**[보안 그룹]**
❶ 보안 그룹 선택: sg-vmcapsulefe

**[추가 블록 스토리지]**
❷ 사용: 사용
❸ 이름: blkst_weblog
❹ 블록 스토리지 타입: HDD
❺ 블록 스토리지 크기: 100GB

**그림 9-13** 보안 그룹 및 추가 블록 스토리지 지정

**11** **인스턴스 템플릿 생성** 창의 **추가 설정** 부분 중 **사용자 스크립트 섹션**에서 다음 2가지 작업을 수행할 PowerShell 스크립트를 입력한 다음 [인스턴스 템플릿 생성] 버튼을 클릭합니다.

- 추가 블록 스토리지를 Windows 서버 로그 저장 드라이브로 구성
- 캡슐 관리 포털을 위한 프런트엔드 웹 서비스 구성
  - 깃허브 책 리포지토리의 '/source/9장/setup_capsulefe_winsvr.ps1' 참고

```
#ps1_sysnative
##1.로그 드라이브 구성
#새로운 디스크 확인 및 초기화
Get-Disk | Where-Object PartitionStyle -EQ 'RAW' | Initialize-Disk
#파티션 작업 및 드라이브 문자 할당
New-Partition -DiskNumber 1 -UseMaximumSize -DriveLetter L
#포맷 작업
Format-Volume -DriveLetter L -FileSystem NTFS -NewFileSystemLabel capsulelog
-Confirm:$false

##2. 웹 서비스 구성
#IIS 설치
Install-WindowsFeature -Name Web-Server -IncludeManagementTools

#Default.html 배표
Set-Content -Path "C:\inetpub\wwwroot\Default.htm" -Value "Running Human Capsule
Management Portal Web Service from host $($env:computername) !"
```

**예제 9-1** 프런트엔드 인스턴스용 PowerShell 스크립트

**그림 9-14** 인스턴스 템플릿 생성 – 사용자 스크립트

**12** 앞서 **04~10**번을 반복해 캡슐 관리 API용 백엔드 인스턴스를 배포하는데 사용할 인스턴스 템플릿을 만듭니다. **인스턴스 템플릿 생성** 창에서 다음 내용을 설정한 후 [인스턴스 템플릿 생성] 버튼을 클릭합니다.

[설정]

❶ 이름: vmtmpl–capsulebe

❷ 설명: 캡슐 관리 API용 백엔드 인스턴스 배포

[이미지– 공용 이미지]

❸ 이미지 이름: Ubuntu Server 20.04 LTS

[인스턴스 정보]

❹ 가용성 영역: 임의의 가용성 영역

❺ 인스턴스 이름: vmcapsulebe

❻ 인스턴스 타입: m2.c1m2

❼ 키 페어(생성): vmcapsulebe_key(⚠ 다운로드 필수)

❽ 블록 스토리지 타입: HDD

❾ 블록 스토리지 크기: 50GB

[네트워크]

❿ 선택된 서브넷: snet–capsulebe

[보안 그룹]

⓫ 다음 정보로 보안 그룹 생성([보안 그룹 생성] 버튼)

    1. 이름: sg–vmcapsulebe

    2. 설명: 캡슐 관리 API용 프런트엔드 인스턴스 NIC에 연결

⓬ 보안 그룹 선택: sg–vmcapsulebe

[추가 블록 스토리지]

⓭ 사용: 사용

⓮ 이름: blkst_apilog

⓯ 블록 스토리지 타입: HDD

⓰ 블록 스토리지 크기: 80GB

**[사용자 스크립트]**

❼ 리눅스 서버의 로그 저장 드라이브와 캡슐 관리 API용 백엔드 웹 서비스 구성을 위한 스크립트 작성

• 깃허브 책 리포지토리의 '/source/9장/setup_capsulebe_linux.sh' 참고

```
#!/bin/bash

##1.로그 드라이브 구성
#등록된 디스크 목록 확인
DEVICES=(`lsblk -s -d -o name,type | grep disk | awk '{print $1}'`)
for DEVICE_NAME in ${DEVICES[@]}
do
    MOUNT_DIR=/mnt/$DEVICE_NAME
    FS_TYPE=ext4
    #마운트 대상 디렉터리 생성
    mkdir -p $MOUNT_DIR
    #빈 디스크 장치에 파티션 생성
    echo -e "n\np\n1\n\n\nw" | fdisk /dev/$DEVICE_NAME
    PART_NAME="/dev/${DEVICE_NAME}1"
    #파티션 포맷
    mkfs -t $FS_TYPE $PART_NAME > /dev/null
    #/etc/fstab 파일에 마운트할 디스크 추가
    UUID=`blkid $PART_NAME -o export | grep "^UUID=" | cut -d'=' -f 2`
    echo "UUID=$UUID $MOUNT_DIR $FS_TYPE defaults,nodev,noatime,nofail 1 2" >> /
etc/fstab
    #/etc/fstab에 등록된 모든 디스크 마운트
    mount -a
done

##2. 웹 서비스 구성
# NGINX 설치
apt-get update
apt-get -y install nginx

# index.html 파일 만들기
fileName=/var/www/html/index.html
echo " Running Capsule Management API and Power Management Service from host
$(hostname)">${fileName}
```

예제 9-2 백엔드 인스턴스용 리눅스 셸 스크립트

# 인스턴스 템플릿 생성

**설정**
- ❶ 이름   vmtmpl-capsulebe   20자 이내로 작성해주세요. 영문자와 숫자, '-', '_'만 입력 가능합니다.
- ❷ 설명   캡슐 관리 API용 백엔드 인스턴스 배포   255자 이내로 작성해주세요.

**이미지**

| 공용 이미지 (51) | 개인 이미지 (0) |

| 이미지 이름 | 설명 | 언어 | 최소 블록 스토리지(GB) | 비트 |
|---|---|---|---|---|
| Ubuntu Server 18.04 LTS | Ubuntu Server 18.04.6 LTS (2021.12.21) | | 20 GB | 64 Bit |
| ❸ Ubuntu Server 20.04 LTS | Ubuntu Server 20.04.3 LTS (2021.12.21) | | 20 GB | 64 Bit |
| Windows 2012 R2 STD | Windows 2012 R2 STD (2022.07.19) | EN | 50 GB | 64 Bit |

**인스턴스 정보**
- ❹ 가용성 영역   임의의 가용성 영역
- ❺ 인스턴스 이름   vmcapsulebe   50자 이내로 작성해주세요. 영문자와 숫자, '-', '_'만 입력 가능합니다.
- ❻ 인스턴스 타입   인스턴스 타입 선택
- ❼ 키 페어   vmcapsulebe_key   ✕ 닫기   권한이 키 페어가 없는 경우 생성해 주세요.

   [키 페어 다운로드]
   키 페어(.pem)를 저장해주세요.
   키 페어(.pem) 분실 시, 인스턴스에 접속할 수 없습니다.
   분실시 유출 방지를 위해, 가급적 보조 저장 매체(USB 메모리)에 함께 관리해 주세요.

- ❽ 블록 스토리지 타입   ● HDD   ○ SSD
- ❾ 블록 스토리지 크기(GB)   20 ────── 50 GB ────── 1000

**추가 설정**

**네트워크**   인스턴스 생성 시 사용할 VPC(Virtual Private Cloud)의 서브넷을 선택합니다. 자세한 사항은 사용자 가이드를 참고하세요.
선택된 서브넷으로 인스턴스가 생성됩니다. 인스턴스를 생성하면 여러 VPC의 서브넷을 연결할 수 있으며 설정 변경에 할당해 설정을 변경할 수 있습니다. 닫기 ▲

| 선택된 서브넷 | 사용 가능한 서브넷   ↻ 새로 고침 |
|---|---|
| ❿ snet-capsulebe (10.11.42.0/24)   [eth0] | snet-capsulefe (10.11.24.0/24) <br> Default Network (192.168.0.0/24) |

여러 개의 네트워크 그룹 연결될 경우 [eth0] 인터페이스가 기본 게이트웨이로 설정됩니다.
Windows 인스턴스(MS-SQL 포함)의 경우, 최종 반응을 위해 인터넷 게이트웨이에 연결해야
서브넷을 [eth0]으로 선택해야 합니다.

    [VPC 관리] [서브넷 관리]

**플로팅 IP**   로그인을 포함하여 다른 서비스에서 인스턴스에 접근하려면 플로팅 IP를 인스턴스에 연결해야 합니다. 자세한 사항은 사용자 가이드를 참고하세요.
설정 변경을 클릭해 플로팅 IP를 연결할 수 있습니다. 설정 변경 ▼

**보안 그룹**   보안 그룹은 외부 침입에 대비하여 접속을 제한하기 위하여 사용됩니다. 자세한 사항은 사용자 가이드를 참고하세요.
이상에서 인스턴스에 접속하려면 플로팅 IP를 연결하고, 보안 그룹 설정을 통해 접속을 허용해야 합니다.
- Linux: SSH(의 22번 포트) 허용
- Windows: RDP(의 3389 포트) 허용
선택된 보안 그룹이 적용되어 인스턴스가 생성됩니다. 여러 보안 그룹을 선택할 수 있으며 설정 변경을 클릭해 정책을 확인하고 다른 보안 그룹을 선택할 수 있습니다. 닫기 ▲

- ⓫ [보안 그룹 생성]

보안 그룹 선택    선택된 보안 규칙

| | 방향 | IP 프로토콜 | 포트 범위 | Ether | 원격 |
|---|---|---|---|---|---|
| ☐ sg-vmcapsulefe | | | | | |
| ⓬ ☑ sg-vmcapsulebe | 출신 | 임의 | - | IPv6 | ::/0 (CIDR) |
| ☐ default | 출신 | 임의 | - | IPv4 | 0.0.0.0/0 (CIDR) |

ⓘ 인스턴스 보호를 위하여 NHN Cloud 보안 규칙을 확인하세요.

**추가 블록 스토리지**   인스턴스 생성 시 블록 스토리지를 추가로 연결할 수 있습니다. 추가로 연결할 원화 스토리지는 추가적 작업이 필요합니다. 자세한 사항은 사용자 가이드를 참고하세요. 닫기 ▲

- ⓭ 사용   ● 사용   ○ 사용 안 함
- ⓮ 이름   blkst_apilog   255자 이내로 작성해주세요.
- ⓯ 블록 스토리지 타입   ● HDD   ○ SSD
- ⓰ 블록 스토리지 크기(GB)   10 ──── 80 GB ──── 2000

**사용자 스크립트**   인스턴스 생성 후 초기 부팅 시 자동으로 실행될 스크립트를 등록할 수 있습니다. 자세한 사항은 사용자 가이드를 참고하세요. 닫기 ▲

- ⓱ #!/bin/bash
   ##1.로그 드라이브 구성
   #등록된 디스크 목록 확인

인스턴스 템플릿은 과금되지 않습니다. 인스턴스 템플릿을 사용하여 인스턴스를 생성하는 순간부터 과금이 시작됩니다.

[ 인스턴스 템플릿 생성 ]   [ 취소 ]

**그림 9-15** 캡슐 관리 API용 백엔드용 인스턴스 템플릿 생성

**13** **Instance Template** 작업 창에서 지금까지 완성한 프런트엔드와 백엔드 인스턴스 템플릿을 확인합니다.

**그림 9-16** 인스턴스 템플릿 목록 확인

## 9.3 오토 스케일 서비스 배포

오토 스케일 서비스의 핵심은 스케일링 그룹을 만드는 작업입니다. 이 스케일링 그룹은 앞서 설명했던 인스턴스 템플릿을 사용하거나 템플릿 없이도 정책이나 사용자 지정으로 동일한 인스턴스를 원하는 만큼 배포할 수 있고, 사전에 배포한 부하 분산 장치를 지정해 멤버 풀에서 인스턴스를 자동으로 추가하거나 제거할 수 있습니다.

이 절은 인스턴스 생성에서 설명한 내용과 중복되는 부분은 제외하고 오토 스케일 서비스를 구현할 때 만드는 스케일링 그룹에 설정하는 정보를 바탕으로 주요 구성요소를 설명합니다.

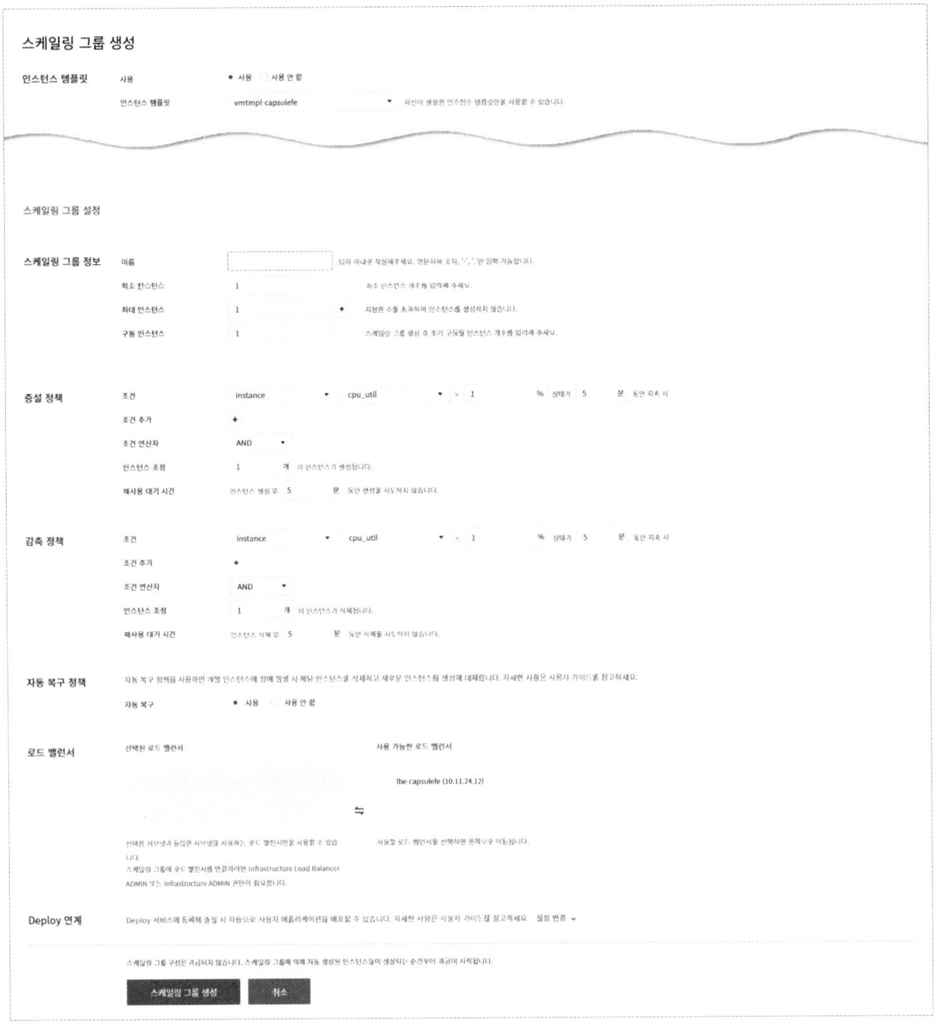

그림 9-17 스케일링 그룹 생성


## 인스턴스 템플릿

- 사용: 인스턴스 템플릿 사용 여부를 선택합니다. 템플릿 사용 여부와 상관없이 직접 공통 설정 값을 지정할 수 있습니다.
- 인스턴스 템플릿: 사전에 미리 만들어 놓은 인스턴스 템플릿 목록 중에서 선택합니다.

## 스케일링 그룹 정보

스케일링 그룹의 기본 설정을 지정합니다. 특히 배포되는 인스턴스를 정의한 인스턴스 템플릿과 인스턴스 확장 범위를 설정합니다.

- **이름**: 스케일링 그룹의 이름이지만 고유한 값은 아닙니다. 20자 이내로 조직의 명명 규칙을 따라 지정합니다.
- **최소 인스턴스**: 최종 사용자의 서비스 사용 경험을 훼손하지 않는 범위 내에서 최소 값을 지정합니다.
- **최대 인스턴스**: 예산 범위 내에서 가용한 최대 인스턴스 수 내에서 지정합니다. 예를 들어 팀별 연간 예산이 편성되어 있다면 월별 지출가능 비용 범위를 기준으로 결정합니다.
- **구동 인스턴스**: 스케일링 그룹 배포 후 초기에 실행될 인스턴스 수를 입력합니다.

## 증설 정책 및 감축 정책

여기서 정책은 하나 이상의 조건을 지정하고 조건이 충족되었을 때 트리거되는 동작을 설정한 것입니다. 인스턴스를 늘리는 증설 정책과 인스턴스를 줄이는 감축 정책은 동일한 구조를 갖습니다.

**그림 9-18** 정책의 선택 가능한 인스턴스 성능 지표

- **조건**: 인스턴스의 성능 지표를 선택하고 임계 값과 지속 시간을 지정합니다. 지원하는 성능 지표는 CPU와 메모리 사용률(%), 디스크와 네트워크의 초당 읽기/쓰기 바이트 수입니다. 서비스의 특성을 잘 반영하는 성능 지표를 지정해야 하며, 서비스 사용 경험이 훼손되기 시작하는 값을 임계 값으로 고려해야 합니다.
- **조건 추가**: [+] 버튼을 클릭해 조건을 하나 이상 추가할 수 있습니다.
- **조건 연산자**: 조건이 둘 이상일 때 AND(논리곱)과 OR(논리합) 중에서 선택합니다.
- **인스턴스 조정**: 조건이 충족되었을 때 트리거되는 동작 즉, 생성 또는 제거할 인스턴스 수를 지정합니다. 조건 충족 여부는 스케일링 그룹 내의 모든 인스턴스에 대한 성능 지표의 평균 값으로 결정합니다. 제거 동작은 가장 오래된 인스턴스부터 대상이 됩니다.
- **재사용 대기 시간**: 조건이 충족되어 동작이 트리거된 후 대기할 시간을 지정합니다. 대기 시간 내에 조건이 다시 충족되어도 동작은 트리거되지 않습니다.

## 자동 복구 정책

이 정책을 '사용'으로 선택하면 개별 인스턴스에 장애가 발생한 경우 해당 인스턴스를 제거하고 대체할 새로운 인스턴스를 배포합니다. 3분 동안 성능 지표가 수집되지 않을 경우 장애로 판단합니다.

## 로드 밸런서

사전에 배포한 로드 밸런서를 연결하면 정책에 의해 인스턴스 증감이 발생할 때 자동으로 로드 밸런서 멤버 풀에 추가하거나 제거할 수 있습니다.

그림 9-19 스케일링 그룹에 사용할 로드 밸런서 선택

## Deploy 연계

새로운 인스턴스가 배포될 때 자동으로 애플리케이션을 배포하도록 **Deploy** 서비스에 등록할지 여부를 결정합니다. 리눅스 인스턴스 템플릿을 사용하는 스케일링 그룹만 지원합니다.

그림 9-20 Deploy 연계 설정

## | 실전 연습 28 | 스케일링 그룹 구현에 필요한 종속 리소스 준비하기

이번 실습은 스케일링 그룹을 만들기 전에 프런트엔드와 백엔드 인스턴스를 각각 연결할 로드 밸런서를 배포한 다음 백엔드 인스턴스의 아웃바운드 인터넷 액세스를 위한 NAT 게이트웨이를 배포합니다.

**01** 실전 연습 24를 참고해 공용 로드 밸런서를 배포합니다. **로드 밸런서 생성** 창에서 다음 내용으로 지정한 다음 [로드 밸런서 생성] 버튼을 클릭합니다.

**[설정]**

❶ 이름: lbe-capsulefe

❷ 설명: 인간 캡슐 관리 포털의 프런트엔드 인스턴스용 부하 분산 장치

❸ VPC: vpc-matrix

❹ 서브넷: snet-capsulefe

❺ 타입: 일반

**[리스너]**

❻ 로드 밸런싱 방식: ROUND_ROBIN

❼ 프로토콜: HTTP

❽ 로드 밸런서 포트 / 인스턴스 포트: 80 / 80

**[상태 확인]**

❾ 상태 확인 프로토콜 / 포트: HTTP / 80

❿ 상태 확인 주기: 20초

⓫ 최대 응답 대기 시간: 6초

⓬ 최대 재시도 횟수: 2

**[연결]**

⓭ 세션 지속성: 세션 지속성 없음

⓮ 연결 제한: 30000

⓯ Keep-Alive 타임아웃: 100초

⓰ 유효하지 않은 요청 차단: 사용

그림 9-21 매트릭스 캡슐 시스템의 공용 로드 밸런서 생성

**02** 공용 로드 밸런서를 통한 인터넷 아웃바운드 통신을 위해서는 플로팅 IP를 연결하기 전에 인터넷 게이트웨이를 배포하고 구성해야 합니다. 실전 연습 15의 **01~02**번을 수행해 **인터넷 게이트웨이 생성** 창을 표시한 후 다음 내용을 설정하고 [확인] 버튼을 클릭합니다.

- 이름: ig-matrix-capsulefe

그림 9-22 공용 로드 밸런서에 사용할 인터넷 게이트웨이 생성

**03 Routing** 작업 창에서 [+ 라우팅 테이블 생성]을 클릭해 **라우팅 테이블 생성** 팝업 창을 표시한 다음 내용을 설정하고 [확인] 버튼을 클릭합니다.

❶ 이름: rt-matrix-capsulefe

❷ VPC: vpc-matrix

❸ 라우팅 방식: 분산형 라우팅

그림 9-23 인터넷 게이트웨이를 연결할 라우팅 테이블 생성

**04 Subnet** 작업 창에서 'snet-capsulefe' 서브넷을 선택한 다음 [라우팅 테이블 연결] 버튼을 클릭합니다.

**05 라우팅 테이블 연결** 팝업 창에서 다음 내용을 설정하고 [확인] 버튼을 클릭합니다.

• 라우팅 테이블: rt-matrix-capsulefe

그림 9-24 서브넷에 라우팅 테이블 연결

**06 Routing** 작업 창에서 방금 만든 'rt-matrix-capsulefe' 라우팅 테이블을 선택한 다음 [인터넷 게이트웨이 연결] 버튼을 클릭합니다.

**07 인터넷 게이트웨이 연결** 팝업 창에서 앞서 **02**번에서 만든 'ig-matrix-capsulefe' 인터넷 게이트웨이를 선택하고 [확인] 버튼을 클릭합니다.

그림 9-25 라우팅 테이블에 인터넷 게이트웨이 연결

**08 Load Balancer > 관리** 작업 창의 로드 밸런서 목록에서 앞서 배포한 'lbe-capsulefe'를 선택한 다음 [플로팅 IP 관리] 버튼을 클릭합니다.

그림 9-26 배포가 끝난 lbe-capsulefe 선택

09 **플로팅 IP 관리** 창에서 [+ 생성] 버튼을 클릭해 플로팅 IP를 만든 다음 **플로팅 IP 연결/해제** 섹션에서 플로팅 IP를 선택하고 [연결] 버튼을 클릭합니다. 연결에 성공하면 **플로팅 IP 관리** 창에서 [닫기] 버튼을 클릭합니다.

그림 9-27 플로팅 IP 생성 및 연결

10 실전 연습 25를 참고해 내부용 로드 밸런서를 배포합니다. **로드 밸런서 생성** 창에서 다음 내용으로 지정한 다음 [로드 밸런서 생성] 버튼을 클릭합니다.

**[설정]**

❶ 이름: lbi-capsulebe

❷ 설명: 인간 캡슐 관리 및 전력 생산 백엔드 엔진 인스턴스용 부하 분산 장치

❸ VPC: vpc-matrix

❹ 서브넷: snet-capsulebe

❺ 타입: 일반

**[리스너]**

❻ 로드 밸런싱 방식: LEAST_CONNECTION

❼ 프로토콜: HTTP

❽ 로드 밸런서 포트 / 인스턴스 포트: 80 / 80

**[상태 확인]**

❾ 상태 확인 프로토콜 / 포트: TCP / 80

❿ 상태 확인 주기: 15초

⓫ 최대 응답 대기 시간: 4초

⓬ 최대 재시도 횟수: 3

**[연결]**

⓭ 세션 지속성: 세션 지속성 없음

⓮ 연결 제한: 40000

⓯ Keep-Alive 타임아웃: 150초

⓰ 유효하지 않은 요청 차단: 사용

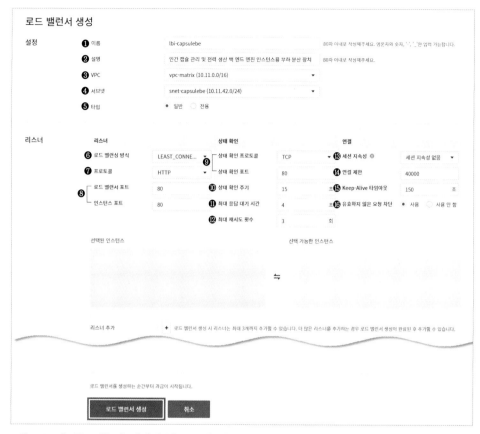

그림 9-28 매트릭스 캡슐 시스템의 내부용 로드 밸런서 생성

**11 Routing** 작업 창에서 해당 열의 설정 값이 다음과 같은 라우팅 테이블을 선택한 다음 [라우팅 테이블 변경] 버튼을 클릭합니다.

- VPC: vpc-matrix
- 기본 라우팅 테이블: 예

그림 9-29 변경할 라우팅 테이블 선택

**12 라우팅 테이블 변경** 창에서 다음 내용으로 설정한 다음 [확인] 버튼을 클릭합니다.

- 이름: rt–matrix–capsulebe

### 라우팅 테이블 변경

| | |
|---|---|
| 이름 | rt-matrix-capsulebe |
| 라우팅 방식 ❶ | 분산형 라우팅(DVR) ▼ |

• 라우팅 방식을 변경하면 약 1분간 외부 통신 및 서브넷 간 통신이 단절됩니다.

[ 취소 ]　[ 확인 ]

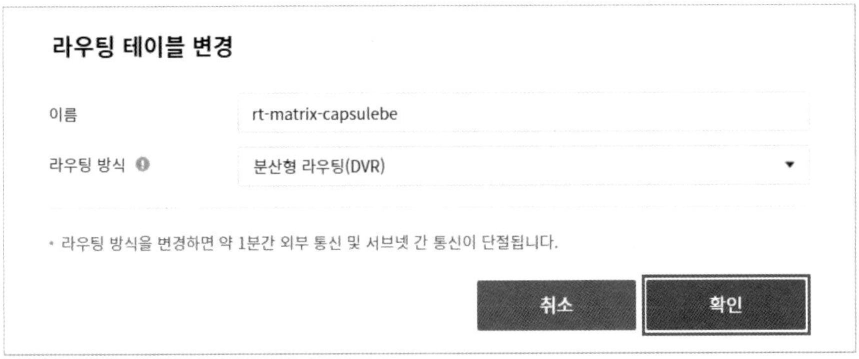

**그림 9-30** 라우팅 테이블 변경

**13 NAT Gateway** 작업 창에서 [+ NAT 게이트웨이 생성] 버튼을 클릭해 **NAT 게이트 생성** 팝업 창을 표시하고 다음 내용으로 설정한 다음 [확인] 버튼을 클릭합니다(실전 연습 23의 **04~05**번 참고).

❶ 이름: natgw–capsulebe

❷ VPC: vpc–matrix

❸ 서브넷: snet–capsulefe

❹ 플로팅 IP: [생성] 버튼 클릭 후 선택

❺ 설명: 캡슐 및 전력 생산 관리 백엔드 인스턴스의 인터넷 아웃바운드 통신 허용

**그림 9-31** NAT 게이트웨이 생성

**14 Routing** 작업 창에서 'rt-matrix-capsulebe' 라우팅 테이블을 선택하고 **라우트** 탭에서 [+ 라우트 생성] 버튼을 클릭합니다.

**15 라우트 생성** 창에서 다음 내용을 설정하고 [확인] 버튼을 클릭합니다.

❶ 대상 CIDR: 0.0.0.0/0

❷ 게이트웨이: NAT_GATEWAY: natgw-capsulebe

**그림 9-32** rt-matrix-capsulebe에 라우트 추가

# | 실전 연습 29 | 오토 스케일 서비스 구현을 위한 스케일링 그룹 배포하기

이번 실습은 앞서 만든 인스턴스 템플릿과 실전 연습 28에서 준비한 리소스들을 사용해 매트릭스 캡슐 시스템의 가용성과 탄력성을 보장하기 위한 오토 스케일 서비스 인프라를 구현합니다.

**01** 콘솔 왼편의 활성화된 기본 서비스 메뉴에서 **Compute−Auto Scale**을 선택합니다. **Auto Scale** 작업 창에서 [+ 스케일링 그룹 생성] 버튼을 클릭합니다.

**그림 9-33** Auto Scale 작업 창

**02** 캡슐 관리 포털의 프런트엔드용 스케일링 그룹을 배포하기 위해 **스케일링 그룹 생성** 창에서 다음 내용을 설정하고 [스케일링 그룹 생성] 버튼을 클릭합니다. 설정한 값 외에는 기본 값을 사용합니다.

**[인스턴스 템플릿]**
❶ 사용: 사용
❷ 인스턴스 템플릿: vmtmpl−capsulefe

**[이미지]**
❸ 공용 이미지: Windows 2019 STD

**[인스턴스 정보]**
❹ 인스턴스 타입: m2.c1m2

**[스케일링 그룹 정보]**

❺ 이름: sclgrp-capsulefe

❻ 최소 인스턴스: 1

❼ 최대 인스턴스: 3

❽ 구동 인스턴스: 1

**[증설 정책]**

❾ 조건: cpu 〉80% 상태가 3분 동안 지속 시

❿ 인스턴스 조정: 1

⓫ 재사용 대기 시간: 3

**[감축 정책]**

⓬ 조건: cpu 〈 25% 상태가 4분 동안 지속 시

⓭ 인스턴스 조정: 1

⓮ 재사용 대기 시간: 4

**[자동 복구 정책]**

⓯ 자동 복구: 사용

**[로드 밸런서]**

⓰ 선택된 로드 밸런서: lbe-capsulefe

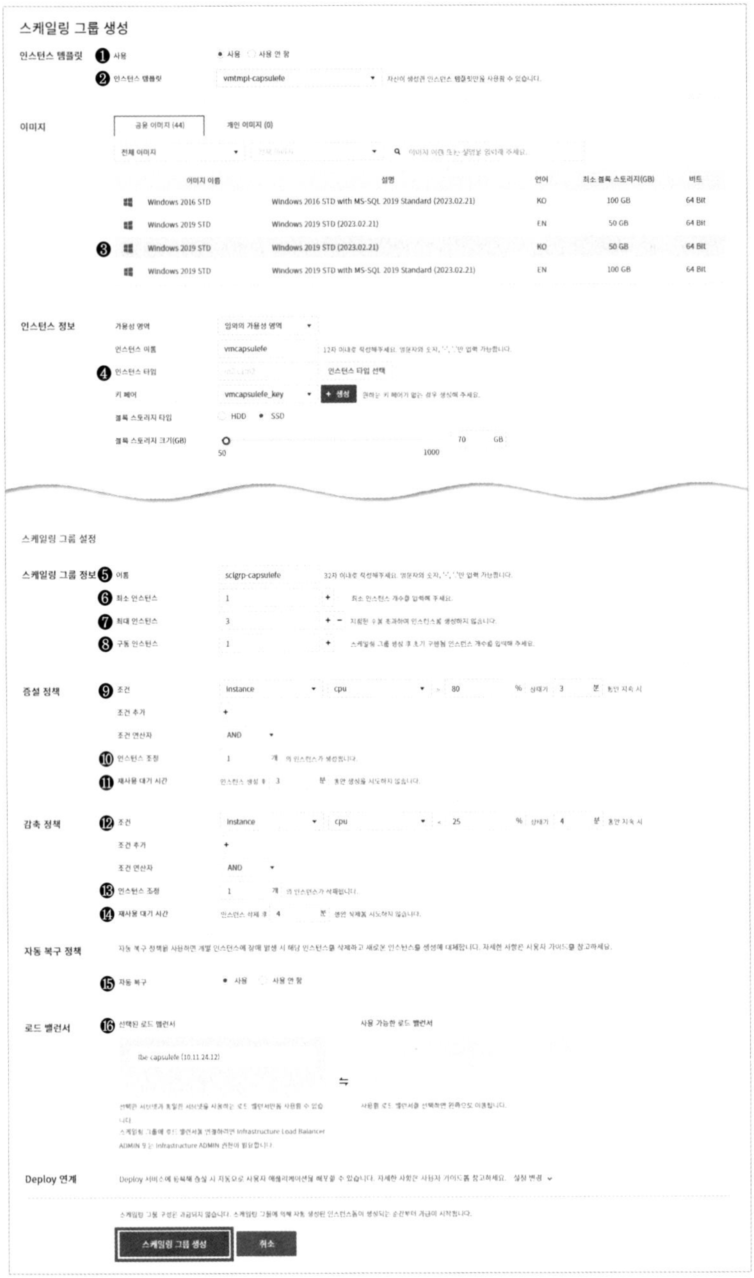

그림 9-34 캡슐 관리 포털의 프런트엔드용 스케일링 그룹 생성

**03** 활성화된 기본 서비스 메뉴에서 **Network-Security Groups**를 선택합니다. **Security Groups** 작업 창에서 이름이 'sg–vmcapsulefe'인 보안 그룹을 선택하고 다음 상세 정보에서 [+ 보안 규칙 생성] 버튼을 클릭합니다.

그림 9-35 보안 규칙을 추가할 보안 그룹 선택

**04 보안 규칙 생성** 팝업 창에서 다음 설정으로 보안 규칙을 생성합니다.

| 구분 | 보안 규칙 1 | 보안 규칙 2 |
|------|-----------|-----------|
| 방향 | 수신 | 수신 |
| IP 프로토콜 | 사용자 정의 TCP | 사용자 정의 TCP |
| 포트 | 80 | 3389 |
| 원격 | CIDR, 0.0.0.0/0 | CIDR, 0.0.0.0/0 |
| 설명 | 웹 서비스 접속 허용 | RDP 접속 허용 |

그림 9-36 프런트엔드 인스턴스용 보안 그룹의 보안 규칙 생성

**05** 실전 연습 28에서 배포한 공용 로드 밸런서에 연결한 플로팅 IP를 확인한 다음 웹 브라우
저의 주소 줄에 이 플로팅 IP를 붙여 넣고 실행해 웹사이트가 표시되는지 확인합니다.

**그림 9-37** 프런트엔드 스케일링 그룹 인스턴스 접속

**06** 캡슐 관리 포털의 백엔드용 스케일링 그룹을 배포하기 위해 다시 **Auto Scale** 작업 창에서
[+ 스케일링 그룹 생성] 버튼을 클릭합니다.

**07** **스케일링 그룹 생성** 창에서 다음 내용을 설정하고 [스케일링 그룹 생성] 버튼을 클릭합니다.

**[인스턴스 템플릿]**
❶ 사용: 사용
❷ 인스턴스 템플릿: vmtmpl-capsulebe

**[이미지]**
❸ 공용 이미지: Ubuntu Server 20.04 LTS

**[인스턴스 정보]**
❹ 인스턴스 타입: m2.c1m2

**[설정]**
❺ 이름: sclgrp-capsulebe
❻ 최소 인스턴스: 1
❼ 최대 인스턴스: 4
❽ 구동 인스턴스: 1

**[증설 정책]**
❾ 조건 1: cpu > 85% 상태가 4분 동안 지속 시
❿ 조건 2: memory > 70% 상태가 4분 동안 지속 시
⓫ 조건 연산자: OR
⓬ 인스턴스 조정: 1
⓭ 재사용 대기 시간: 4

**[감축 정책]**
⓮ 조건: cpu < 30% 상태가 3분 동안 지속 시
⓯ 인스턴스 조정: 1
⓰ 재사용 대기 시간: 3

**[자동 복구 정책]**
⓱ 자동 복구: 사용

**[로드 밸런서]**
⓲ 선택된 로드 밸런서: lbi-capsulebe

스케일링 그룹 생성

인스턴스 템플릿
❶ 사용　　● 사용　○ 사용 안 함
❷ 인스턴스 템플릿　vmtmpl-capsulebe ▼　자신이 생성한 인스턴스 템플릿만을 사용할 수 있습니다.

이미지
| 공용 이미지 (44) | 개인 이미지 (0) |

전체 이미지 ▼　전체 이미지 ▼　🔍 이미지 이름 또는 설명을 입력해 주세요.

| | 이미지 이름 | 설명 | 언어 | 최소 블록 스토리지(GB) | 비트 |
|---|---|---|---|---|---|
| | Ubuntu Server 18.04 LTS | Ubuntu Server 18.04.6 LTS (2023.02.21) | | 20 GB | 64 Bit |
| ❸ | Ubuntu Server 20.04 LTS | Ubuntu Server 20.04.5 LTS (2023.02.21) | | 20 GB | 64 Bit |
| | Ubuntu Server 22.04 LTS | Ubuntu Server 22.04.1 LTS (2023.02.21) | | 20 GB | 64 Bit |

인스턴스 정보
가용성 영역　임의의 가용성 영역 ▼
인스턴스 이름　vmcapsulebe　90자 이내로 작성해주세요. 영문자와 숫자, '-', '_'만 입력 가능합니다.
❹ 인스턴스 타입　m2.c1m2　인스턴스 타입 선택
키 페어　vmcapsulebe_key ▼　+ 생성　원하는 키 페어가 없는 경우 생성해 주세요.
블록 스토리지 타입　● HDD　○ SSD
블록 스토리지 크기(GB)　○━━━━━　50　GB
　　20　　　　　　　　1000

스케일링 그룹 설정

스케일링 그룹 정보 ❺ 이름　sclgrp-capsulebe　32자 이내로 작성해 주세요. 영문자와 숫자, '-', '_'만 입력 가능합니다.
❻ 최소 인스턴스　1　＋　최소 인스턴스 개수를 입력해 주세요.
❼ 최대 인스턴스　4　＋　자산은 수를 초과하여 인스턴스를 생성하지 않습니다.
❽ 구동 인스턴스　1　＋　스케일링 그룹 생성 후 초기 구동될 인스턴스 개수를 입력해 주세요.

증설 정책
조건
❾ instance ▼　cpu ▼　> 85　%　상태가 4　분 동안 지속 시
❿ instance ▼　memory ▼　> 70　%　상태가 4　분 동안 지속 시　−
조건 추가　＋
⓫ 조건 연산자　OR ▼
⓬ 인스턴스 조정　1　개　의 인스턴스가 생성됩니다.
⓭ 재사용 대기 시간　인스턴스 생성 후 4　분　동안 생성을 시도하지 않습니다.

감축 정책
⓮ 조건　instance ▼　cpu ▼　< 30　%　상태가 3　분 동안 지속 시
조건 추가　＋
조건 연산자　AND ▼
⓯ 인스턴스 조정　1　개　의 인스턴스가 삭제됩니다.
⓰ 재사용 대기 시간　인스턴스 삭제 후 3　분　동안 삭제를 시도하지 않습니다.

자동 복구 정책　자동 복구 정책을 사용하면 개별 인스턴스에 장애 발생 시 해당 인스턴스를 삭제하고 새로운 인스턴스를 생성해 대체합니다. 자세한 사항은 사용자 가이드를 참고하세요.
⓱ 자동 복구　● 사용　○ 사용 안 함

로드 밸런서
선택한 로드 밸런서　　　　　　　　　　　　　　사용 가능한 로드 밸런서
⓲ lbl capsulebe (10.11.42.40)　　　　⇆

선택한 서브넷과 동일한 서브넷을 사용하는 로드 밸런서만을 사용할 수 있습니다.　　사용할 로드 밸런서를 선택하면 왼쪽으로 이동합니다.
스케일링 그룹에 로드 밸런서를 연결하려면 Infrastructure Load Balancer
ADMIN 또는 Infrastructure ADMIN 권한이 필요합니다.

Deploy 연계　Deploy 서비스에 등록해 증설 시 자동으로 사용자 애플리케이션을 배포할 수 있습니다. 자세한 사항은 사용자 가이드를 참고하세요. 설정 변경 ∨

스케일링 그룹 구성은 가금되지 않습니다. 스케일링 그룹에 의해 자동 생성된 인스턴스들이 생성되는 순간부터 과금이 시작됩니다.

[ 스케일링 그룹 생성 ]　[ 취소 ]

그림 9-38 캡슐 관리 포털의 백엔드용 스케일링 그룹 생성

**08** **Auto Scale** 작업 창에서 배포한 스케일링 그룹 목록을 확인합니다.

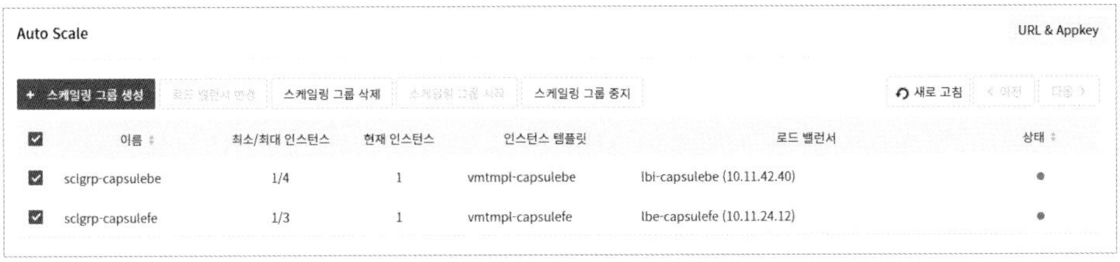

**그림 9-39** 스케일링 그룹 목록

**09** 03~04번을 반복해 'sg-vmcapsulebe'인 보안 그룹에 다음 설정으로 보안 규칙을 추가합니다.

| 구분 | 보안 규칙 1 | 보안 규칙 2 |
|------|-----------|-----------|
| 방향 | 수신 | 수신 |
| IP 프로토콜 | 사용자 정의 TCP | 사용자 정의 TCP |
| 포트 | 80 | 22 |
| 원격 | CIDR, 0.0.0.0/0 | CIDR, 0.0.0.0/0 |
| 설명 | 웹 서비스 접속 허용 | SSH 접속 허용 |

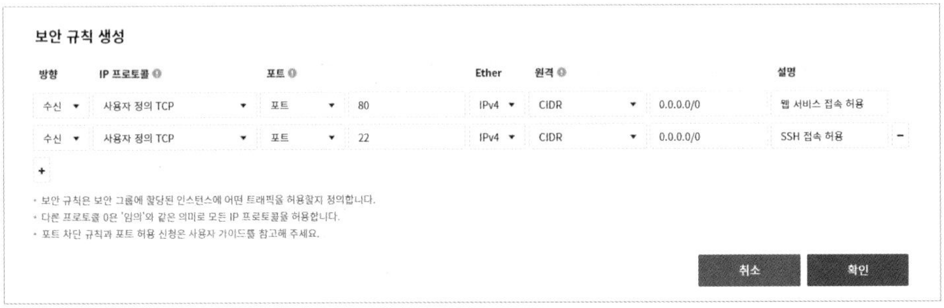

**그림 9-40** 보안 규칙 생성

**10** **Load Balancer > 관리** 작업 창의 로드 밸런서 목록에서 앞서 배포한 'lbi-capsulebe'를 선택한 다음 상세 정보 구역의 **인스턴스** 탭을 클릭해 스케일링 그룹에서 배포한 인스턴스 목록과 상태가 'ACTIVE'인지 확인합니다. 로드 밸런서는 해당 인스턴스의 보안 그룹이 TCP 80번 포트를 허용한 경우 상태 확인 절차를 끝내고 상태를 'ACTIVE'로 표시합니다.

그림 9-41 로드 밸런서에 연결된 스케일링 그룹 인스턴스 확인

# 9.4 오토 스케일 서비스 관리

스케일링 그룹을 배포해 오토 스케일 서비스를 구현한 후, 스케일링 그룹을 관리하는 작업은 스케일링 그룹 단위의 주요 관리 작업과 스케일링 그룹 설정 관리 작업으로 나눌 수 있습니다.

## 9.4.1 스케일링 그룹 단위 관리 작업

스케일링 그룹 단위 관리 작업은 [그림 9-42]에서 알 수 있듯이 로드 밸런서 변경, 스케일링 그룹 삭제/시작/중지 작업입니다.

그림 9-42 스케일링 그룹 단위 관리 작업

**[로드 밸런서 변경]**

- 실행 중인 스케일링 그룹을 선택하고 [로드 밸런서 변경] 버튼을 클릭하면 [그림 9-43]에 보이는 **로드 밸런서 변경** 팝업 창에서 연결된 로드 밸런서를 제거하거나 새로운 로드 밸런서를 연결할 수 있습니다.

- 특히 연결된 로드 밸런서에 리스너를 새로 추가한 경우, 로드 밸런서 연결을 해제한 후 다시 연결해야 합니다. 로드 밸런서를 변경하면 기존 인스턴스는 삭제되고 새로운 인스턴스가 생성되므로 필요하다면 기존 인스턴스의 데이터를 미리 백업합니다.

그림 9-43 스케일링 그룹의 로드 밸런서 변경

**[스케일링 그룹 시작]**

- 중지한 스케일링 그룹을 다시 시작합니다. **Instance** 작업 창에서 스케일링 그룹의 인스턴스가 모두 시작되었는지 확인할 수 있습니다.

**[스케일링 그룹 중지]**

- 하나 이상의 스케일링 그룹을 선택해 중지할 수 있습니다. 이 작업으로 인한 영향은 다음과 같습니다.

    - 스케일링 그룹의 상태를 녹색에서 노란색으로 변경합니다.
    - 스케일링 그룹의 인스턴스는 모두 중지됩니다.
    - 연결된 로드 밸런서는 중지되지 않지만 스케일링 그룹의 로드 밸런서 변경은 제한됩니다.
    - 스케일링 그룹 설정 중 예약 작업 생성만 허용되며 나머지 설정은 제한되고 통계 업데이트는 중지됩니다.

**[스케일링 그룹 삭제]**

- 스케일링 그룹의 실행 여부에 관계없이 삭제할 수 있습니다. 이때 스케일링 그룹에서 배포한 인스턴스도 모두 삭제합니다. 삭제된 인스턴스는 로드 밸런서의 멤버 풀에서도 제거됩니다.

## | 실전 연습 30 | 스케일링 그룹의 로드 밸런서 관리하기

이번 실습은 앞서 실전 연습 28에서 배포한 공용 로드 밸런서를 통한 프런트엔드 Windows Server 인스턴스에 원격 데스크톱 접근을 위한 구성을 진행하고 배포한 인스턴스에 적용한 스크립트 실행 결과를 확인합니다.

**01 Load Balancer > 관리** 작업 창의 로드 밸런서 목록에서 앞서 배포한 'lbe-capsulefe'를 선택한 다음 **리스너** 탭을 선택하고 [+ 리스너 생성] 버튼을 클릭합니다.

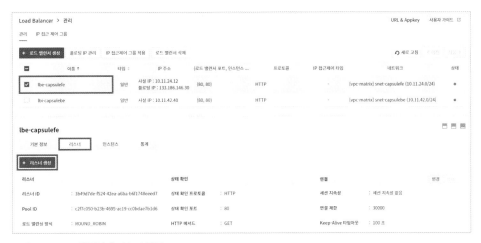

**그림 9-44** 로드 밸런서의 리스너 목록

**02 리스너 생성** 팝업 창에서 다음 내용을 설정한 다음 [확인] 버튼을 클릭해 새로운 리스너를 추가합니다. 지정하지 않은 값은 기본 값을 사용합니다.

**[리스너]**
❶ 로드 밸런싱 방식: ROUND_ROBIN
❷ 프로토콜: TCP
❸ 로드 밸런서 포트 / 인스턴스 포트: 5001 / 3389

**[상태 확인]**
❹ 상태 확인 프로토콜 / 포트: TCP / 3389

**[연결]**
❺ 세션 지속성: SOURCE_IP
❻ 연결 제한: 10
❼ Keep-Alive 타임아웃: 3000초
❽ 프록시 프로토콜: 사용 안 함

**그림 9-45** 리스너 추가

**03 Auto Scale** 작업 창에서 sclgrp−capsulefe 스케일링 그룹을 선택한 다음 [로드 밸런서 변경] 버튼을 클릭합니다.

**04 로드 밸런서 변경** 팝업 창에서 **선택된 로드 밸런서** 섹션의 로드 밸런서를 선택해 **사용 가능한 로드 밸런서** 섹션으로 이동한 다음 [확인] 버튼을 클릭합니다.

**그림 9-46** 스케일링 그룹의 로드 밸런서 연결 해제

**05** 04번 변경 작업을 완료한 후 **로드 밸런서 변경** 팝업 창을 다시 실행합니다. **사용 가능한 로드 밸런서** 섹션의 로드 밸런서를 선택해 **선택된 로드 밸런서** 섹션으로 이동한 다음 [확인] 버튼을 클릭합니다. 로드 밸런서가 다시 연결되었는지 확인합니다.

**06** 백엔드 풀의 Windows Server 인스턴스 중 하나에 원격 데스크톱으로 접근합니다. ⊞+Ⓡ 키 조합을 눌러 **실행** 창을 띄우고 'mstsc'를 입력 후 [확인] 버튼을 클릭합니다.

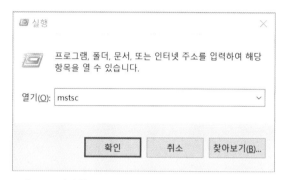

**그림 9-47** 실행 창

**07** 공용 로드 밸런서의 플로팅 IP를 확인한 후 **원격 데스크 연결** 창의 **컴퓨터** 필드에 다음 형식으로 입력합니다.

- 〈로드 밸런서의 플로팅 IP〉:〈로드 밸런서 포트〉

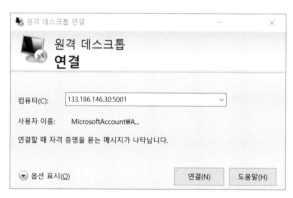

**그림 9-48** 원격 데스크톱 연결

**08 Instance** 작업 창에 프런트엔드 스케일링 그룹에서 배포한 인스턴스 중 하나의 접속 정보를 확인해 사용자 자격 증명을 입력하고 원격 데스크톱 연결을 완료합니다.

> **NOTE_** 스케일링 그룹에서 배포한 인스턴스가 여럿인 경우, 인스턴스별로 Administrator 계정의 비밀번호가 다르므로 인증에 실패한다면 다른 인스턴스의 비밀번호를 입력해 보기 바랍니다.

**09** 파일 탐색기를 열어 로그 드라이브(capsulelog)가 연결되었는지 확인합니다.

**그림 9-49** 로그 드라이브 연결 확인

**10** [시작] 버튼을 클릭한 다음 **서버 관리자**를 실행해 IIS(웹 서버)가 구성되었는지 확인합니다.

그림 9-50 서버 관리자에서 IIS 구성 확인

**11** 실전 연습 27에서 다운로드한 백엔드 리눅스 인스턴스 템플릿의 vmcapsulebe_key.
pem 파일을 원격 데스크톱으로 연결된 Windows Server의 다운로드 폴더(C:₩Users₩
administrator₩Downloads)에 복사합니다.

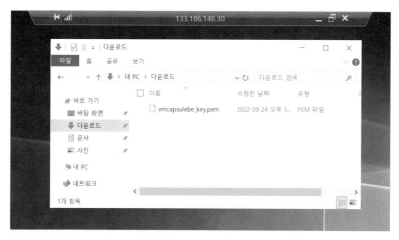

그림 9-51 Windows Server 인스턴스에 vmcapsulebe_key.pem 복사

**12** Instance 작업 창에서 백엔드 스케일링 그룹에서 배포한 인스턴스 중 하나의 접속 정보를 확인해 SSH로 연결합니다.

그림 9-52 백엔드 리눅스 인스턴스에 SSH 연결

**13** 'df −h' 명령으로 마운트 상태를 확인합니다. 인스턴스 템플릿의 사용자 지정 스크립트에서 지정한 추가 블록 스토리지(여기서는 80GB)가 '/mnt/vdb'에 마운트된 것을 확인할 수 있습니다.

그림 9-53 마운트된 추가 블록 스토리지 확인

14 백엔드 스케일링 그룹에 연결된 내부 로드 밸런서의 프라이빗 IP 확인한 다음 인터넷 브라우저를 열고 주소 줄에 입력해 웹 서비스 동작을 확인합니다.

133.186.146.30
http://10.11.42.40/
10.11.42.40
Running Capsule Management API and Power Management Service from host vmcapsulebe

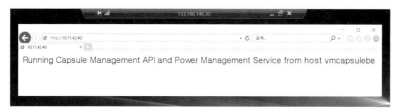

그림 9-54 백엔드 스케일링 그룹에 연결된 로드 밸런서의 동작 확인

## 9.4.2 스케일링 그룹 설정 관리 작업

스케일링 그룹의 상세 정보는 [그림 9-55]처럼 5가지 탭을 제공합니다. 스케일링 그룹의 설정은 **기본 정보**와 **스케일링 정책**, **예약 작업** 탭에서 변경합니다.

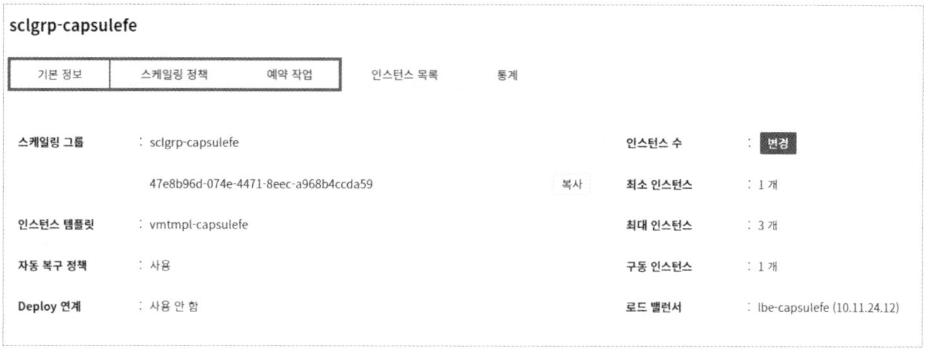

sclgrp-capsulefe
기본 정보
스케일링 정책
예약 작업
인스턴스 목록
통계
스케일링 그룹 : sclgrp-capsulefe
47e8b96d-074e-4471-8eec-a968b4ccda59
복사
인스턴스 템플릿 : vmtmpl-capsulefe
자동 복구 정책 : 사용
Deploy 연계 : 사용 안 함
인스턴스 수 : 변경
최소 인스턴스 : 1 개
최대 인스턴스 : 3 개
구동 인스턴스 : 1 개
로드 밸런서 : lbe-capsulefe (10.11.24.12)

그림 9-55 스케일링 그룹의 상세 정보

## 기본 정보

스케일링 그룹의 이름, ID, 인스턴스 템플릿, 연결된 로드 밸런서, 인스턴스 수를 확인할 수 있습니다. 기본 정보 중에서 인스턴스 수는 변경할 수 있습니다. 구동 인스턴스 수는 최소 인스턴스 수 이상이고 최대 인스턴스 수 이하여야 합니다.

그림 9-56 스케일링 그룹의 인스턴스 수 변경

## 스케일링 정책

기존 정책의 조건 설정을 변경하거나 조건을 추가하는 작업뿐만 아니라 모든 설정을 변경할 수 있습니다.

그림 9-57 스케일링 그룹 정책 변경

## 예약 작업

예약 작업은 타임존을 지정하고 지정한 시간에 스케일링 그룹의 최소, 최대, 구동 인스턴스의 수를 변경하는 동작을 일회성이나 반복적으로 실행하는 기능입니다.

[그림 9-58]에서 **반복** 항목은 '1회'와 'Cron 표현식' 중에서 선택할 수 있으며 'Cron 표현식'을 선택하는 경우 **종료 시간** 항목을 추가로 설정합니다.

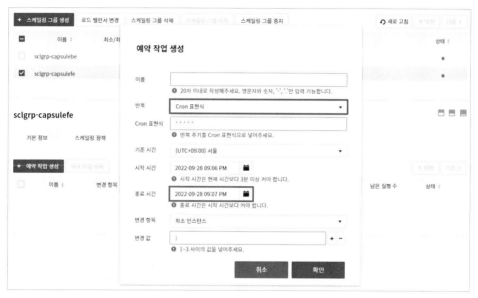

그림 9-58 예약 작업 생성

> **NOTE_** Cron 표현식을 입력하는 방법은 다음 NHN Cloud 사용자 가이드에서 확인할 수 있습니다.
> • https://docs.nhncloud.com/ko/Compute/Auto%20Scale/ko/console-guide/#_10

## 인스턴스 목록

스케일링 그룹에서 배포한 현재 인스턴스 목록을 표시합니다. **Instance** 작업 창에서도 확인할 수 있지만 배포한 인스턴스를 직접 관리하는 기능은 제공되지 않습니다.

**그림 9-59** 스케일링 그룹의 인스턴스 목록

## 통계

스케일링 그룹에서 배포한 인스턴스의 최근 1일 간 CPU와 메모리 평균 사용률, 디스크의 평균 읽기/쓰기 데이터양, 네트워크의 평균 송신/수신 데이터양을 확인할 수 있습니다. 통계 데이터의 최소 시간 단위는 1분입니다.

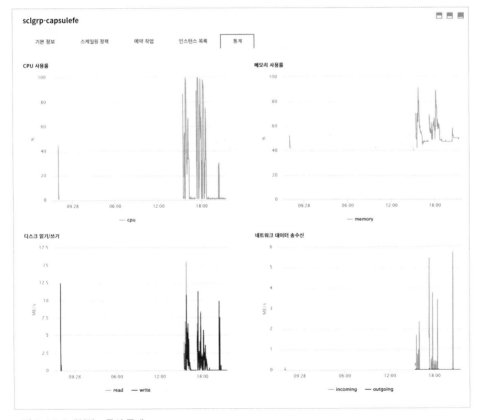

**그림 9-60** 스케일링 그룹의 통계

## | 실전 연습 31 | 스케일링 그룹 설정 관리하기

이번 실습은 프런트엔드 스케일링 그룹의 스케일링 정책을 조정하고 부하 테스트를 통해 오토 스케일의 동작을 확인해봅니다.

> **NOTE_간단한 명령줄 웹 부하 프로그램, hey**
>
> hey는 웹 서버 벤치마킹 도구로 다음 깃허브에서 바이너리 다운로드 방법과 사용법을 확인할 수 있습니다.
> - https://github.com/rakyll/hey
>
> Windows의 경우 다운로드한 바이너리 파일의 확장자를 exe로 변경해야 합니다. 이 실습에서는 hey.exe로 변경해 실행합니다. 실행 구문의 형식은 다음과 같습니다.
> - hey 〈OPTION〉 〈URL〉
>
> 주요 옵션 3가지는 다음과 같습니다.
> - n: 요청 개수. 기본 값은 200
> - c: 동시 실행 가능 worker 개수. 기본 값은 50, n 〉 c
> - z: 요청의 지속 시간. 지정되면 n 옵션은 무시

**01 Auto Scale** 작업 창에서 'sclgrp-capsulefe' 스케일링 그룹을 선택한 다음 아래 상세 정보 구역의 **기본 정보** 탭에서 **인스턴스 수** 항목의 [변경] 버튼을 클릭합니다.

**02 인스턴스 수 변경** 팝업 창에서 다음 내용을 설정한 후 [확인] 버튼을 클릭합니다.

- 최대 인스턴스 수: 4

그림 9-61 스케일링 그룹의 인스턴스 수 변경

**03** **sclgrp-capsulefe** 스케일링 그룹의 상세 정보 구역에서 **스케일링 정책** 탭을 선택한 다음 [스케일링 그룹 정책 변경] 버튼을 클릭합니다.

그림 9-62 스케일링 정책

**04 스케일링 그룹 정책 변경** 팝업 창에서 다음 변경 내용을 설정한 다음 [확인] 버튼을 클릭합니다.

**[증설 정책]**

❶ 조건 1: cpu > 85% 상태가 4분 동안 지속 시

❷ 조건 2: network.tx.bps > 45000 Bytes/s 상태가 4분 동안 지속 시

❸ 재사용 대기 시간: 4분

**[감축 정책]**

❹ 조건: cpu < 20% 상태가 4분 동안 지속 시

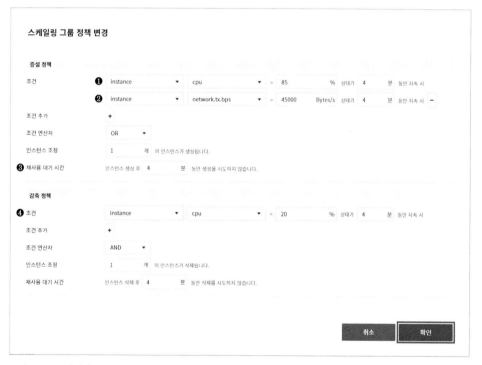

그림 9-63 스케일링 그룹 정책 변경

**05** 이번 실습 서두에 소개한 hey 프로그램을 다운로드한 후 명령 창 또는 터미널에서 다음 설정으로 실행합니다. 부하 테스트 설정은 사용하는 환경에 따라 적절하게 조정해 보세요.

- 부하 테스트 설정: 5초에서 10분간 worker 300개 실행

- 명령 구문

  〉hcy -z 5s -z 10m -c 300 http://〈공용 로드 밸런서 플로팅 IP〉

```
C:\Users\dokyu\Downloads>hey -z 5s -z 10m -c 300 hllp://133.186.146.30
Summary:
  Total:        619.4471 secs
  Slowest:      19.9097 secs
  Fastest:      0.0028 secs
  Average:      0.1779 secs
  Requests/sec: 11477.5757

  Total data:   547442280 bytes
  Size/request: 547 bytes
Response time histogram:
  0.003 [1]       |
  1.993 [999859]  |■■■■■■■■■■■■■■■■■■■■■■■■■■■■■■■■■■■■■■■■■■■■■■■■■■
  3.984 [122]     |
  5.975 [0]       |
  7.966 [0]       |
  9.956 [0]       |
  11.947 [2]      |
  13.938 [2]      |
  15.928 [0]      |
  17.919 [0]      |
  19.910 [14]     |

Latency distribution:
  10% in 0.0054 secs
  25% in 0.0066 secs
  50% in 0.0092 secs
  75% in 0.0157 secs
  90% in 0.0259 secs
  95% in 0.2206 secs
  99% in 0.4345 secs

Details (average, fastest, slowest):
  DNS+dialup:   0.0000 secs, 0.0028 secs, 19.9097 secs
  DNS-lookup:   0.0000 secs, 0.0000 secs, 0.0000 secs
  req write:    0.0001 secs, 0.0000 secs, 0.1899 secs
  resp wait:    0.1738 secs, 0.0027 secs, 13.8495 secs
  resp read:    0.0010 secs, 0.0000 secs, 0.1572 secs

Status code distribution:
  [200] 1000000 responses
```

그림 9-64 웹 부하 테스트

**06 Auto Scale** 작업 창에서 프런트엔드 스케일링 그룹의 현재 인스턴스가 1에서 2로 증가한 것과 그 시점에 네트워크 데이터 송신 양을 확인합니다. 앞서 추가한 네트워크 송신 바이트 조건에 부합해 인스턴스 1개가 자동 증가했습니다.

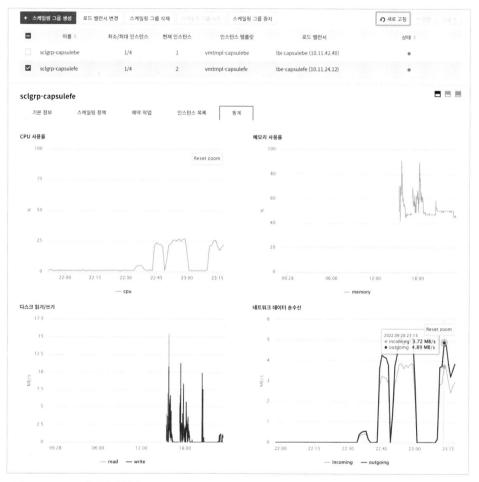

그림 9-65 오토 스케일 동작 확인

# PART IV

## 네트워크 연결과 보안

매트릭스에서 탈출한 인간들의 초기 거주지인 시온은 기계와의 전쟁에서 황폐해지고 그 위치가 노출되었습니다. 인간들은 이오라는 새로운 거주지로 이동하고 시온의 데이터를 이오로 전송하기 위해 시온과 이오의 네트워크를 연결하는 작업을 합니다. 네오의 희생으로 호의적인 기계들과 공생하게 된 인간은 기계가 매트릭스 내 식물이나 과일 등을 나타내는 개체의 데이터를 이오로 전송할 수 있도록 매트릭스 네트워크에도 연결합니다.

시온과 이오의 네트워크를 연결하기 전에 시온의 통제 및 방어 시스템, 이오의 가상 동식물 생성 시스템의 공격 면적을 줄이고 불필요한 리소스를 제거해 비용을 줄여야 합니다. 이오에서 매트릭스로 연결한 네트워크의 장애에 대비해 시온에서 매트릭스로 연결하는 백업 라인도 구성해야 합니다.

4부는 지금까지 구축한 매트릭스 공생 시스템의 네트워크 연결성을 구현하고 인프라의 보안을 향상시키며 불필요한 리소스를 식별해 제거하는 작업을 수행합니다.

# PART IV

## 네트워크 연결과 보안

# VPC 연결

> **이 장의 내용**
>
> - VPC 연결 솔루션
> - VPN 기술과 NHN Cloud의 VPN 게이트웨이
> - VPC 피어링 종류와 구성

비즈니스가 성장하면 클라우드의 리소스가 늘어나고, 글로벌 서비스를 하기 위해 여러 리전을 사용하게 됩니다. 온프레미스의 인프라와 연결해야 하는 경우도 있습니다. 인프라 확장으로 액세스 포인트와 엔드포인트가 늘어나면 네트워크 액세스 효율성과 더불어 나날이 교묘해지는 보안 위협에도 대비해야 합니다.

NHN Cloud는 다양한 환경에 사용할 수 있는 여러 가지 네트워크 연결 서비스를 제공하여 VPC 간 연결 솔루션, 온프레미스나 타사 클라우드의 가상 네트워크를 연결하는 솔루션을 선택할 수 있습니다. 10장은 NHN Cloud의 VPC 간 연결 솔루션 중 VPC 피어링과 VPN 게이트웨이를 설명합니다.

## 10.1 VPC 연결 솔루션

NHN Cloud에서 VPC를 연결하는 시나리오는 사이트와 사이트(S2S), 지점과 사이트(P2S), VPC와 VPC로 나눌 수 있습니다. 이 중 지점과 사이트 간 연결 시나리오를 지원하는 서비스는 아직 제공하지 않습니다.

1. 사이트와 사이트(Site-to-Site, S2S) 연결

    NHN Cloud의 VPC와 온프레미스 네트워크를 연결합니다. NHN Cloud의 VPN 게이트웨이 서비스를 사용하거나 Direct Connect(전용선 서비스)를 사용합니다.

2. 지점과 사이트(Point-to-Site, P2S) 연결

    전통적으로 조직의 일원이 업무상 출장을 갈 때 조직은 온프레미스 사이트와 개별 디바이스를 안전하게 연결하는 방법을 제공합니다. 아직은 NHN Cloud VPC에 배포한 VPN 게이트웨이와 외부 VPN 클라이언트 구성 및 연결을 지원하지 않습니다.

3. VPC와 VPC 연결

    현재 NHN Cloud는 피어링 게이트웨이라는 서비스를 통해 VPC 간 연결을 제공합니다. 피어링 게이트웨이는 3가지 피어링 시나리오를 지원합니다. 동일한 리전 간의 VPC 피어링, 다른 리전 간의 VPC 피어링, 프로젝트 간의 VPC 피어링입니다.

## 10.1.1 VPN 개요

VPN<sup>virtual private network</sup>은 전통적으로 개방된 인터넷을 사용하면서 사설 네트워크 연결을 안전하게 제공하기 위해 개발된 기술입니다. 특히 광대역 네트워크 기술의 발전과 스마트폰 시장의 폭발적인 성장으로 모바일 컴퓨팅이 일반화되면서, 조직 내부의 데이터와 서비스에 원격으로 액세스하려는 사용자가 내부 네트워크에 연결된 것처럼 느끼도록 안전하고 편안한 방법을 제공합니다.

VPN 서버는 공인 IP(퍼블릭 IP) 주소와 사설 IP(프라이빗 IP) 주소를 할당한 최소 2개 이상의 네트워크 인터페이스를 통해 암호화된 인터넷 통신과 내부 네트워크 액세스를 제공하는 게이트웨이 역할을 합니다.

VPN은 원격 사용자(Point)에게 기업 네트워크(Site)와의 안전한 연결과 트래픽 보호를 제공할 뿐만 아니라 지사(Site)와 본사(Site) 간 보호된 통신을 위한 게이트웨이를 연결합니다. VPN은 네트워크 구간에서 데이터를 가로채거나 훔쳐보는 행위를 차단하는 네트워크 통신 '보호' 기능을 제공하기 위해 연결 구간의 트래픽을 암호화할 수 있는 터널링 프로토콜을 사용합니다. VPN에 사용하는 3가지 주요 터널링 프로토콜은 L2TP(레이어 2 터널링 프로토콜)와 SSTP(보안 소켓 터널링 프로토콜), IKEv2(인터넷 키 교환 버전 2)입니다.

[그림 10-1]에 지점과 사이트 간 VPN 연결인 'P2S VPN', 사이트와 사이트 간 VPN 연결인 'S2S VPN'의 연결 토폴로지를 나타냈습니다. 이때 각 사이트에는 VPN 게이트웨이가 필요합

니다. VPN 게이트웨이는 공용 인터넷을 통해 사이트 간(가상 네트워크와 온프레미스) 네트워크 연결에서 암호화된 트래픽을 전송하는 데 사용하는 VPN 장치입니다.

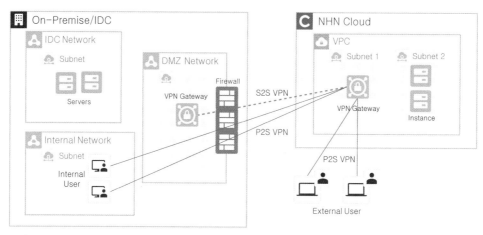

**그림 10-1** S2S 및 P2S VPN 연결 토폴로지

일반적으로 S2S VPN은 각 사이트에 VPN 게이트웨이를 배포해 클라우드와 온프레미스를 하이브리드 연결하는 복잡한 네트워크 구성 작업에 사용합니다. 사이트 간 VPN 게이트웨이는 IPSec/IKE(IKEv1/IKEv2) VPN 터널을 통해 연결합니다. P2S VPN은 사용자의 장치와 클라우드의 가상 네트워크와 안전하게 연결합니다. 사용자의 장치를 집이나 카페, 사무실 등에서 원격으로 가상 네트워크에 연결할 때 유용합니다. 보통 가상 네트워크에 연결하는 장치가 소수일 때는 S2S 대신 P2S를 사용할 수 있습니다.

P2S VPN 연결에 사용하는 대표적인 프로토콜은 OpenVPN과 SSTP, IKEv2입니다.

- OpenVPN

  오픈소스로 개발되었으며 SSLv3/TLSv1 기반으로 TCP 포트 443을 사용합니다. 크로스 플랫폼을 지원합니다.

- SSTP(secure socket tunneling protocol)

  마이크로소프트가 개발한 TLS 기반 VPN 프로토콜로 TCP 포트 443을 사용합니다. Windows 7 이상에서 운영체제에 통합되어 쉽게 사용할 수 있습니다.

- IKEv2

  시스코와 마이크로소프트가 공동 개발한 표준 IPSec 기반 터널링 프로토콜로 크로스 플랫폼을 지원합니다(Windows 7 이상, Mac OS X는 버전 10.11 이상). 네트워크 변경이나 일시적 단절 후 안정적인 재연결을 제공합니다.

VPN 기술은 별도의 책으로 다뤄야 할 만큼 내용이 많기 때문에, 본서에서는 간단한 개요 수준만 언급했습니다. VPN에 관한 자세한 설명은 네트워크나 보안 관련 전문 서적을 참고하기 바랍니다.

## 10.1.2 NHN Cloud의 VPN 게이트웨이

이 서비스는 온프레미스 네트워크와 NHN Cloud VPC 간의 S2S VPN 연결을 지원합니다. 현재 '평촌' 리전에서만 제공되며 향후 다른 리전으로 확대될 예정입니다. VPC의 서브넷에 VPN 게이트웨이를 배포한 후, 온프레미스 네트워크의 VPN 게이트웨이와 IPSec/IKE VPN 터널을 수립합니다.

> **NOTE_**VPN 연결을 구성한 VPC는 피어링을 사용해 다른 VPC에 액세스하지 못합니다. 또한 다른 게이트웨이를 통해 다른 VPC 혹은 서비스에 액세스하는 것도 지원하지 않습니다.

프로젝트에서 활성화시킨 기본 인프라 서비스의 **Network-VPN Gateway** 메뉴를 통해 VPN 게이트웨이 배포와 VPN 연결 작업을 수행할 수 있습니다.

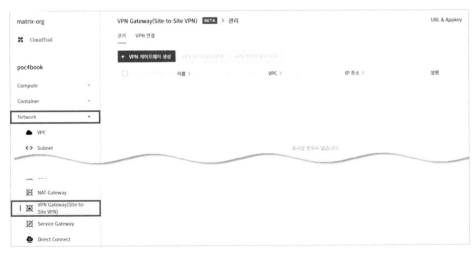

**그림 10-2** VPN Gateway(Site-to-Site) 관리

먼저, VPN 게이트웨이 배포를 하려면 [그림 10-3]에 보이는 **VPN 게이트웨이 생성** 창에 필요한

정보를 제공해야 합니다. NHN Cloud의 VPN 게이트웨이는 IPSec 터널 연결에 사용되는 실제 VPN 게이트웨이가 아닙니다. 이 게이트웨이는 단지 관리용 리소스일 뿐이며 이 리소스와 온프레미스의 VPN 게이트웨이와 VPN 연결을 설정할 때 NHN Cloud 내부 시스템에서 실질적으로 VPN 게이트웨이를 할당해 게이트웨이 간 IPSec 터널을 맺습니다.

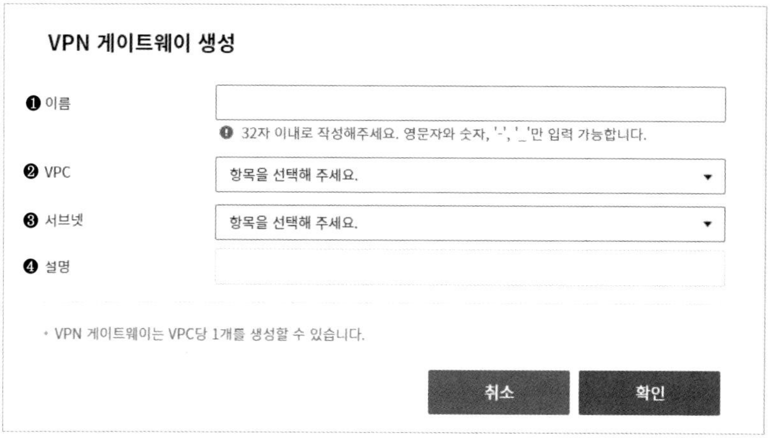

그림 10-3 VPN 게이트웨이 생성

❶ 이름: 배포할 VPN 게이트웨이 이름을 32자 이내로 입력합니다. 예를 들어 'vpngw'나 'vgw'와 같은 접두사를 일관성 있게 사용하면 좋습니다.

❷ VPC: VPN 게이트웨이를 배포하려는 VPC를 선택합니다. VPC 당 1개의 VPN 게이트웨이만 허용됩니다.

❸ 서브넷: VPN 게이트웨이를 배포할 전용 서브넷을 선택합니다.

❹ 설명: 배포하는 VPN 게이트웨이의 목적이나 용도 등을 입력합니다.

VPN 게이트웨이를 관리용 리소스로 배포한 후, **VPN 게이트웨이 생성**에서 지정한 서브넷의 트래픽이 VPN 게이트웨이를 통해 온프레미스로 라우팅되도록 [그림 10-4]에 보이는 **라우트 생성** 작업을 해야 합니다.

**그림 10-4** VPN 게이트웨이를 통해 온프레미스로 가는 라우트 생성

❶ 대상 CIDR: NHN Cloud의 VPN 게이트웨이를 통해 라우팅될 목적지 네트워크 주소 대역입니다.

❷ 게이트웨이: 온프레미스 네트워크 대역으로 라우팅을 수행할 NHN Cloud의 VPN 게이트웨이를 선택합니다.

[그림 10-5] **VPN 연결 생성** 창에 필요한 정보를 제공해 온프레미스와 VPN 연결을 수립합니다. VPN 게이트웨이당 최대 연결은 10개이며 VPN 연결은 IPv4 트래픽만 지원합니다.

❶ 게이트웨이: NHN Cloud의 VPC에 배포한 VPN 게이트웨이를 선택합니다.

❷ 로컬 대역: VPN 터널이 맺어진 후 통신이 허용된 NHN Cloud VPC의 주소 대역을 입력합니다. 이 주소 대역은 VPN 연결 후 통신할 온프레미스의 주소 대역과 겹치지 않아야 합니다.

❸ 이름: NHN Cloud와 온프레미스의 VPN 연결을 뜻하는 32자 이내의 적절한 이름을 입력합니다. 예를 들어 'conn'이나 'cn' 접두사를 일관성 있게 사용하면 좋습니다.

❹ 설명: VPN 연결의 목적이나 용도, 연결 사이트를 잘 나타낼 수 있는 설명을 입력합니다.

❺ 대역폭: 20Mbps, 50Mbps, 100Mbps, 1Gbps 중에서 선택합니다. 최초 VPN 연결에서 지정한 대역 폭은 동일한 VPC에서 추가 VPN 연결을 만들 경우 동일한 대역폭을 사용합니다.

❻ 피어 게이트웨이 장비: 온프레미스의 VPN 게이트웨이 장비를 선택합니다. 이 책을 집필하는 시점에선 forti, srx, paloalto 장비만 지원합니다.

❼ 피어 게이트웨이 주소: 온프레미스의 VPN 게이트웨이 장비의 공용 IP 주소를 입력합니다.

❽ 피어 대역: VPN 터널이 맺어진 후 통신이 허용된 온프레미스 네트워크의 주소 대역을 입력합니다.

❾ Pre-Shared Key: NHN Cloud 측 VPN 게이트웨이와 온프레미스 측 VPN 게이트웨이 사이의 초기 인 터넷 키 교환(IKE) 보안 연결에 사용할 공유 키를 입력합니다. 영문자, 숫자, 특수문자를 사용해 8~32비트 사 이로 구성합니다.

❿ IKE1/IKE2 인증 수명 시간: 1단계/2단계 IKE 협상의 수명으로 초 단위로 입력합니다.

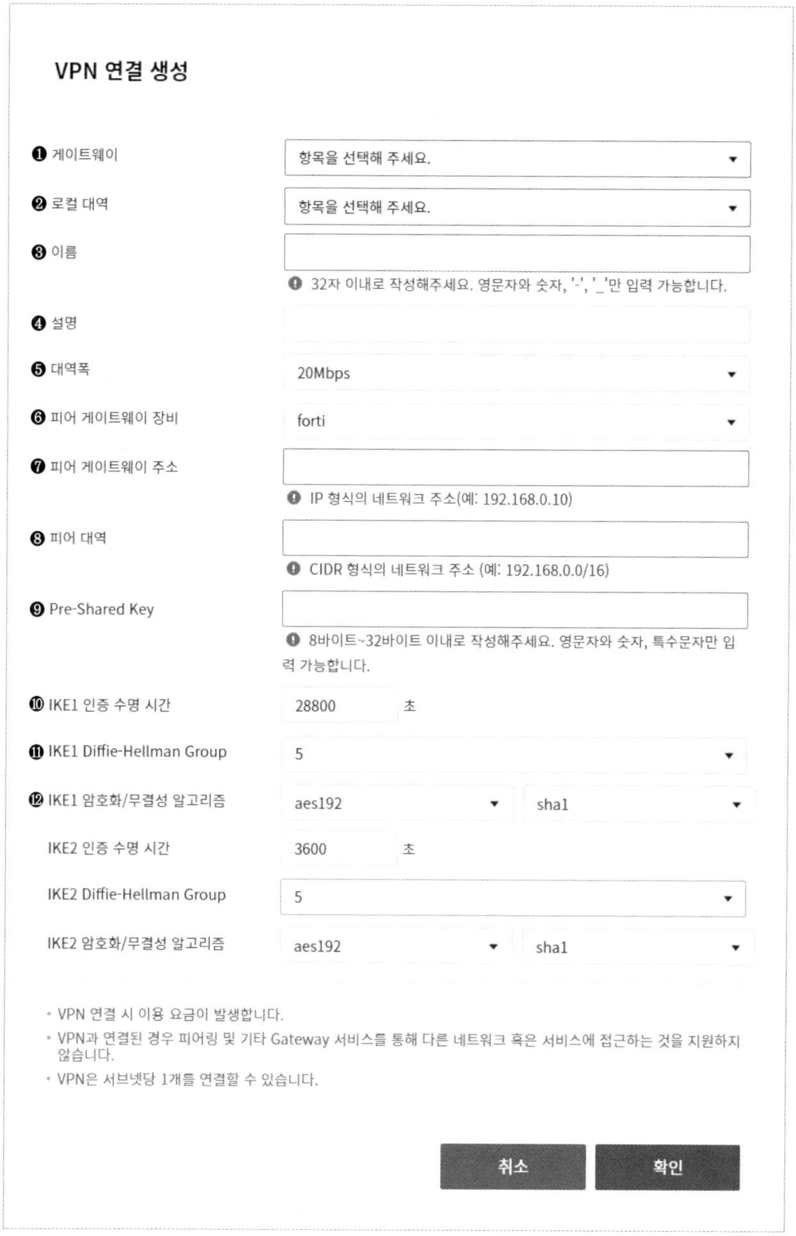

## VPN 연결 생성

❶ 게이트웨이               | 항목을 선택해 주세요. ▼ |

❷ 로컬 대역               | 항목을 선택해 주세요. ▼ |

❸ 이름
❶ 32자 이내로 작성해주세요. 영문자와 숫자, '-', '_'만 입력 가능합니다.

❹ 설명

❺ 대역폭                 | 20Mbps ▼ |

❻ 피어 게이트웨이 장비      | forti ▼ |

❼ 피어 게이트웨이 주소
❶ IP 형식의 네트워크 주소(예: 192.168.0.10)

❽ 피어 대역
❶ CIDR 형식의 네트워크 주소 (예: 192.168.0.0/16)

❾ Pre-Shared Key
❶ 8바이트~32바이트 이내로 작성해주세요. 영문자와 숫자, 특수문자만 입력 가능합니다.

❿ IKE1 인증 수명 시간       | 28800 | 초

⓫ IKE1 Diffie-Hellman Group    | 5 ▼ |

⓬ IKE1 암호화/무결성 알고리즘   | aes192 ▼ | sha1 ▼ |

IKE2 인증 수명 시간        | 3600 | 초

IKE2 Diffie-Hellman Group     | 5 ▼ |

IKE2 암호화/무결성 알고리즘    | aes192 ▼ | sha1 ▼ |

• VPN 연결 시 이용 요금이 발생합니다.
• VPN과 연결된 경우 피어링 및 기타 Gateway 서비스를 통해 다른 네트워크 혹은 서비스에 접근하는 것을 지원하지 않습니다.
• VPN은 서브넷당 1개를 연결할 수 있습니다.

[ 취소 ]  [ 확인 ]

그림 10-5 S2S VPN 연결 생성

### NOTE_IKE(internet key exchange)

IPSec(internet protocol security) 표준 프로토콜과 함께 사용되는 키 관리 프로토콜 표준입니다. 보안 통신 채널을 수립하기 위해 상호 간에 서로 인증하고 필요한 키를 교환하는 IKE 협상 과정은 2단계로 나뉩니다. IKE 1단계는 보안성이 없는 네트워크를 통해 암호화된 데이터 송수신을 준비하는 단계이며, IKE 2단계는 실제로 암호화된 데이터를 송수신하는 단계입니다.

❶ IKE1/IKE2 Diffie – Hellman Group: 1단계/2단계 IKE 협상에서 VPN 터널에 허용되는 DH 그룹 번호를 5, 2, 1 중에서 선택합니다.

❷ IKE1/IKE2 암호화/무결성 알고리즘: 1단계/2단계 IKE 협상에서 VPN 터널에 허용되는 암호화(aes192, aes256, des, 3des 중 택 1) 및 무결성(md5, sha1 중 택1) 알고리즘을 선택합니다.

VPN 게이트웨이를 배포한 후 [그림 10-6] **VPN Gateway(Site-to-Site VPN)** 창에서 변경하거나 삭제할 수 있습니다.

VPN 게이트웨이 변경 항목은 **이름**과 **설명**입니다. VPN 게이트웨이는 생성될 때 부여받은 고유 ID로 관리되므로 이름을 변경할 수 있습니다. VPN 게이트웨이 삭제는 기존에 VPN 연결이 없거나 사전에 연결을 모두 제거한 경우 가능합니다.

**그림 10-6** VPN 게이트웨이 관리

## 10.2 피어링 게이트웨이

현재 NHN Cloud는 완전히 격리된 VPC들을 쉽고 간편하게 서로 연결할 수 있도록 '피어링 게이트웨이' 서비스를 제공합니다. 이 서비스는 2개의 VPC를 마치 하나의 VPC인 것처럼 peer-to-peer로 연결하여 사설 IP 주소로 서로 통신할 수 있게 합니다.

피어링 게이트웨이를 사용해 2개의 VPC를 연결할 경우 추가 비용은 발생하지 않습니다.

### 10.2.1 피어링 개요

피어링 게이트웨이는 3가지 피어링 유형을 지원합니다. 리전 피어링과 프로젝트 피어링은 현재 평촌과 판교 리전에서만 제공합니다. 피어링 유형에 관계없이 피어링을 구성한 후 반드시 양쪽 VPC에서 반대 방향으로 라우팅을 추가해야 합니다.

- 피어링: 프로젝트와 리전이 동일한 2개의 VPC를 연결합니다.
- 리전 피어링: 동일한 프로젝트에서 서로 다른 리전의 VPC를 연결합니다.
- 프로젝트 피어링: 동일한 리전에서 서로 다른 프로젝트의 VPC를 연결합니다.

**그림 10-7** 피어링 토폴로지

NHN Cloud에서 네트워크 연결성을 설계할 때 VPC 피어링을 고려하면 다음과 같은 장점이 있습니다.

1. 피어링된 VPC 간의 트래픽은 '비공개' 상태로 NHN Cloud 백본 네트워크에 유지됩니다.
2. 피어링된 VPC는 높은 대역폭과 짧은 대기 시간의 네트워크 성능을 제공합니다.
3. 프로젝트와 리전이 달라도 서로 다른 VPC를 쉽고 빠르게 연결할 수 있습니다.
4. VPC에 연결된 기존 리소스는 피어링을 구성하는 과정이나 구성 후에 영향을 받지 않습니다.

네트워크를 설계할 때는 피어링 구성의 주요 제약 사항 4가지를 기억해야 합니다.

1. 전이적 연결을 지원하지 않습니다. 즉, VPC A와 B에 피어링 구성을 하고 VPC B와 C를 피어링 구성했다고 해서 VPC A와 C의 암시적 피어링이 구성되는 것은 아닙니다. VPC A와 C도 필요하다면 명시적으로 피어링을 구성해야 합니다.
2. 서브넷이 없는 VPC와 피어링을 구성할 수 없습니다.
3. 피어링을 구성할 VPC의 IP 주소 범위는 서로 겹치거나 포함하는 관계가 아니어야 합니다.

## 10.2.2 피어링 구현

피어링은 양방향 구성입니다. 피어링은 **Network-Peering Gateway** 메뉴에서 구성할 수 있습니다. Peering Gateway에서 피어링을 구성하면 각 VPC에서 상대 VPC로 연결이 구성되고, 삭제하면 각 VPC의 피어링을 자동으로 삭제합니다.

**그림 10-8** 피어링 작업 창

3가지 유형의 피어링 작업 창에서 설정할 항목을 중심으로 살펴보겠습니다. 반복되는 항목에 대한 설명은 생략합니다.

### 피어링

리전과 프로젝트가 동일한 2개의 VPC가 있어야 합니다.

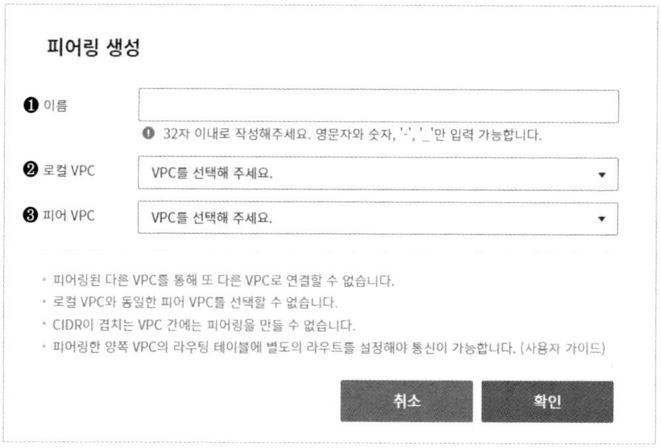

그림 10-9 피어링 생성

❶ 이름: 피어링을 구성하는 양쪽 VPC의 정보를 포함하고 일관성 있는 접두어(예를 들어 peer)를 사용하면 좋습니다.

❷ 로컬 VPC: 첫 번째 VPC를 선택합니다.

❸ 피어 VPC: 두 번째 VPC를 선택합니다.

## 리전 피어링

프로젝트는 동일하고 리전은 다른 2개의 VPC가 있어야 합니다.

그림 10-10 리전 피어링 생성

❶ 피어 리전: '평촌' 또는 '판교 리전' 중에 선택합니다.

❷ 피어 VPC ID: [그림 10-11]에 보이는 VPC 세부 정보의 VPC ID를 입력합니다.

❸ 설명: 피어링 구성 일시, 작업자, 목적 등 조직이 정한 규칙에 따라 입력하는 방식을 권장합니다.

**그림 10-11** VPC ID 확인

## 프로젝트 피어링

동일한 리전의 서로 다른 프로젝트에 VPC가 있어야 합니다. 프로젝트 피어링은 피어 프로젝트에서 피어링을 요청하는 프로젝트의 테넌트 ID와 VPC ID를 허용해야 합니다. 작업 순서는 다음과 같습니다.

그림 10-12 프로젝트 피어링 허용

1. **Peering Gateway > 프로젝트 피어링** 작업 창의 [프로젝트 피어링 허용] 버튼을 클릭합니다.

2. **프로젝트 피어링 허용** 팝업 창에서 [+ 피어링 허용 VPC 추가] 버튼을 클릭합니다.

3. 피어링 요청 프로젝트의 테넌트 ID와 VPC ID를 확인해 **프로젝트 피어링 허용** 팝업 창의 허용 목록에 입력합니다.

그림 10-13 테넌트 ID와 VPC ID 확인

4. 피어 프로젝트에서 피어링 허용 작업이 끝나면 요청 프로젝트에서 [+ 프로젝트 피어링 생성] 버튼을 클릭합니다(그림 10-12 참고).

5. **프로젝트 피어링 생성** 팝업 창에서 필요한 정보를 입력하고 [확인] 버튼을 클릭합니다.

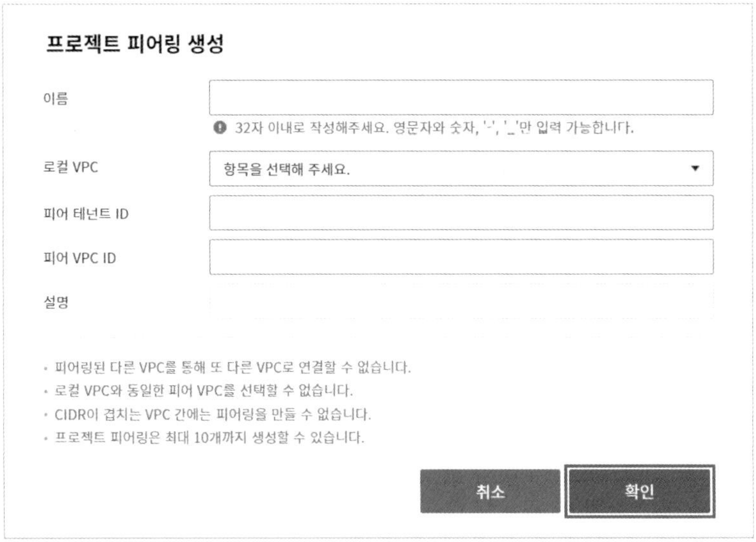

**프로젝트 피어링 생성**

| 이름 | |
| --- | --- |
| | ❶ 32자 이내로 작성해주세요. 영문자와 숫자, '-', '_'만 입력 가능합니다. |
| 로컬 VPC | 항목을 선택해 주세요. ▼ |
| 피어 테넌트 ID | |
| 피어 VPC ID | |
| 설명 | |

• 피어링된 다른 VPC를 통해 또 다른 VPC로 연결할 수 없습니다.
• 로컬 VPC와 동일한 피어 VPC를 선택할 수 없습니다.
• CIDR이 겹치는 VPC 간에는 피어링을 만들 수 없습니다.
• 프로젝트 피어링은 최대 10개까지 생성할 수 있습니다.

[취소]  [확인]

그림 **10-14** 프로젝트 피어링 생성

• 피어 테넌트 ID / 피어 VPC ID: 피어 프로젝트의 VPC 세부 정보에서 2가지 정보를 확인해 입력합니다.

## 라우트 설정

피어링을 구성한 후, 피어링된 양쪽 VPC의 라우팅 테이블 각각에 피어링 게이트웨이를 지정한 라우트를 추가해야 통신이 허용됩니다. 이때 라우트를 추가한 라우팅 테이블에 연결된 서브넷을 통해 통신이 이뤄집니다.

**라우트 생성** 팝업 창의 **게이트웨이** 항목에서 지정하는 피어링 게이트웨이는 피어링 유형에 따라 다른 형식으로 표시됩니다.

• 피어링: PEERING:⟨피어링 이름⟩
• 리전 피어링: INTER_REGION_PEERING:⟨피어링 이름⟩
• 프로젝트 피어링: INTER_PROJECT_PEERING:⟨피어링 이름⟩

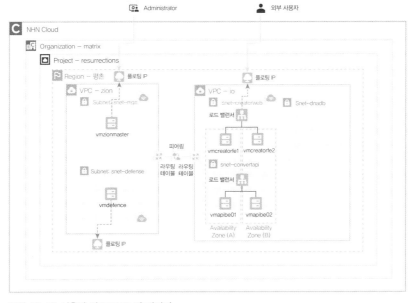

**라우트 생성**

| | |
|---|---|
| IP 버전 | iPv4 ▼ |
| 대상 CIDR | |
| | ❶ CIDR 형식의 네트워크 주소 (예: 192.168.0.0/16) |
| 게이트웨이 | 게이트웨이 선택 ▲ |

> PEERING: peer_zion-io (172.16.7.4)
> INTER_REGION_PEERING: rgpeer_io-matrix (172.16.7.21)
> NAT_GATEWAY: natgw-apibe (172.16.3.80)
> INSTANCE: vmapibe01 (172.16.5.51)
> INSTANCE: vmapibe02 (172.16.5.40)

• 대상 CIDR은 게이트웨이로
• 라우터는 라우팅 테이블당 

**그림 10-15** 라우트 생성에서 피어링 게이트웨이 지정

## | 실전 연습 32 |  시온과 이오의 VPC 간 피어링 구현하기

이번 실습은 시온과 이오의 네트워크를 연결해 시온의 통제 서버로 이오의 서버를 관리합니다. 또한 시온의 방어 시스템을 이오의 백엔드 API 웹 서비스에 제공할 수 있도록 VPC 간 피어링을 구성하고 통신을 확인합니다. 지금까지 실습을 통해 구성한 시스템에 VPC 간 피어링을 구성한 토폴로지를 [그림 10-16]에 나타냈습니다.

**그림 10-16** 시온과 이오 VPC 간 피어링

**01** NHN Cloud 콘솔에서 **resurrections-proj** 프로젝트를 선택하고, 현재 리전을 '평촌'으로 지정합니다.

**02** 콘솔 왼편의 활성화된 기본 서비스 메뉴에서 **Network–Peering Gateway**를 선택합니다.

**03 Peering Gateway > 피어링** 작업 창에서 **피어** 탭의 [+ 피어링 생성] 버튼을 클릭합니다.

**04 피어링 생성** 팝업 창에서 다음 내용을 설정하고 [확인] 버튼을 클릭합니다.

❶ 이름: peer_zion–io

❷ 로컬 VPC: vpc–zion

❸ 피어 VPC: vpc–io

**그림 10-17** 동일한 리전의 시온과 이오 VPC 간 피어링 생성

**05** 피어링 **성공** 팝업 창이 나타나면 [확인] 버튼을 클릭합니다.

**06** **Peering Gateway > 피어링** 작업 창에서 생성한 피어링 목록과 기본 정보를 확인합니다.

**그림 10-18** 생성된 피어링 목록과 기본 정보

**07** **Network-Routing** 메뉴를 선택하고 **Routing** 작업 창에서 라우트를 추가할 라우팅 테이블을 선택합니다. 여기서는 우선 통제 서버(vmzionmaster)가 있는 서브넷(snet-mgmt)과 연결된 라우팅 테이블인 'rg-zion-custom'을 선택합니다.

**08** 라우팅 테이블 상세 정보 구역에서 **라우트** 탭을 선택하고 [+ 라우트 생성] 버튼을 클릭합니다.

그림 10-19 라우팅 테이블 선택

**09 라우트 생성** 팝업 창에서 이오의 전체 IP 주소 대역으로의 라우트를 추가합니다. 다음 내용
을 지정하고 [확인] 버튼을 클릭합니다.

❶ 대상 CIDR: 172.16.0.0/16
❷ 게이트웨이: peer_zion-io

그림 10-20 이오의 VPC에 대한 라우트 추가

**10** 07~09번을 반복해 이오의 VPC에 연결된 라우팅 테이블에 시온 통제 서버로의 라우트를 생성합니다. [표 10-1] 테이블의 내용으로 라우트를 추가합니다.

표 **10-1** 이오의 VPC에 연결된 라우팅 테이블에 추가할 라우트 정보

| 라우팅 테이블 | 대상 CIDR | 대상 게이트웨이 |
|---|---|---|
| rt-io-frontend | 192.168.0.0/24 | PEERING: peer_zion-io |
| rt-io-backend | | |

그림 **10-21** 라우트 생성 결과

**11** 시온의 통제 서버인 vmzionmaster에 원격 데스크톱으로 접속합니다(실전 연습 14의 04~08번 참고).

**12** 지금까지 실습을 통해 생성한 모든 인스턴스의 *.pem 파일(5개)을 다음 경로에 복사한 다음 vmzionmaster의 파일 탐색기를 열고 붙여 넣습니다.

- 대상 파일: vmdefence_key.pem, vmcreatorfe_key.pem, vmapibe_key.pem, vmcapsulefe_key.pem, vmcapsulebe_key.pem
- 붙여 넣기 할 경로: C:₩Users₩administrator₩.ssh

**그림 10-22** vmzionmaster에 복사한 *.pem 파일

**13** 8장 부하 분산 서비스 구현에서 배포했던 공용 로드 밸런서와 내부 로드 밸런서의 사설 IP 주소를 **Load Balancer > 관리** 작업 창의 로드 밸런서 목록에서 확인해 기록합니다.

**14** vmzionmaster에서 인터넷 브라우저를 실행한 후 **13**번 주소 줄에서 확인한 공용 및 내부 로드 밸런서의 사설 IP 주소를 각각 입력해 접속을 확인합니다. 앞서 **09**번에서 이오의 VPC(vpc-io) 전체 주소 대역에 대한 라우트를 추가했고, **10**번에서 vpc-io의 모든 라우팅 테이블에 시온의 통제 서버가 있는 서브넷 대역으로 라우트를 추가했기 때문에 모든 서브넷 대역으로 통신이 가능합니다.

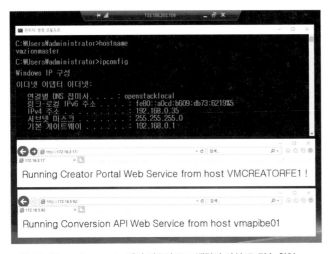

**그림 10-23** vmzionmaster에서 이오의 로드 밸런서 사설 IP 접속 확인

**15** vmzionmaster의 명령 프롬프트에서 pem 키가 있는 경로(C:₩Users₩administrator₩. ssh)로 이동한 후 시온의 백엔드 서버 중 하나로 SSH 접속을 확인합니다.

- SSH 접속 대상: vmapibe01
- SSH 명령: ssh -i vmapibe_key.pem ubuntu@〈YOUR_PRIVATE_IP〉

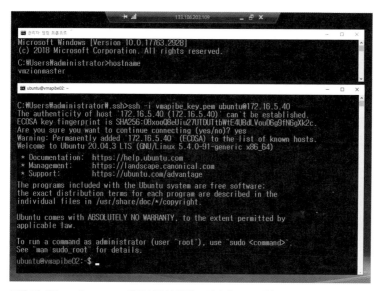

그림 **10-24** vmzionmaster에서 이오의 백엔드 서버에 SSH 접속

**16** 이번엔 반대로 이오의 프런트엔드 서버 중 하나(여기서는 vmcreatorfe1)에 원격 데스크톱을 연결한 후 vmzionmaster에 원격 데스크톱 접속을 다시 시도해 보고 시온의 방어 시스템인 vmdefence에 ping 테스트를 수행합니다.

**그림 10-25** vmcreatorfe1에서 시온의 통제 서버와 방어 시스템 통신 확인

앞서 라우터를 추가했기 때문에 vmcreatorfe1와의 원격 데스크톱 연결 후 다시 내부에서 vmzionmaster에 원격 데스크톱을 연결하는 것은 성공하지만, 해당 라우터를 추가하지 않은 vmdefence와의 통신은 불가능합니다.

**17** 이제 시온의 vmdefence와 이오의 백엔드 API 서버간의 통신을 위해 시온과 이오의 각 라우팅 테이블에 [표 10-2]의 내용으로 라우터를 추가합니다.

**표 10-2** 시온의 방어 시스템과 이오의 백엔드 서버 간 통신을 위한 라우트 생성

| 라우팅 테이블 | 대상 CIDR | 대상 게이트웨이 |
|---|---|---|
| rt-zion-default | 172.16.5.0/24 | PEERING: peer_zion-io |
| rt-io-backend | 192.168.42.0/24 | |

**18** vmzionmaster의 명령 프롬프트에서 vmdefence의 사설 IP 주소로 SSH 접속한 후, 백엔드 API 서버 중 하나(여기서는 vmapibe01)와 ping 통신을 수행합니다(그림 10-26 참고).

- SSH 접속 대상: vmdefence

- SSH 명령: ssh -i vmdefence_key.pem ubuntu@⟨YOUR_PRIVATE_IP⟩

**19** 이어서 curl 명령으로 내부 로드 밸런서를 통한 API 웹 서비스 응답을 확인합니다.

- 명령: curl http:// ⟨YOUR_INTERNAL_LB_IP⟩

**그림 10-26** 시온의 vmdefence와 이오의 백엔드 API 서버 통신 확인

## | 실전 연습 33 | 시온과 이오, 매트릭스 VPC 간 리전 피어링 구축하기

이번 실습은 인간 거주지 이오와 기계들의 본거지인 매트릭스의 네트워크를 연결하고 매트릭스 속의 개체 코드를 추출해 이오의 DNA 코드 변환 백엔드 API 서비스 인스턴스로 보낼 수 있도록 리전 간 VPC 피어링을 구축합니다. 시온의 통제 서버는 이오의 백엔드 서버를 통해 매트릭스 내의 인간과 공존을 선택한 기계들과 통신하고 이오로 넘어올 수 있는 경로를 구축합니다. 매트릭스의 아키텍트 후임인 애널리스트의 방해로 이오와 매트릭스 간 통신 장애가 발생할 경우를 대비해 시온과 매트릭스 간의 백업 라인도 구축합니다.

지금까지의 실습을 통해 시스템에 리전 간 VPC 피어링을 구성한 토폴로지를 [그림 10-27]에 나타냈습니다.

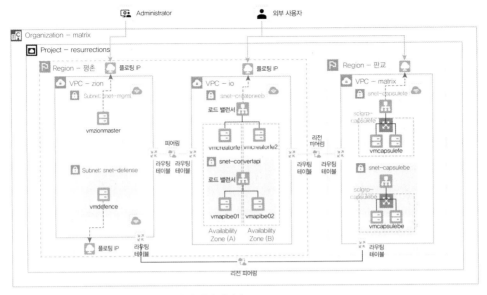

**그림 10-27** 이오와 시온, 매트릭스 VPC 간의 리전 피어링

**01** NHN Cloud 콘솔에서 **resurrections-proj** 프로젝트를 선택하고 현재 리전을 '판교'로 지정합니다.

**02** 콘솔 왼편의 활성화된 기본 서비스 메뉴에서 **Network-VPC**를 선택합니다.

**03** **VPC** 작업 창에서 'vpc-matrix'를 선택하고 VPC ID를 확인해 기록해 놓습니다.

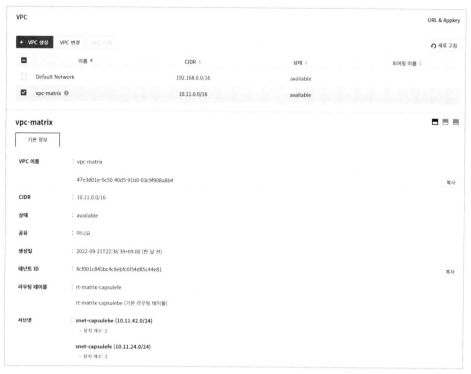

**그림 10-28** vpc-matrix의 VPC ID 확인

**04** NHN Cloud 콘솔에서 **resurrections-proj** 프로젝트를 선택하고 현재 리전을 '평촌'으로 지정합니다.

**05** 콘솔 왼편의 활성화된 기본 서비스 메뉴에서 **Network–Peering Gateway–리전 피어링**을 선택합니다.

**06 Peering Gateway > 피어링** 작업 창에서 **리전 피어링** 탭의 [+ 리전 피어링 생성] 버튼을 클릭합니다.

**07 피어링 생성** 팝업 창에서 다음 내용을 설정하고 [확인] 버튼을 클릭합니다.

❶ 이름: rgpeer_io-matrix

❷ 로컬 VPC: vpc-io

❸ 피어 리전: 한국(판교)

❹ 피어 VPC ID: **03**번에서 기록해 놓은 VPC ID

❺ 설명: 2022.10.22, 네오, 매트릭스의 데이터를 가져오기 위한 네트워크 연결

**그림 10-29** 서로 다른 리전의 이오와 매트릭스 VPC 간 리전 피어링 생성

**08** 다시 [+ 리전 피어링 생성] 버튼을 클릭하고 **피어링 생성** 팝업 창에서 다음 내용을 설정하고 [확인] 버튼을 클릭합니다.

- 이름: rgpeer_zion-matrix
- 로컬 VPC: vpc-zion
- 피어 리전: 한국(판교)
- 피어 VPC ID: **03**번에서 기록해 놓은 VPC ID
- 설명: 2022.10.22, 네오, 이와 매트릭스의 네트워크 연결 장애를 대비한 백업 라인

그림 10-30 시온과 매트릭스 VPC 간 리전 피어링 생성

**09 Peering Gateway > 피어링** 작업 창에서 방금 생성한 2개의 리전 피어링 목록과 기본 정보를 확인합니다.

그림 10-31 리전 피어링 목록과 기본 정보

**10** **Network-Routing** 메뉴를 선택하고 **Routing** 작업 창에서 'rg-zion-custom'을 선택합니다. 라우팅 테이블 상세 정보 구역에서 **라우트** 탭을 선택하고 [+ 라우트 생성] 버튼을 클릭합니다.

**11** **라우트 생성** 팝업 창에서 매트릭스 VPC 전체 IP 주소 대역으로의 라우트를 추가합니다. 다음 내용을 지정하고 [확인] 버튼을 클릭합니다.

- 대상 CIDR: 10.11.0.0/16
- 게이트웨이: rgpeer_zion-matrix

**그림 10-32** 매트릭스의 VPC에 대한 라우트 추가

**12** 리전을 '판교'로 변경하고 매트릭스 VPC(vpc-matrix)에 연결된 라우팅 테이블에 시온 통제 서버로의 라우트를 생성합니다. [표 10-3] 테이블의 내용으로 라우트를 추가합니다.

**표 10-3** 매트릭스 VPC에 연결된 라우팅 테이블에 추가할 라우트 정보

| 라우팅 테이블 | 대상 CIDR | 대상 게이트웨이 |
|---|---|---|
| rt-matrix-capsulefe | 192.168.0.0/24 | INTER_REGION_PEERING: rgpeer_zion-matrix |
| rt-matrix-capsulebe | | |

**그림 10-33** 라우트 생성 결과

**13** 실전 연습 28에서 배포했던 공용 로드 밸런서(lbe-capsulefe)와 내부 로드 밸런서(lbi-capsulebe)의 사설 IP 주소를 **Load Balancer > 관리** 작업 창의 로드 밸런서 목록에서 확인해 기록합니다.

**14** 시온의 통제 서버인 vmzionmaster에 원격 데스크톱으로 접속한 후, 인터넷 브라우저를 실행해 **13**번 주소 줄에서 확인한 공용 및 내부 로드 밸런서의 사설 IP 주소를 각각 입력해 접속을 확인합니다.

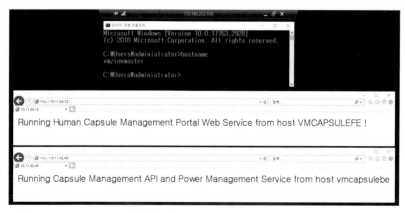

**그림 10-34** vmzionmaster에서 매트릭스의 로드 밸런서 사설 IP 접속 확인

**15** vmzionmaster의 명령 프롬프트에서 백엔드용 스케일링 그룹의 인스턴스 중 하나로 SSH 접속을 확인합니다.

- SSH 접속 대상: vmcapsulebe
- SSH 명령: ssh -i vmcapsulebe_key.pem ubuntu@⟨YOUR_PRIVATE_IP⟩

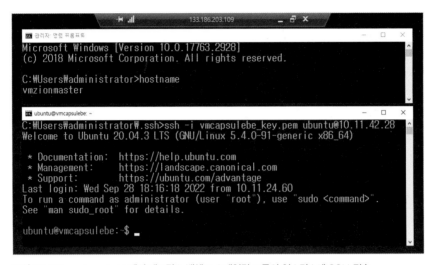

**그림 10-35** vmzionmaster에서 매트릭스 백엔드 스케일링 그룹의 인스턴스에 SSH 접속

**16** 매트릭스의 인스턴스와 이오의 백엔드 API 서버 간의 통신을 위해 매트릭스와 이오의 각 라우팅 테이블에 [표 10-4]의 내용으로 라우트를 추가합니다.

**표 10-4** 매트릭스 인스턴스와 이오의 백엔드 서버 간 통신을 위한 라우트 생성

| 라우팅 테이블 | 대상 CIDR | 대상 게이트웨이 |
| --- | --- | --- |
| rt-matrix-capsulefe | 172.16.5.0/24 | INTER_REGION_PEERING: rgpeer_io-matrix |
| rt-matrix-capsulebe | | |
| rt-io-backend | 10.11.0.0/16 | |

**17** 이번엔 이오와 매트릭스 VPC 간의 리전 피어링이 성공적인지 확인합니다. vmzionmaster 를 이오의 백엔드 API 서버 중 하나(여기서는 vmapibe01)와 SSH 접속한 후, 매트릭스 의 스케일링 그룹에 연결된 공용 및 내부 로드 밸런서 사설 IP를 통한 API 웹 서비스 응답 을 확인하기 위해 curl 명령을 수행합니다.

- SSH 접속 대상: vmapibe01

- SSH 명령: ssh -i vmapibe_key.pem ubuntu@〈YOUR_PRIVATE_IP〉
- curl 명령: curl http:// 〈YOUR_PUBLIC/INTERNAL LB_IP〉

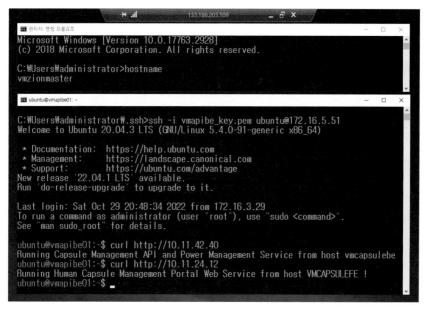

**그림 10-36** 이오의 백엔드 API 서버와 매트릭스의 공용 및 내부 로드 밸런서 사설 IP 통신 확인

**18** 매트릭스의 프런트엔드 스케일링 그룹의 Windows Server 인스턴스에 원격 데스크톱으로 접속합니다(실전 연습 30의 **06~07**번 참고).

**19** 인터넷 브라우저를 실행하고 이오의 백엔드 API 서버가 연결된 내부 로드 밸런서의 사설 IP를 주소 줄에 입력해 웹 서비스를 액세스할 수 있는지 확인합니다.

**그림 10-37** 매트릭스의 프런트엔드 인스턴스에서 이오의 백엔드 서비스 액세스 확인

**20** 명령 프롬프트를 실행하고 매트릭스의 백엔드 스케일링 그룹의 우분투 리눅스 인스턴스에 SSH 접속한 후(실전 연습 30의 **11~12**번 참고), curl 명령으로 이오의 백엔드 API 서버가 연결된 내부 로드 밸런서의 사설 IP를 호출해 웹 서비스를 액세스할 수 있는 확인합니다.

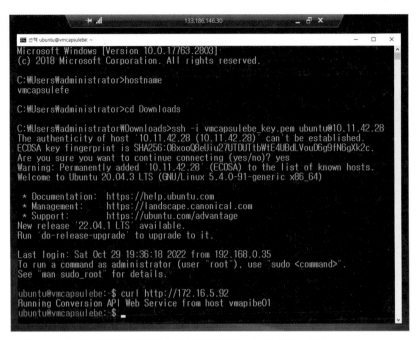

**그림 10-38** 매트릭스의 백엔드 인스턴스에서 이오의 백엔드 서비스 액세스 확인

# 기본 인프라 서비스 보호

지금까지 구현한 인간의 거주지인 '시온'과 '이오', 기계의 본거지인 '매트릭스'의 인프라는 공격에 취약한 지점이 있습니다. 불필요한 플로팅 IP 주소, 기본 보안 그룹 하나에만 연결된 시온과 이오의 인스턴스, 보안 그룹을 연결하지 않은 인스턴스, 네트워크로 유입되는 패킷의 제어와 로드 밸런서로 유입되는 패킷 제어 수단의 부재 등으로 인해 보안 위협이 증가하고 있습니다.

11장은 시온과 이오, 매트릭스의 기본 인프라 서비스 요소인 인스턴스와 VPC, 로드 밸런서, 스케일링 그룹 보호 기능을 익힙니다.

## 11.1 보안 그룹

보안 그룹<sup>security group</sup>은 VPC의 인스턴스에 대한 수신(인바운드) 및 송신(아웃바운드) 트래픽을 허용하거나 거부하는 데 사용하는 보안 계층으로, 가상 방화벽 역할을 합니다.

보안 그룹은 인스턴스의 네트워크 인터페이스에 연결되며 보안 규칙을 만들어 수신 및 송신 트래픽 유형을 필터링합니다. 다음은 보안 그룹을 사용할 때 알아야 하는 특징입니다.

- 기본적으로 포지티브 보안 모델(positive security model)을 사용하기 때문에 규칙으로 지정한 트래픽은 허용하고 그 외 트래픽은 차단합니다. 이러한 방식을 묵시적 차단(implicit deny)이라고 합니다.
- 한 번 연결된 세션은 반대 방향 보안 규칙이 없어도 허용됩니다.
- 개별 인스턴스별로 보안 그룹을 연결할 수 있습니다.
- 한 인스턴스에 여러 개의 보안 그룹을 연결할 수 있습니다.
- 여러 인스턴스가 동일한 송수신 보안 규칙을 갖는다면 하나의 보안 그룹을 만들어 공유할 수 있습니다.
- 보안 규칙은 관리와 성능을 고려해 범위를 지정하는 방식으로 규칙을 치소하하길 권장합니다. 규칙이 많아지면 성능 저하의 원인이 될 수 있습니다.

보안 그룹을 고려한 일반적인 네트워크 토폴로지를 [그림 11-1]에 나타냈습니다.

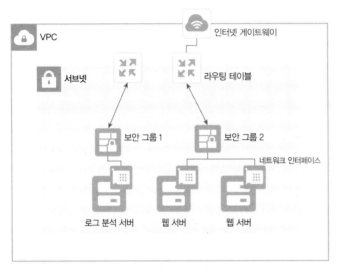

**그림 11-1** 보안 그룹을 고려한 네트워크 토폴로지

## 11.1.1 기본 보안 그룹

프로젝트에서 기본 인프라 서비스를 활성화시키면 'default'라는 기본 보안 그룹 하나가 만들어집니다. 이 보안 그룹을 그대로 사용할 수도 있고 별도로 사용자 지정 보안 그룹을 추가해 사용할 수도 있습니다. [그림 11-2]에 처음 만들어지는 default 보안 그룹의 보안 규칙을 나타냈습니다.

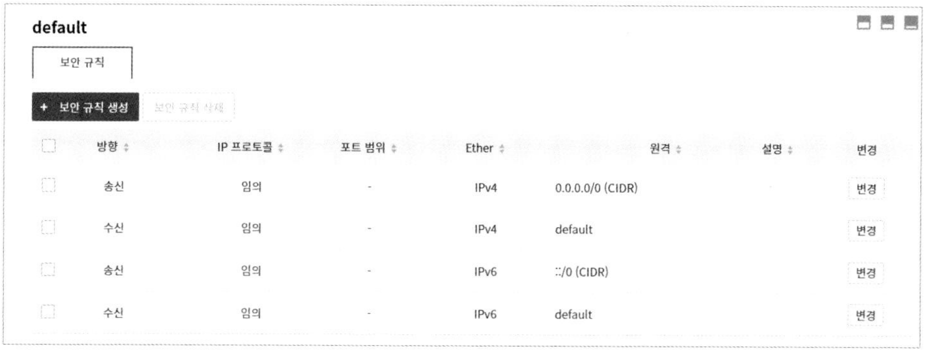

| | 방향 | IP 프로토콜 | 포트 범위 | Ether | 원격 | 설명 | 변경 |
|---|------|-----------|----------|-------|------|------|------|
| ☐ | 송신 | 임의 | - | IPv4 | 0.0.0.0/0 (CIDR) | | 변경 |
| ☐ | 수신 | 임의 | - | IPv4 | default | | 변경 |
| ☐ | 송신 | 임의 | - | IPv6 | ::/0 (CIDR) | | 변경 |
| ☐ | 수신 | 임의 | - | IPv6 | default | | 변경 |

그림 **11-2** default 보안 그룹

기본 보안 그룹은 송신과 수신 방향으로 2가지 IP 버전(IPv4와 IPv6)의 보안 규칙 4개를 기본
으로 제공합니다. 기본 보안 그룹에서 제공하는 보안 규칙의 의미를 정리했습니다.

- 인스턴스에서 시작하는 세션은 모두 허용됩니다. 즉, 모든 송신 트래픽을 허용합니다.
- 외부에서 시작하는 세션은 모두 차단됩니다. 즉, 수신되는 모든 트래픽은 기본적으로 차단합니다. 단, 동일한
  VPC 내 서브넷 간에는 통신이 허용됩니다.

default 보안 그룹을 변경하거나 삭제할 수도 있습니다. 변경하는 경우 [그림 11-3]의 **보안 그
룹 변경** 팝업 창에서 이름과 설명을 변경할 수 있습니다. default 보안 그룹을 사용하려는 경우
이름과 설명을 적절히 변경하기 바랍니다.

그림 **11-3** default 보안 그룹 변경

default 보안 그룹에 자동으로 추가된 보안 규칙은 필요에 따라 변경하거나 삭제할 수도 있습니다.

## 11.1.2 사용자 지정 보안 그룹

실무에서 구현하는 클라우드 아키텍처는 VPC가 여럿이고, 한 VPC 내에도 목적에 따라 다수의 서브넷으로 구현된 복잡한 토폴로지를 구성하는 경우가 많습니다. 이런 경우 기본 보안 그룹 하나만으로 송수신 네트워크 트래픽을 효율적으로 제어하는 것은 불가능합니다. 따라서 용도와 목적에 맞게 구현한 별도의 사용자 지정 보안 그룹을 추가해서 사용해야 합니다.

새로운 보안 그룹은 [그림 11-4]와 같은 **보안 그룹 생성** 팝업 창에서 필요한 설정을 입력해 만듭니다.

**그림 11-4** 보안 그룹 및 보안 규칙 생성

**(A)** 이름: 'sg-'와 같은 접두어와 인스턴스 정보를 결합한 적절한 이름을 입력합니다.

**(B)** 설명: 이 규칙을 설정한 시기와 목적이나 영향 등을 입력합니다.

**(C)** 자동 추가되는 기본 규칙: 보안 그룹을 만든 후 이 규칙을 변경하거나 제거할 수 있습니다.

**(D)** [+] 버튼: 새로운 보안 규칙을 추가합니다.

❶ 방향: 수신(인바운드) 및 송신(아웃바운드) 중에서 선택합니다.

❷ IP 프로토콜: TCP, UDP, ICMP, 임의, 다른 프로토콜 중에서 선택할 수 있으며 '임의'는 모든 프로토콜을 의미하고 '다른 프로토콜'이 0이면 임의와 동일한 뜻입니다.

❸ 포트: 포트와 포트 범위 중에서 선택할 수 있으며, '포트'는 특정 단일 포트를 지정하고 '포트 범위'는 IP 프로토콜을 '사용자 정의 TCP/UDP'로 선택했을 경우 지정할 수 있습니다.

❹ Ether: IPv4와 IPv6 중에서 IP 버전을 선택합니다.

❺ 원격: CIDR 또는 보안 그룹, 내 IP 중에서 선택합니다. 여기서 원격은 방향에 따라 결정되는데, '송신'은 트래픽의 목적지이고 '수신'은 출발지입니다. '보안 그룹'을 지정한 경우는 해당 보안 그룹에 속한 인스턴스의 IP인지 비교해 허용 여부를 결정합니다.

❻ 설명: 해당 규칙의 용도에 대한 간략한 설명을 입력합니다.

## | 실전 연습 34 | 시온과 이오의 인스턴스 보호를 위한 보안 그룹 적용하기

현재 시온의 통제 서버는 보안 그룹이 적용되어 있지 않습니다. 그리고 방어 시스템용 서버와 이오의 모든 서브넷에 있는 인스턴스가 동일한 보안 그룹을 적용하고 있어 인스턴스별 송수신 트래픽 제어가 최적화되어 있지 않다는 문제가 있습니다. 이번 실습은 이 문제를 해결합니다.

**01** NHN Cloud 콘솔에서 **resurrections-proj** 프로젝트를 선택하고, 현재 리전을 '평촌'으로 지정합니다.

**02** 콘솔 왼편의 활성화된 기본 서비스 메뉴에서 **Network-Security Groups**를 선택합니다.

**03** vmzionmaster에 연결할 보안 그룹을 만들기 위해 **Security Groups** 작업 창에서 [+ 보안 그룹 생성] 버튼을 클릭합니다.

**그림 11-5** 보안 그룹 만들기

**04** 관리자의 컴퓨터에서만 원격 데스크톱 접근이 가능하도록 **보안 그룹 생성** 팝업 창에서 다음 내용을 설정한 다음 [확인] 버튼을 클릭합니다.

**[보안 그룹 생성]**

- 이름: sg-vmzionmaster
- 설명: vmzionmaster의 송수신 트래픽 제어(20221105)
- 보안 규칙: [+] 버튼 클릭 후 입력

**[보안 규칙 추가]**

| 방향 | 수신 |
|---|---|
| IP 프로토콜 | 사용자 정의 TCP |
| 포트 | 3389 |
| 원격 | 내 IP |
| 설명 | 원격 데스크톱 접속 허용 |

**그림 11-6** vmzionmaster용 보안 그룹 및 보안 규칙 추가

**05** vmzionmaster에 보안 그룹을 연결하려면 네트워크 인터페이스를 변경해야 하며 이를 위해서는 인스턴스의 플로팅 IP 연결을 해제해야 합니다. 따라서 **Network-Floating IP** 메뉴를 선택합니다.

**06 Floating IP** 작업 창에서 연결된 장치가 vmzionmaster인 플로팅 IP의 [연결 해제] 버튼을 클릭합니다.

**그림 11-7** 플로팅 IP 연결 해제

**07** 활성화된 기본 서비스 메뉴에서 **Network−Network Interface**를 선택합니다.

**08** **Network Interface** 작업 창의 목록에서 'nic−vmzionmaster'를 선택하고 [네트워크 인터페이스 변경] 버튼을 클릭합니다.

**그림 11-8** 변경할 네트워크 인터페이스 선택

**09 네트워크 인터페이스 변경** 팝업 창에서 다음 내용으로 설정한 후 [확인] 버튼을 클릭합니다.

❶ 보안: 사용

❷ 보안 그룹 선택: sg−vmzionmaster

그림 11-9 네트워크 인터페이스 변경

10 **Network**–**Floating IP** 메뉴를 선택하고 **Floating IP** 작업 창에서 **연결된 장치** 열이 비어 있는 플로팅 IP의 [연결] 버튼을 클릭합니다.

그림 11-10 vmzionmaster에 연결할 플로팅 IP 선택

11 **플로팅 IP 관리** 팝업 창에서 다음 내용을 설정한 후 [연결] 버튼을 클릭하고 [닫기] 버튼을 클릭합니다.

그림 11-11 플로팅 IP 연결

**12** 시온의 방어 시스템 인스턴스(vmdefence)는 시온의 내부 시스템 위협을 탐지하고 무력화시키는 서비스를 동작합니다. 이 인스턴스는 통제 서버를 통해 관리되고 외부에 노출되지 않기 때문에 플로팅 IP가 필요 없습니다. 따라서 **06**번을 반복해 플로팅 IP 연결을 해제합니다.

**13 Floating IP** 작업 창에서 [플로팅 IP 삭제] 버튼을 클릭한 후, **플로팅 IP 삭제** 팝업 창에서 [확인] 버튼을 클릭해 삭제합니다.

그림 11-12 vmdefence의 플로팅 IP 연결 해제 및 제거

**NOTE_** 필요 없는 플로팅 IP를 제거하면 비용을 줄일 수 있습니다.

**14** vmdefence는 vmzionmaster를 통해서만 관리 접속이 가능해야 합니다. **04**번을 반복해 다음 설정 내용으로 시온의 방어 시스템 인스턴스용 보안 그룹을 만듭니다.

**[보안 그룹 생성]**

- 이름: sg-vmdefence
- 설명: vmdefence의 송수신 트래픽 제어(20221111)
- 보안 규칙: [+] 버튼 클릭 후 입력

**[보안 규칙 추가]**

| 구분 | 보안 규칙 1 | 보안 규칙 2 |
|---|---|---|
| ❶ 방향 | 수신 | |
| ❷ IP 프로토콜 | 사용자 정의 TCP | |
| ❸ 포트 | 80 | 22 |
| ❹ 원격 | CIDR, vmzionmaster의 프라이빗 IP(예. 192.168.0.35/32) | |
| ❺ 설명 | 웹 서비스 접속 허용 | SSH 접속 허용 |

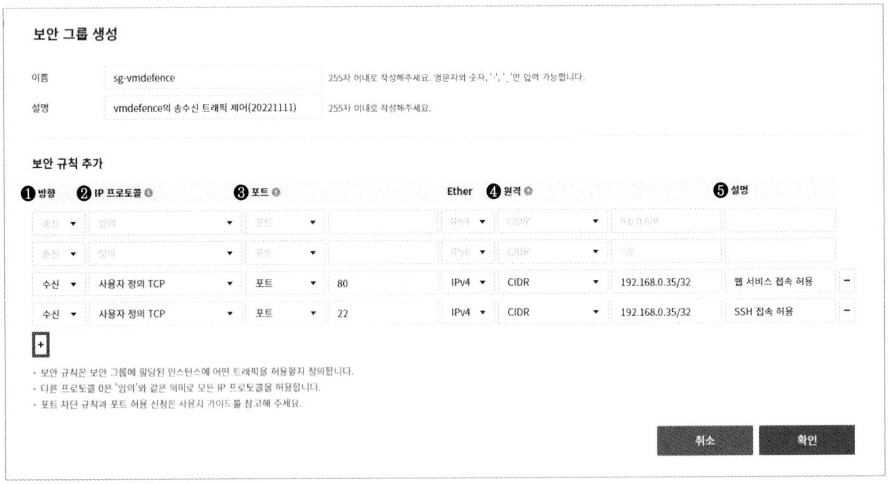


**그림 11-13** vmdefence용 보안 그룹 및 보안 규칙 추가

**15** 활성화된 기본 서비스 메뉴에서 **Compute-Instance** 메뉴를 선택합니다. 인스턴스 목록에서 'vmdefence'를 선택한 후 [⋯]-[보안 그룹 변경] 버튼을 클릭합니다.

**그림 11-14** 보안 그룹을 변경할 인스턴스 선택

**16 보안 그룹 변경** 팝업 창에서 다음 내용으로 보안 그룹을 선택합니다.

• 보안 그룹 선택: sg-vmdefence ('default' 보안 그룹 선택 해제)

**그림 11-15** 보안 그룹 변경

**17** 지금까지의 설정을 확인하기 위해 다음 3가지 확인 작업을 수행합니다.

1) 관리자의 컴퓨터에서만 vmzionmaster에 원격 데스크톱 접속이 가능한지 확인합니다.

2) 명령 프롬프트를 실행한 후 vmzionmaster만 vmdefence의 사설 IP를 사용해 SSH 접속이 가능한지 확인합니다.

3) vmzionmaster만 웹 브라우저(인터넷 브라우저)에서 vmdefence의 사설 IP로 웹 서비스 접속이 가능한지 확인합니다.

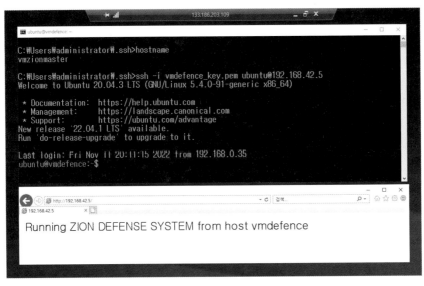

**그림 11-16** 시온의 인스턴스에 적용한 보안 그룹 동작 확인

**18** 인터넷에서 웹 서비스 접속은 허용하고 원격 데스크톱 접속은 vmzionmaster에서만 가능
하도록, 다음 내용을 지정해 이오의 프런트엔드 인스턴스용 보안 그룹을 만들고 보안 규칙
을 추가합니다.

**[보안 그룹 생성]**

- 이름: sg-vmcreatorfe
- 설명: vmcreatorfe의 송수신 트래픽 제어(20221111)
- 보안 규칙: [+] 버튼 클릭 후 입력

**[보안 규칙 추가]**

| 구분 | 보안 규칙 1 | 보안 규칙 2 |
|---|---|---|
| 방향 | 수신 | |
| IP 프로토콜 | 사용자 정의 TCP | |
| 포트 | 80 | 3389 |
| 원격 | CIDR, 0.0.0.0/0 | CIDR, vmzionmaster의 프라이빗 IP(예. 192.168.0.35/32) |
| 설명 | 웹 서비스 접속 허용 | 원격 데스크톱 접속 허용 |

그림 11-17 프런트엔드 인스턴스용 보안 그룹 및 보안 규칙 추가

**19** 프런트엔드에서 백엔드 웹 서비스의 로드 밸런서 사설 IP 호출만 허용하고 SSH 접속은 vmzionmaster에서만 가능하도록, 다음 내용을 지정해 이오의 백엔드 인스턴스용 보안 그룹을 만들고 보안 규칙을 추가합니다.

**[보안 그룹 생성]**

- 이름: sg-vmapibe
- 설명: vmapibe의 송수신 트래픽 제어(20221112)
- 보안 규칙: [+] 버튼 클릭 후 입력

**[보안 규칙 추가]**

| 구분 | 보안 규칙 1 | 보안 규칙 2 |
|---|---|---|
| 방향 | 수신 | |
| IP 프로토콜 | 사용자 정의 TCP | |
| 포트 | 80 | 22 |
| 원격 | CIDR, 172.16.5.92/32 | CIDR, vmzionmaster의 프라이빗 IP(예. 192.168.0.35/32) |
| 설명 | 웹 서비스 접속 허용 | SSH 접속 허용 |

**그림 11-18** 백엔드 인스턴스용 보안 그룹 및 보안 규칙 추가

**20 Instance** 작업 창에서 다음 내용으로 vmcreator1과 vmcreator2의 보안 그룹을 변경합니다.

- 보안 그룹 선택: sg-vmcreator ('default' 보안 그룹 선택 해제)

**21 Network Interface** 작업 창에서 nic-vmapibe01과 nic-vmapibe02 네트워크 인터페이스 설정을 다음 내용으로 변경합니다.

- 보안: 사용
- 보안 그룹 선택: sg-vmapibe ('default' 보안 그룹 선택 해제)

**22** 지금까지의 설정을 확인하기 위해 다음 4가지 확인 작업을 수행합니다.

1) vmzionmaster에서만 vmcreatorfe1에 원격 데스크톱 접속이 가능한지 확인합니다.

2) 명령 프롬프트를 실행한 후 vmzionmaster만 vmdapibe01의 사설 IP를 사용해 SSH 접속이 가능한지 확인합니다.

3) vmcreatorfe1에 원격 데스크톱 접속한 상태에서 웹 브라우저(인터넷 브라우저)를 실행하고 내부 로드 밸런서 lbi-io의 사설 IP로 백엔드 웹 서비스 접속이 가능한지 확인합니다.

4) 인터넷상의 임의 클라이언트에서 공용 로드 밸런서 lbe-io의 플로팅 IP로 프런트엔드 웹 서비스 접속이 가능한지 확인합니다.

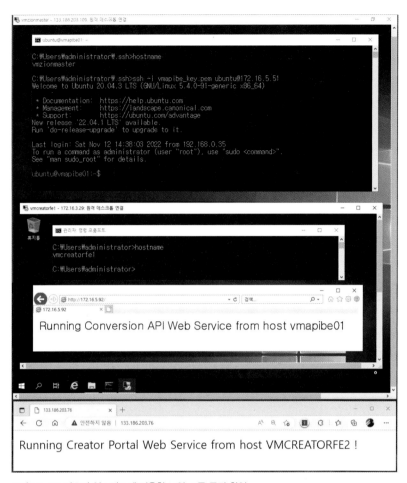

**그림 11-19** 이오의 인스턴스에 적용한 보안 그룹 동작 확인

**23** vmcreator1/2는 공용 로드 밸런서의 플로팅 IP를 통해 서비스 요청을 받고 응답합니다. 또한 시온의 통제 컴퓨터를 통해서만 관리되므로 vmcreator1/2에 연결된 플로팅 IP는 더 이상 필요 없습니다. 따라서 **Floating IP** 작업 창에서 연결된 플로팅 IP 연결을 해제하고 삭제합니다.

| Floating IP | | | | URL & Appkey |
|---|---|---|---|---|

| + 플로팅 IP 생성 | 플로팅 IP 삭제 | | | ↻ 새로 고침 | < 이전 |
|---|---|---|---|---|---|

| ✓ | IP 주소 ⬍ | 연결된 장치 | IP 풀 | 플로팅 IP 연결/해제 ⬍ |
|---|---|---|---|---|
| ☐ | 133.186.203.76 | lbe-io | | 연결 해제 |
| ☐ | 133.186.203.109 | vmzionmaster | | 연결 해제 |
| ✓ | 133.186.202.84 | . | | 연결 |
| ✓ | 133.186.202.245 | . | | 연결 |
| ☐ | 133.186.202.191 | natgw-apibe | | 연결 해제 |

**그림 11-20** vmcreator1/2의 플로팅 IP 연결 해제 및 제거

## 11.2 네트워크 ACL

NHN Cloud는 네트워크로 유입되는 패킷을 제어할 수 있도록 'Network ACL' 서비스를 제공합니다. 현재 이 서비스는 '평촌' 리전에서만 제공됩니다. 네트워크 ACL을 만든 후 필요한 ACL 규칙을 만들어 출발지 및 목적지 포트 및 IP 주소 범위에 따라 패킷을 허용하거나 거부합니다. 네트워크 ACL의 규칙은 VPC에 바인딩(연결)할 때 동작하므로 [그림 11-21]에 나타낸 네트워크 토폴로지를 구성할 수 있습니다.

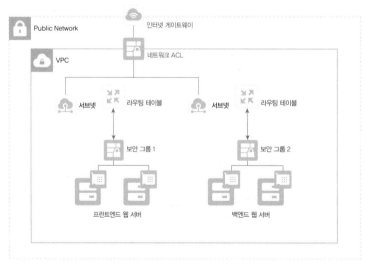

**그림 11-21** 네트워크 ACL을 고려한 네트워크 토폴로지

보안 그룹을 적용한 인스턴스가 연결된 VPC에 네트워크 ACL을 연결할 경우 트래픽의 제어는 네트워크 ACL 설정을 먼저 적용합니다. 네트워크 트래픽 흐름의 문제가 있다면 네트워크 ACL 과 보안 그룹 모두에서 규칙의 적용 순서로 인한 부효과를 분석해야 합니다.

네트워크 ACL은 앞서 설명한 보안 그룹과 유사한 목적을 달성하는 것처럼 보일 수 있지만 보안 그룹과 기능적으로 차이점이 있습니다. 이는 [표 11-1]에 정리했습니다.

표 11-1 보안 그룹과 네트워크 ACL 비교

| 비교 항목 | 보안 그룹 | 네트워크 ACL |
|---|---|---|
| 대상 | 인스턴스 | VPC(네트워크) |
| 설정 항목 | 프로토콜, IP, 포트 | 프로토콜, IP, 포트 |
| 제어 트래픽 | 송신/수신 트래픽 | 출발지에서 목적지 주소로의 트래픽 |
| 접근 제어 유형 | 허용 정책만 설정 | 허용 또는 차단 정책 선택 |
| 상태 | 상태 저장 | 상태 비저장 |

보안 그룹은 클라이언트의 요청을 기억하는 '상태 저장'이므로, 응답을 보낼 때 허용된 경우 아웃바운드 트래픽도 허용합니다. 반면 네트워크 ACL은 클라이언트 요청을 저장하지 않는 '상태 비저장'이므로 응답 트래픽에 관한 규칙을 명시적으로 지정해야 합니다.

네트워크 ACL을 만들기 위해서는 [그림 11-22]에 나타낸 2가지 항목(이름은 필수, 설명은 선택)만 채우면 됩니다. 프로젝트당 최대 10개의 네트워크 ACL을 만들 수 있습니다.

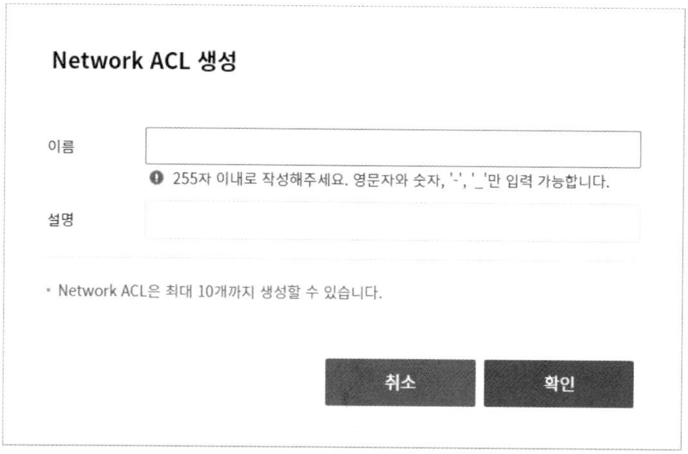

그림 11-22 Network ACL 생성

네트워크 ACL을 만들고 나면 [그림 11-23]에 보이는 것처럼 모든 네트워크 트래픽을 허용 및 거부하는 2개의 기본 ACL 규칙이 만들어져 있습니다. 각 규칙의 '순서' 열의 번호는 낮을수록 우선순위가 높습니다. 따라서 동일한 설정을 갖는 2개의 규칙이 적용 방법에 있어서 충돌하지만, 최종적으로 순서 항목의 번호가 낮은 '허용' 규칙이 적용됩니다. 기본 허용 규칙은 삭제와 변경이 가능하고 기본 거부 규칙은 변경만 가능합니다.

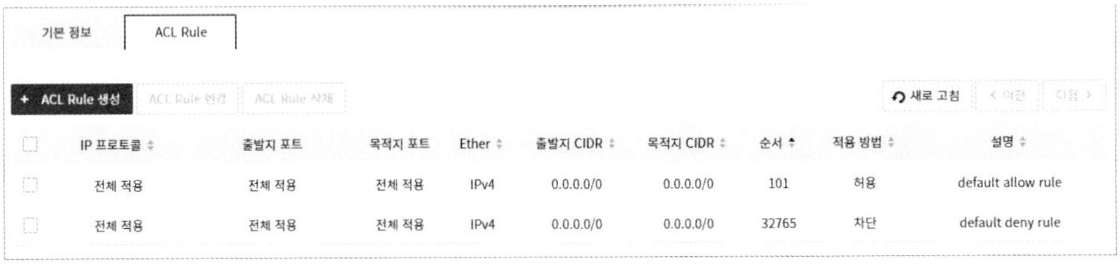

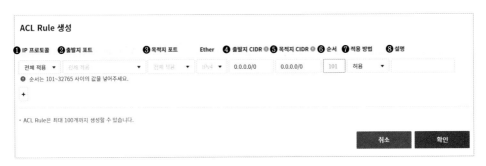

**그림 11-23** 기본 ACL 규칙

기본 규칙만 사용한다면 네트워크 ACL을 적용할 의미가 없습니다. 따라서 목적에 맞는 새로운 ACL 규칙을 만들어야 합니다. 새로운 ACL 규칙을 만드는 인터페이스를 [그림 11-24]에 나타 냈습니다. ACL 규칙은 한 프로젝트에 최대 100개까지 추가할 수 있습니다.

**그림 11-24** ACL Rule 생성

❶ IP 프로토콜: 전체 적용, TCP, UDP, ICMP 중에서 지정합니다. 전체 적용은 모든 프로토콜에 적용합니다.

❷ 출발지 포트: IP 프로토콜을 TCP나 UDP로 지정했을 때 트래픽의 원본에 대한 포트나 포트 범위, 전체 적용 중에 지정할 수 있습니다.

❸ 목적지 포트: IP 프로토콜을 TCP나 UDP로 지정했을 때, 트래픽의 목적지에 대한 포트나 포트 범위, 전체 적용 중에 지정할 수 있습니다.

❹ 출발지 CIDR: 트래픽 원본의 IP 주소 또는 IP 주소 대역을 입력합니다.

❺ 목적지 CIDR: 트래픽 목적지의 IP 주소 또는 IP 주소 대역을 입력합니다.

❻ 순서: 해당 규칙을 적용하는 우선 순위를 101~32764 사이의 중복되지 않은 값으로 입력합니다. 낮은 번호가 높은 우선 순위를 갖습니다. 향후 새로운 규칙을 추가하기 쉽도록 일정한 간격을 두고 지정하길 권장합니다.

❼ 적용 방법: 지정된 트래픽 허용 또는 거부 여부를 지정합니다. 기본적으로 모두 허용한 후 선택적으로 거부를 선택해 블랙 리스트로 운영할 수도 있고, 기본적으로 모두 거부한 후 선택적으로 허용하는 화이트 리스트로 운영할 수도 있습니다.

❽ 설명: 해당 규칙이 필요한 이유나 목적, 추가한 날짜, 작업자 등을 입력합니다. 조직에서 일정한 입력 규칙을 정해 놓으면 일관성 있게 관리할 수 있습니다.

필요한 ACL을 모두 추가한 후 네트워크 ACL을 VPC에 바인딩하는 작업을 해야 ACL 규칙이 효력을 발휘합니다. 하나의 VPC는 하나의 ACL만 바인딩할 수 있지만, 하나의 ACL은 여러 VPC에 바인딩될 수 있습니다. [그림 11-25]의 **ACL 바인딩 생성** 팝업 창에서 Network ACL과 바인딩할 VPC를 선택합니다.

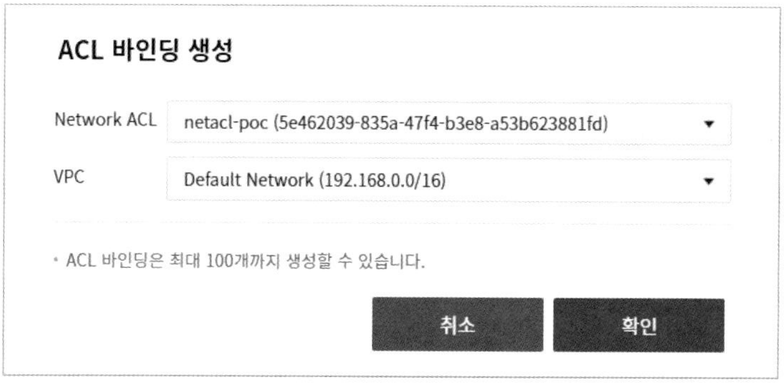

**ACL 바인딩 생성**

Network ACL  netacl-poc (5e462039-835a-47f4-b3e8-a53b623881fd)  ▼

VPC  Default Network (192.168.0.0/16)  ▼

· ACL 바인딩은 최대 100개까지 생성할 수 있습니다.

[취소]  [확인]

**그림 11-25** ACL 바인딩 생성

네트워크 ACL과 VPC 간의 바인딩을 생성한 경우 기억해야 할 몇 가지 특징이 있습니다.

• VPC를 삭제할 경우 해당 바인딩은 삭제되지만 네트워크 ACL은 유지됩니다.

• 바인딩된 상태에서 ACL은 삭제할 수 없습니다. 바인딩을 제거하거나 바인딩되지 않은 ACL만 삭제할 수 있습니다.

• 바인딩 상태에서 ACL 규칙을 추가하면 바인딩된 모든 VPC에 반영됩니다.

## | 실전 연습 35 | 네트워크 ACL을 사용한 이오의 네트워크 보호하기

이번 실습은 인간의 최후 거주지, 이오의 네트워크를 보호하기 위해 네트워크 ACL을 적용합니다. 이 작업을 하면 인터넷 클라이언트는 프런트엔드 웹 서비스를 접속하는 포트 범위(80-443)를 통해서만 액세스할 수 있으며 시온의 통제 컴퓨터가 속한 서브넷 주소 범위에 대해서만 SSH 접속 포트(22번)와 원격 데스크톱 접속 포트 범위(3389-5000) 액세스를 허용하게 됩니다.

**01 resurrections-proj** 프로젝트의 리전을 '평촌'으로 선택하고, 콘솔 왼편 기본 서비스 메뉴에서 **Network-Network ACL**을 선택합니다.

**그림 11-26** Network ACL 관리

**02 Network ACL > 관리** 작업 창에서 [+ Network ACL 생성] 버튼을 클릭한 다음 **Network ACL 생성** 작업 창에서 다음 내용을 설정하고 [확인] 버튼을 클릭합니다.

❶ 이름: netacl-io
❷ 설명: 이오의 VPC로 유입되는 트래픽 제어

**그림 11-27** Network ACL 생성

**03** 방금 만든 네트워크 ACL을 선택한 다음 하단의 **ACL Rule** 탭을 클릭합니다.

**그림 11-28** 네트워크 ACL의 ACL 규칙 목록

**04** **규칙 목록** 탭에서 'default allow rule'을 선택하고 [ACL Rule 삭제] 버튼을 클릭해 전체 허용 규칙을 삭제합니다.

**그림 11-29** 기본 허용 규칙 삭제

**05** **Network ACL > 바인딩** 작업 창에서 [+ ACL 바인딩 생성] 버튼을 클릭한 다음 **ACL 바인딩 생성** 팝업 창에서 다음 내용을 설정하고 [확인] 버튼을 클릭합니다.

❶ Network ACL: netacl-io

❷ VPC: vpc-io

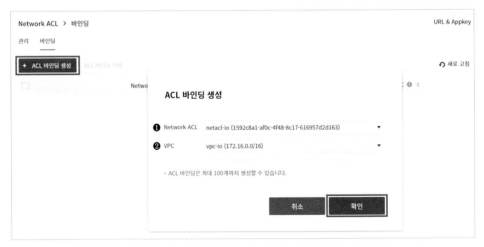

**그림 11-30** ACL 바인딩 생성

**06** 바인딩을 성공하면 이오의 네트워크(vpc-io)로의 모든 연결 요청(원격 데스크톱 접속, 공용 로드 밸런서를 통한 웹 서비스 액세스, SSH 접속 등)이 거부되는지 확인해봅니다.

**07** **ACL Rule** 탭에서 [+ ACL Rule 생성] 버튼을 클릭한 다음 **ACL Rule 생성** 팝업 창의 [+]

버튼을 6번 클릭합니다. [표 11-2]에 나타낸 6가지 규칙을 입력하고 [확인] 버튼을 클릭해 규칙을 추가합니다.

**표 11-2** 추가할 규칙 내용

| 항목 | ACL 규칙 1 | ACL 규칙 2 | ACL 규칙 3 | ACL 규칙 4 | ACL 규칙 5 | ACL 규칙 6 |
|---|---|---|---|---|---|---|
| IP 프로토콜 | TCP | | | | | |
| 출발지 포트 | 전체 | 80-443 | 전체 | 22 | 전체 | 3389-5000 |
| 목적지 포트 | 80-443 | 전체 | 22 | 전체 | 3389-5000 | 전체 |
| 출발지 CIDR | 0.0.0.0/0 | 172.16.3.0/24 | 192.168.0.0/24 | 172.16.5.0/24 | 192.168.0.0/24 | 172.16.3.0/24 |
| 목적지 CIDR | 172.16.3.0/24 | 0.0.0.0/0 | 172.16.5.0/24 | 192.168.0.0/24 | 172.16.3.0/24 | 192.168.0.0/24 |
| 순서 | 1000 | 1001 | 2000 | 2001 | 3000 | 3001 |
| 적용 방법 | 허용 | | | | | |
| 설명 | 웹 서비스 접속 허용 규칙 | | SSH 접속 허용 규칙 | | RDP 접속 허용 규칙 | |

**그림 11-31** ACR Rule 생성

**08** 규칙을 추가한 뒤 ACR 규칙의 효력을 확인하기 위해 다음 3가지 확인 작업을 수행합니다.

1) 관리자의 컴퓨터에서 웹 브라우저를 실행하고 이오의 공용 로드 밸런서의 플로팅 IP를 주소 줄에 입력해 프런트엔드 웹 서비스 접속이 가능한지 확인합니다.

2) 원격 데스크톱으로 접속한 vmzionmaster에서 웹 브라우저를 실행하고 이오의 공용 로드 밸런서의 사설 IP를 주소 줄에 입력해 프런트엔드 웹 서비스 접속이 가능한지 확인합니다.

3) vmzionmaster에서 명령 프롬프트를 실행한 후, 백엔드 인스턴스(vmapibe01)의 사설 IP를 사용해 SSH 접속이 가능한지 확인합니다.

4) vmzionmaster에서 프런트엔드 인스턴스(vmcreatorfe1)를 원격 데스크톱으로 접속 가능한지 확인합니다.

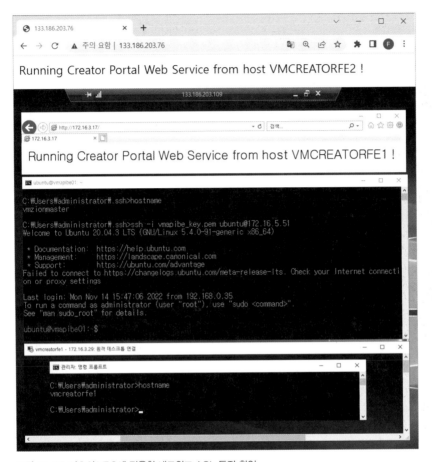

**그림 11-32** 이오의 VPC에 적용한 네트워크 ACL 동작 확인

**09** 네트워크 ACL의 적용 후 vmzionmaster에서 원격 데스크톱으로 접속한 프런트엔드 인스턴스(vmcreatorfe1)의 웹 브라우저에서 내부 로드 밸런서(lbi-io) 사설 IP를 사용해 백엔드 웹 서비스를 접속하면 연결에 실패합니다. 이는 앞서 적용한 ACL 규칙에 vcp-io의 서브넷 snet-creatorweb과 snet-convertapi 대역 간의 트래픽 흐름을 차단하고 있다는 뜻입니다.

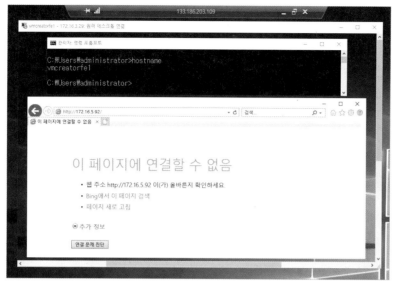

**그림 11-33** 프런트엔드 인스턴스에서 내부 로드 밸런서 요청 실패

**10 규칙 목록** 탭에서 [+ ACL Rule 생성] 버튼을 클릭한 다음 **ACL Rule 생성** 팝업 창의 [+] 버튼을 클릭해 다음 내용으로 규칙을 추가합니다.

❶ IP 프로토콜: 전체 적용

❷ 출발지 / 목적지 포트: 전체 적용

❸ 출발지 / 목적지 CIDR: 172.16.0.0/16

❹ 순서: 4000

❺ 적용 방법: 허용

❻ 설명: 백엔드 웹 서비스 접속 허용 규칙

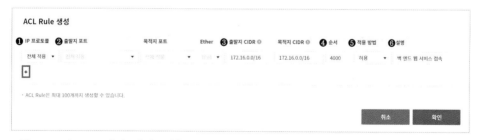

**그림 11-34** 이오 VPC의 서브넷 간 통신을 허용하는 규칙 추가

**11** vmzionmaster에서 원격 데스크톱으로 접속한 프런트엔드 인스턴스(vmcreatorfe1)의 웹 브라우저에서 내부 로드 밸런서(lbi-io) 사설 IP를 사용해 백엔드 웹 서비스 접속을 확인합니다.

**그림 11-35** 프런트엔드 인스턴스에서 내부 로드 밸런서 호출 성공

## 11.3 IP 접근 제어

로드 밸런서로 들어오는 트래픽을 제어(허용 또는 거부)할 필요가 있는 경우 IP 접근 제어 기능을 사용할 수 있습니다. 앞서 네트워크 ACL과 마찬가지로 로드 밸런서 IP 접근 제어 기능은 보안 그룹과 별개의 보안 계층으로 동작합니다. 보안 그룹과 로드 밸런서 IP 접근 제어의 기능적 차이점을 [표 11-3]에 정리했습니다.

**표 11-3** 보안 그룹과 로드 밸런서 IP 접근 제어 비교

| 비교 항목 | 보안 그룹 | 로드 밸런서 IP 접근 제어 |
|---|---|---|
| 대상 | 인스턴스 | 로드 밸런서 |
| 설정 항목 | 프로토콜, IP, 포트 | IP |
| 제어 트래픽 | 송신/수신 트래픽 선택 | 수신 트래픽 |
| 접근 제어 유형 | 허용 정책만 설정 | 허용 또는 차단 정책 선택 |

로드 밸런서는 기본적으로 리스너 설정에서 지정한 포트로 들어오는 트래픽만 허용하므로 로드 밸런서 IP 접근 제어는 IP 주소만 설정합니다.

## 11.3.1 IP 접근 제어 그룹 적용

IP 접근 제어 기능을 사용하기 위해서는 IP 접근 제어 그룹을 만들고 IP 접근 제어 대상을 추가한 다음 IP 접근 제어 그룹을 적용하는 3단계의 작업을 순서대로 진행하면 됩니다.

[그림 11-36]에 보이는 **IP 접근 제어 그룹 생성** 창에서 IP 접근 제어 그룹 기본 정보를 입력하고 **IP 접근 제어 대상 추가** 섹션을 구성할 수 있습니다. IP 접근 제어 그룹을 만들 때 기억해야 할 3가지 제한 사항이 있습니다.

1. 한 프로젝트에 최대 10개의 IP 접근 제어 그룹을 만들 수 있습니다.
2. 한 IP 접근 제어 그룹에 최대 100개의 IP 접근 제어 대상을 추가할 수 있습니다.
3. 한 프로젝트에 최대 1000개의 IP 접근 제어 대상을 추가할 수 있습니다.

**그림 11-36** IP 접근 제어 그룹 생성

❶ 이름: 32자 이내로 일관성 있는 접두사와 적용 대상을 포함한 이름을 입력합니다.

❷ 설명: IP 접근 제어 그룹을 만드는 목적과 운영 방식 등을 입력합니다.

❸ IP 접근 제어 타입: 차단과 허용 중에서 선택합니다. 즉 블랙 리스트로 사용할지 화이트 리스트로 사용할지 결정합니다.

**[IP 접근 제어 대상 추가]**

❹ 단건 입력: [+] 버튼을 클릭해 대상을 한 건씩 추가합니다.

❺ 대량 입력: IP 주소와 설명을 쉼표를 구분자로 사용해 한 줄에 하나씩 작성합니다.

❻ IP: 접근 제어 타입에 따라 허용할 IP 또는 차단할 IP 주소나 IP 주소 범위(CIDR)를 입력합니다.

❼ 설명: 허용 또는 차단할 IP에 대한 추가 정보를 입력합니다.

IP 접근 제어 그룹을 만들었다면, 접근 제어를 활성화시키기 위해 IP 접근 제어 그룹을 적용해야 합니다. IP 접근 제어 그룹을 적용하지 않은 로드 밸런서는 기본적으로 모든 IP의 접근을 허용합니다. 단, 네트워크 ACL을 구성한 경우 트래픽이 로드 밸런서로 들어오기 전에 통제할 수 있습니다.

[그림 11-37]에 보이는 **IP 접근 제어 그룹 적용** 창에서 적용할 대상 로드 밸런서를 선택한 다음 IP 접근 제어 그룹을 하나 이상 선택할 수 있습니다.

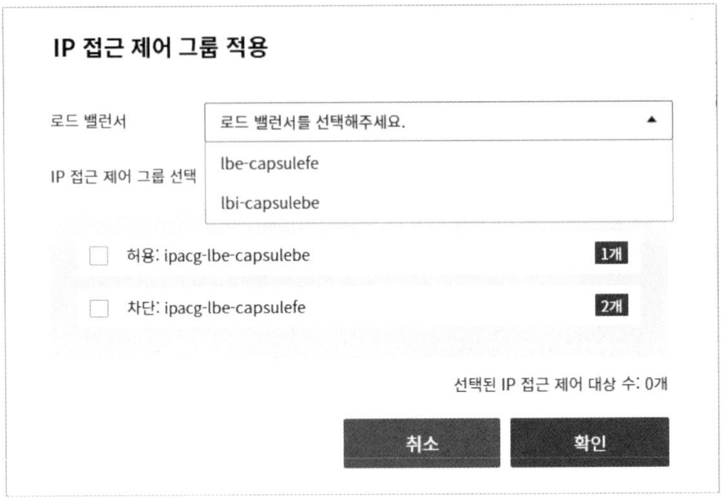

**그림 11-37** IP 접근 제어 그룹 적용

만든 IP 접근 제어 그룹을 여러 로드 밸런서에 적용할 수 있습니다. 또한, 한 로드 밸런서에 여러 IP 접근 제어 그룹을 적용할 수도 있지만, 이때는 모두 동일한 접근 제어 타입이어야 합니다.

## 11.3.2 IP 접근 제어 그룹 관리

[그림 11-38]에 **IP 접근 제어 그룹**의 2가지 관리 영역, IP 접근 제어 그룹 관리와 IP 접근 제어 대상 관리를 나타냈습니다.

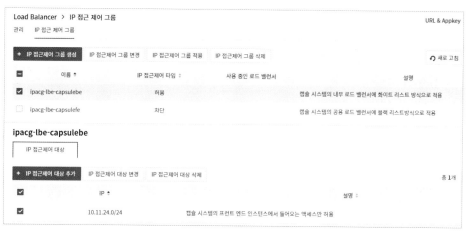

**그림 11-38** IP 접근 제어 그룹의 2가지 관리 영역

먼저, IP 접근 제어 그룹의 관리 기능으로 변경과 적용, 삭제를 수행할 수 있습니다.

- IP 접근 제어 그룹 변경: 이름과 설명을 변경할 수 있습니다.
- IP 접근 제어 그룹 삭제: 하나 이상의 그룹을 선택해 삭제할 수 있습니다. 이 경우 IP 접근 제어 대상이 삭제되고 적용된 로드 밸런서의 IP 접근 제어는 해제됩니다.

두 번째 관리 영역인 IP 접근 제어 대상은 대상의 추가 및 변경, 삭제를 수행할 수 있습니다.

- IP 접근 제어 대상 추가: [그림 11-36]에 소개했던 IP 접근 제어 대상 추가 인터페이스만 제공합니다.

**그림 11-39** IP 접근 제어 대상 추가

- IP 접근 제어 대상 변경: 선택한 대상의 설명을 수정할 수 있습니다.
- IP 접근 제어 대상 삭제: 하나 이상의 대상을 삭제할 수 있습니다. 삭제 결과는 이 대상이 포함된 접근 제어 그룹을 사용하는 로드 밸런서에 즉시 반영됩니다.

마지막으로 IP 접근 제어 그룹을 적용한 후 적용을 해제하려는 경우 **Load Balancer > 관리** 작업 창의 [IP 접근 제어 그룹 적용] 버튼을 클릭하면 나타나는 **IP 접근 제어 그룹 적용** 창에서 할 수 있습니다.

**그림 11-40** IP 접근 제어 그룹 적용 관리

## | 실전 연습 36 | 매트릭스의 로드 밸런서 IP 접근 제어 적용하기

드디어 이 책의 마지막 실습입니다. 이번 실습은 매트릭스 입장에서 인간들이 매트릭스의 캡슐 시스템에 구축한 로드 밸런서에 위협을 주는 상황을 방지하기 위해 매트릭스의 아키텍트가 로드 밸런서 IP 접근 제어를 적용하는 시나리오입니다. 매트릭스의 캡슐 시스템 프런트엔드에 연결된 로드 밸런서에 적용하는 IP 접근 제어는 블랙 리스트 방식으로 운영하고 백엔드에 연결된 로드 밸런서에 적용하는 IP 접근 제어는 화이트 리스트 방식으로 운영합니다.

**01** **resurrections-proj** 프로젝트의 리전을 '판교' 리전으로 선택하고, 콘솔 왼편의 활성화된 기본 서비스 메뉴에서 **Network-Load Balancer-IP 접근 제어 그룹**을 선택합니다.

**그림 11-41** IP 접근 제어 그룹

**02** **Load Balancer > IP 접근 제어 그룹** 작업 창에서 [+ IP 접근 제어 그룹 생성] 버튼을 클릭합니다.

**03** **IP 접근 제어 그룹 생성** 팝업 창에서 다음 내용을 설정한 후 [확인] 버튼을 클릭해 캡슐 시스템의 공용 로드 밸런서에 대한 IP 접근 제어를 적용합니다.

❶ 이름: ipacg-lbi-capsulefe

❷ 설명: 캡슐 시스템의 공용 로드 밸런서에 블랙 리스트 방식으로 적용

❸ IP 접근 제어 타입: 차단

**[IP 접근 제어 대상 추가 – 단건 입력]**

| 대상 | IP | 설명 |
|------|----|----|
| 시온 VPC | 192.168.0.0/16 | 시온의 네트워크 대역에서 들어오는 접근 차단 |
| 이오 VPC | 172.16.0.0/16 | 이오의 네트워크 대역에서 들어오는 접근 차단 |

그림 **11-42** 공용 로드 밸런서에 적용할 IP 접근 제어 그룹 생성

**04** 02~03번을 반복해 이번에는 캡슐 시스템의 내부 로드 밸런서에 대한 IP 접근 제어를 적용합니다.

❶ 이름: ipacg–lbi–capsulebe

❷ 설명: 캡슐 시스템의 내부 로드 밸런서에 화이트 리스트 방식으로 적용

❸ IP 접근 제어 타입: 허용

**[IP 접근 제어 대상 추가 – 단건 입력]**

❹ IP: 10.11.0.0/16

❺ 설명: 캡슐 시스템의 프런트엔드 인스턴스에서 들어오는 액세스만 허용

그림 11-43 내부 로드 밸런서에 적용할 IP 접근 제어 그룹 생성

**05** **Load Balancer > IP 접근 제어 그룹** 작업 창에서 방금 만든 2개의 IP 접근 제어 그룹과 IP
접근 제어 대상을 확인합니다.

그림 11-44 IP 접근 제어 그룹 목록과 IP 접근 제어 대상

**06** **Load Balancer > IP 접근 제어 그룹** 작업 창에서 [IP 접근 제어 그룹 적용] 버튼을 클릭합니다.

**07** **IP 접근 제어 그룹 적용** 팝업 창에서 다음 내용을 설정한 다음 [확인] 버튼을 클릭해 캡슐 시스템의 공용 로드 밸런서에 적용합니다.

❶ 로드 밸런서: lbe-capsulefe

❷ IP 접근 제어 그룹 선택: '차단:ipasg-lbe-capsulefe'

그림 11-45 IP 접근 제어 그룹 적용

**08** 06~07번을 반복해 다음 설정으로 캡슐 시스템의 내부 로드 밸런서에 IP 접근 제어 그룹을 적용합니다.

• 로드 밸런서: lbi-capsulebe

• IP 접근 제어 그룹 선택: 허용:ipasg-lbi-capsulebe

**그림 11-46** IP 접근 제어 그룹 적용 결과

**09** IP 접근 제어 그룹을 적용한 뒤 IP 접근 제어 대상에 대한 동작을 확인하기 위해 다음 3가지 확인 작업을 수행합니다.

1) 실전 연습 30의 **06~07**번을 참고해 오토 스케일링 그룹의 vmcapsulefe 인스턴스 중 하나에 원격 데스크톱으로 연결한다. 그 후 웹 브라우저를 실행하고 캡슐 시스템의 백엔드 로드 밸런서의 사설 IP를 주소 줄에 입력해 캡슐 시스템의 백엔드 웹 서비스 접속이 허용되는지 확인합니다.

**그림 11-47** 캡슐 시스템의 프런트 인스턴스만 내부 로드 밸런서 요청 성공

2) 리전을 '평촌'으로 변경한 후, 원격 데스크톱으로 접속한 vmzionmaster에서 웹 브라우저를 실행하고 매트릭스의 공용 로드 밸런서 사설 IP를 주소 줄에 입력해 프런트엔드 웹 서비스 접속이 차단되는지 확인합니다.

3) vmzionmaster에서 이오의 프런트엔드 인스턴스(vmcreatorfe1)를 원격 데스크톱으로 접속해 웹 브라우저를 실행하고 매트릭스의 공용 로드 밸런서 사설 IP를 주소 줄에 입력해 캡슐 시스템의 프런트엔드 웹 서비스 접속이 차단되는지 확인합니다.

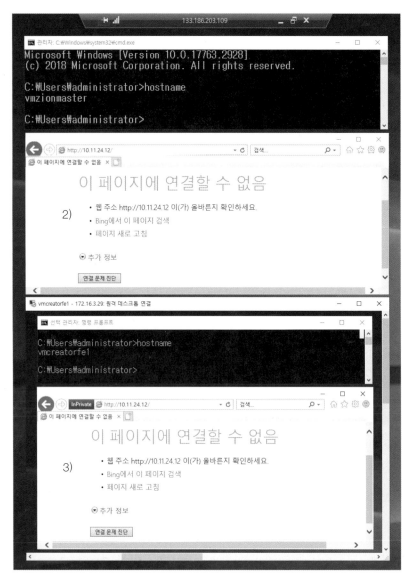

**그림 11-48** 시온과 이오의 인스턴스에서 매트릭스 공용 로드 밸런서 요청 차단됨

4) vmzionmaster의 웹 브라우저에서 매트릭스의 내부 로드 밸런서 사설 IP를 주소 줄에 입력해 백엔드 웹
서비스 접속이 차단되는지 확인합니다.

5) vmzionmaster에서 원격 데스크톱으로 접속한 이오의 프런트엔드 인스턴스(vmcreatorfe1)의 웹 브라
우저에서 매트릭스의 내부 로드 밸런서 사설 IP를 주소 줄에 입력해 백엔드 웹 서비스 접속이 차단되는지
확인합니다.

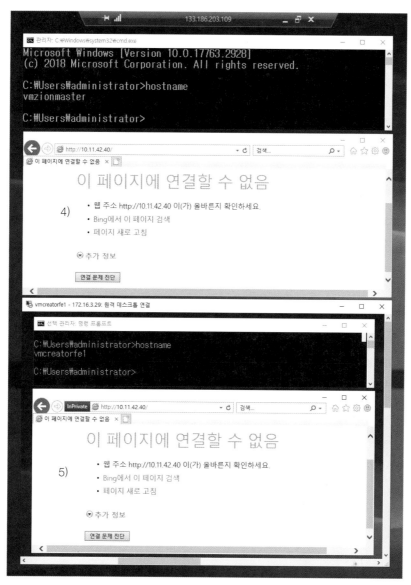

그림 11-49 시온과 이오의 인스턴스에서 매트릭스 내부 로드 밸런서 요청 차단됨

## 마치며

이제 NHN Cloud를 처음 배우는 여정을 마무리할 때가 되었습니다. IT 분야에서 일하는 사람이라면 클라우드는 다른 세상의 이야기가 아니라 바로 지금 내가 직면한 세상이 이야기입니다. 이미 10년 이상 발전한 클라우드 컴퓨팅을 외면하고 성장할 수 있는 기업이나 조직은 없습니다. 클라우드라는 말에 올라타 IT 현대화를 가속화하고 빠르게 변하는 비즈니스의 기회를 포착해 앞서 나가지 않으면 한순간에 뒤처지는 세상이 되었습니다. 탄탄한 기술력으로 국내외 클라우드 시장에 도전하는 NHN Cloud와 함께 여러분의 비즈니스에 날개를 달아 보세요.

> **NOTE_ NHN Cloud 공식 리소스**
>
> - **NHN Cloud 사용자 가이드** https://docs.nhncloud.com
> - **NHN Cloud 기술 블로그** https://meetup.nhncloud.com
> - **NHN Cloud 교육 센터** https://www.nhncloud.com/kr/edu
> - **NHN Cloud 유튜브** https://www.youtube.com/@NHNCloud
> - **NHN Cloud 네이버 블로그** https://blog.naver.com/nhncloud_official
> - **NHN Cloud 페이스북** https://www.facebook.com/NHNCloud

# INDEX

# INDEX

# INDEX